JN289862

イタリア語の起源
歴史文法入門

ジュゼッペ・パトータ——著
Giuseppe Patota
岩倉具忠——監修
橋本勝雄——訳

京都大学学術出版会

LINEAMENTI DI GRAMMATICA STORICA DELL'ITALIANO
by GIUSEPPE PATOTA
Copyright © 2002 by Società editrice Il Mulino, Bologna

Japanese translation rights arranged with Società editrice Il Mulino
through Japan UNI Agency, Inc., Tokyo.

日本語版　序

岩倉　具忠

　現代イタリア語の文法知識でダンテ（Dante 1265-1321）が読めるということをみなさん知っていますか．イタリア語の長所のひとつといえば，基本的には相当に古い時代からあまり大きな変化をこうむっていないという点ではないかと思います．たとえば英語ですと14世紀のチョーサーの詩を読むには，現代英語の知識だけではとうてい歯が立ちません．フランス語でも16世紀のラブレーを読むには，現代語の文法とは別に16世紀フランス語文法を学ぶ必要があります．それに比べるとイタリア語に関していえば現代イタリア語の文法の基礎知識がしっかりしていさえすれば，14世紀の文学，つまりダンテでさえ読めてしまうということなのです．現に本書に出てくるボッカッチョの原文を見るとおおよそは現代イタリア語の文法知識で見当がつきます．

　イタリア語がどのように形成されたかその歴史をたどりますと，他のヨーロッパ諸国とはかなり状況の違うことがわかります．それはもとを正せば，イタリア語が文学作品を手本として成長してきたのだということです．たとえばフランスの首都としてのパリの政治上，文化上の絶大な威信が，パリの言語をフランスの隅々にまで行き渡らせたのは，長年にわたる中央集権的な政治機構が，その背景としてあったからです．

　ところがイタリアでは，ご承知のように19世紀の半ばまで数十の都市国家に分裂していましたから，フランスの場合のように言語統一を推進する政治的な背景もなければ，行政機構も存在しませんでした．それではイタリアには共通語というものはなかったのかというと，そうではありません．一定の教育を受けたイタリア人は，共通語を話すことはむずかしくても，書くことができました（本書では第6章「中世のイタリアのことば：全体像」179ページ）．その共通語は，現代イタリア語とそれほど違わない言語なのです．たとえば

日本語版 序

　現代日本語の知識だけで『徒然草』を読むことは不可能ですが，現代イタリア語を知っていれば，文法的にはダンテが読めるのです．いったい何が起こったのでしょうか．

　さきほどイタリア語は，文学作品をモデルとして成長してきたといいましたが，実はダンテの作品自体が共通イタリア語の基礎を築いたのです．ダンテはご承知のようにフィレンツェの出身ですから，かれの書いたものはフィレンツェ方言を基盤にしています．あの有名な『神曲』も基本的にはその当時のフィレンツェ方言で書かれています．イタリアの中部をトスカーナ地方といい，フィレンツェはその中心的存在ですが，このトスカーナ地方の諸都市では比較的等質の言語が使われているので，それらを総称してトスカーナ方言といいます．まさにダンテの出現によってトスカーナ地方の言語がイタリアで覇権を握ることになったのです．

　ダンテという詩人は，言語に対してきわめて鋭い感覚をもっていたばかりではなく，新しい言語の創造にたいへんな意欲を燃やし，苦心して表現の問題と取り組んだ人なのです．ここでわれわれは「中世のラテン世界」といわれる長い伝統の重圧のことを思い出す必要があります．古代ローマの崩壊したのちヨーロッパ中世は古代の文化とキリスト教文化をラテン語によって伝承してきました．したがって当時のヨーロッパ知識人にとってはラテン語が国際共通語だったのです．しかしダンテはそうしたラテン語を「人為的な言語」と規定し，「自然の言語」である俗語の方がより「高貴である」と明言しています（『俗語詩論』）．ダンテが『神曲』をラテン語ではなくトスカーナ方言で書いたのも，「母親から習い覚えた自然な言語」を大切に思ったからにほかなりません．しかし注意すべき点はダンテにあっては従来ラテン語でしか，表現できなかったような高度な内容をイタリア語で完全に表現するには，実は長い伝統につちかわれ，豊かな表現力をそなえたラテン語から多くの語彙や表現法を借りる必要があったことです．

　その後ペトラルカ（Petrarca 1304-74）とボッカッチョ（Boccaccio 1313-75）という大作家が，おなじトスカーナ地方から輩出したので，トスカーナ方言は共通文学語としてますます確固たる地位を築くことになり，イタリア全土の人々がまず書きことばとして，のちにしだいに話しことばとしてもそれを

手本にすることによって，ついに今日の共通イタリア語が形成されることになったのです．

　14世紀以降のイタリアでは各地でさまざまな方言が話されていましたが，何かものを書くとなれば，ダンテの用いたトスカーナ方言を模倣しました．その当時ものを書く人は一定の教育を受けた人びとであり，教育課程には必ずラテン語が含まれていました．特に公職に従事する人びとはラテン語の書き手でした（第6章6節「トスカーナ外のコイネー（共通語）204ページ）．トスカーナ方言がもっともラテン語に近い言語であったばかりではなく，かれらが手本にしようとしたダンテ，ペトラルカ，ボッカッチョの作品にはラテン語の表現様式が色濃く反映していたので，ラテン語の知識のあった地方の書き手たちにとってトスカーナ方言は，はじめから親近感のもてることばだったのです．実はそのことがしだいにトスカーナ方言が共通語の地位を獲得していった理由のひとつなのです．

　冒頭で現代イタリア語の文法知識があればそうした作品が読めるといいましたが，実はそう簡単にはいきません．文法的にはなんとか読めて，漠然と意味がわかっても細かいニュアンスまではとうていとらえられないでしょう．作品を十分に味わうためにはそれなりの古いイタリア語の知識が欠かせません．実はその手引きをしてくれるのが本書の大きな役割のひとつなのです．

　原著者は「まえがき」で本書は「イタリア語史」の参考書であると断っていますが，「イタリア語史」というのはどのような学問分野なのでしょうか．また「イタリア語の文法の歴史的研究」であるという本書の目標とこの分野はどのように関係するのでしょうか．

　「言語史」は，特定の言語の歴史的変遷を叙述します．しかしどの言語にしても言語自体はただ単に音韻，文法，語彙などだけで成り立っているものではありません．言語はたとえば宗教，政治，経済，文化といった他の人間活動の分野からたえず影響をこうむり，ときによっては圧力を加えられることもあるのです．日本語のように首都が移転したことによって，標準語が変わり，一時代まえの標準語が，方言の地位に転落することもあります．また

日本語版 序

イタリア語のように文学作品が言語形成に絶大な影響を及ぼすような例もあります．政治的，文化的に優位な都市の言語は，周辺へと影響を及ぼす傾向がありますが，そうした中心部が逆に周辺から影響をうけることはほとんどありません．要するに言語は人間社会とともに生きるものですから「言語の歴史」をたどるには，言語を変化させるそうしたもろもろの要因を明らかにする必要があるのです．こうした政治，経済，文化の果たす役割を無視して，ただ音韻の変化とか語彙の変遷などを記述するだけでは，「言語の歴史」にはならないのです．

　言語の歴史的変化を研究するにあたって，2つの分野に分けて考えることができるでしょう．ひとつはその外的歴史で，方言の消長とか言語の流通領域の拡大や縮小といった問題が含まれ，それらは政治史，経済史，地理的条件など言語外の歴史的環境から大いに影響を受けます．もうひとつの分野は内的歴史であって，主として音韻，語彙，文法の変遷を対象とし，一部法則化も可能な領域なのです．そうした言語の内的変遷が言語を使用する人の心理と密接な関係があることも事実です．たとえば「すこしでも上品な話し方をしてみたい」という心理が，自分の常用する方言よりプレスティージの高い言語を模倣することで音声を変化させるという事態が起こり得るのです．本書は後者の言語の内的歴史を主眼としています．精密な言語の内的歴史は，「言語史」の基底となる研究分野なのです．

　20世紀初頭のソシュールの革新的言語理論は，言語学には2つの異なった科学があるとします．静態または共時言語学（linguistique synchronique）と動態または通時言語学（linguistique diachronique）がそれです．共時言語学は言語の時間的変化をぬきにして，できるだけ限定された時間の枠内で言語の「状態」を「同時性の軸」に基づいて考察し，その体系をもっぱら考察の対象とします．「同時性」のもとにみられる言語の相を「共時態」といいます．一方通時言語学は「時間の軸」に基づいて言語を研究します．共時言語学が一定時期の言語状態を記述するのに対し，通時言語学はひとつの状態から次の新たな状態への推移・継起に関心を向けます．推移する言語の相を「通時態」といいます．通時態は言語体系を構成する個々の要素の改新であり，改新した要素は別の体系を生み出していきます．したがって通時態はあくまで

も改新の継起であって，体系をなす状態ではないので，通時言語学は静的状態を研究対象とする共時言語学とは一線を画すことになります．しかしよく考えれば通時態とは，ひとつの共時態からもうひとつの共時態への推移にほかならず，改新はひとつの共時態の示す条件のもとで継起することがわかります．また改新は新たな共時態を生み出していくのです．したがって通時態と共時態との相関関係に注目する必要があるわけです．共時態の示す条件を詳しく調べることによって，通時態がはじめて正しく認識できるのです．言語はたえず変化していますが，この言語の変化の歴史とは，無数の共時態の連鎖から成り立っているとも考えられるのです．

　本書では「共時態」と「通時態」というよく知られた用語に加えて，地域による言語差という観点から「通域態」，様相のレベルの差という視点から「通様態」，社会階層による言語の相違という概念に基づく「通層態」，言語が用いる媒体の相違による言語差という考え方から「通媒態」など新たに創出された用語によって，新しい視点を導入し，さまざまな角度から言語変化をとらえようと試みています．

　本書が多くの具体的なわかりやすい実例をもってこうした言語理論を実践に移したものであることは明白です．そうした意味で上述の言語理論を分析の実践を通して身近なものにしてくれるのです．したがって「歴史文法」記述のひとつのサンプルを提供するものとして言語に関心のある読者にとっては，本書は興味の尽きない真の入門書であると確信します．

　本書の第1章「イタリア語はラテン語から派生したのか」は読者にだれもが当然なことと思っている常識に疑いの目を向けさせるものです．われわれが通常ラテン語といっている言語は，古典ラテン語であって，キケロやウェルギリウスの書いた第一級の書きことばをさします．しかしキケロの時代にもローマの庶民はそうした書きことばとはすでに相当に異なったことばを話していたはずです．立派な書きことばの方は長い中世のあいだもほとんど変わらずに伝えられましたが，話しことばの方はさまざまな社会的，文化的要因によって古典ラテン語との相違がますます大きくなっていったのです．そうした話しことばの伝統に基づくラテン語を「俗ラテン語」といいます．し

日本語版 序

たがっていわゆるロマンス語といわれる諸語（イタリア語，ポルトガル語，スペイン語，フランス語，ルーマニア語等）は，ラテン語からというより，正確には「俗ラテン語」から派生しているという方がより正確かもしれません．

ところが古典ラテン語とは異なり「話されたラテン語」の状態を知るのはそれほど容易ではないのです．というのは史料が壁面へのらくがきとか個人の手紙とか話しことばを再現しようとした喜劇作品とかにきわめて限られているからなのです．原著者はそうした著しい言語変化の社会的要因として次の3つをあげています．

1) 貴族階級の没落による教養ラテン語の弱体化
2) 下層民を対象としたキリスト教の布教による言語上の変容
3) 4世紀以降の蛮族の侵入によって瀕死の状況に陥ったローマ帝国の全域で「俗ラテン語」が優勢となった点

　この章ではいうまでもなく前述の「言語史」の視点から解説がなされています．ここではイタリア語のみならずロマンス諸語にも共通した言語の背景にある歴史的問題が扱われていて，イタリア語以外のロマンス語研究者にとっても示唆に富む多くの情報を提供してくれます．

　第2章「イタリア語の音と音素」は，現代イタリア語の音韻体系のありようを共時的に，すなわち歴史的変化抜きで記述しています．それは著者が明言しているように「ラテン語からイタリア語への推移の際に起きた音声現象を正しく分析するための準備」にほかならないからです．ここでは同時にイタリア語の実例を通して音声学と音韻論の概念を周知させようと試みています．したがって言語学上の基礎知識のひとつである音素や音韻について明快な説明を聞くことができるので，ロマンス諸語は言うに及ばず，言語一般に関心のある読者は，この章から有益な音韻の分析法を学び取ることができるのです．

　第3章「ラテン語からイタリア語へ：音韻変化」は，ラテン語の音声がどのようにイタリア語へと推移していったかを通時的に記述しています．たとえばラテン語の母音体系とイタリア語のそれとの対応を吟味すると，ラテン

語では短い母音と長い母音の対立は話し手によってはっきりと知覚されていたのに対し，イタリア語では短い母音と長い母音の相違を弁別する能力が失われていることがわかります．歴史をさかのぼるとその根は深いのです．ラテン語がヨーロッパとアフリカにまで広まったとき，短い母音と長い母音の対立を知らない地域の言語の上にかぶさりました．したがってたとえばアフリカ出身のアウグスティヌスが証言しているようにアフリカの人びとは母音の長短の違いを聞き分けられないので，os（骨）の短い o と os（口）の長い o を混同していたことがわかります．また子音体系の変遷についても観察されます．さらに興味深いのは，詳細な音の推移についての解説のあいまに古いイタリア語のテキスト解読の実践が試みられることです．「文法より実践」ということでボッカッチョの『デカメロン』の一節を引きながら，そこに見られる母音体系の現象と子音体系の現象を分析し，歴史文法を解説します．歴史文法を学べば，「古イタリア語のテキストを楽しみながら読めるようになる」ということを実地に教えてくれるのです．

　第4章「ラテン語からイタリア語へ：形態的変化」は，ラテン語からイタリア語への推移にあたって生じた形態上の変化について考察します．ラテン語では男性，女性，中性の3種があった名詞は，イタリア語では中性が消失し，男性，女性の2種になりました．ラテン語の格変化の消失にともない，イタリア語では前置詞などがこの機能を果たすことになるのです．ラテン語にはなかった冠詞の成立，動詞活用の簡易化などが豊富な実例をもって説明されます．この章でもまた『デカメロン』に現れる形態論上の問題が扱われます．

　第5章「ラテン語からイタリア語へ：統語的変化」は，ラテン語からイタリア語への派生関係をつきとめるために，いくつかの統語上の変化を検討します．この章ではイタリア語の通常の語順である主語—動詞—目的語という序列の生成，現代・古イタリア語における代名詞による主語の表し方と人称代名詞の用法を分析し，さらに主語節と目的節における che の機能などが検討されます．ラテン語の格体系の喪失に代わりイタリア語では文中の語の位置が重要になるのです．ラテン語では自由であった語順が，イタリア語では制限されることになります．この章でも『デカメロン』に見られる統語上の現象が分析されます．

日本語版　序

　第6章「中世のイタリアのことば：全体像」は重要な教養伝統を生んだ古方言をいくつか取り上げ，文学作品を用いて主要な言語現象を示しています．ここではボンヴェジン・ダ・ラ・リーヴァの『50の食事作法』に見られる古ミラノ方言，14世紀初頭の古フランス文学の翻訳である『ヴェネトのトリスタン』による古ヴェネツィア方言，作者不詳の年代記による古ローマ方言，ボッカッチョの『ナポリ書簡』に現れた古ナポリ方言，その他古シチリア方言，トスカーナ外の共通語などが分析の対象となっています．こうしたテキストを通してイタリアにおける古方言の歴史文法に親しむことができるばかりではなく，新たに古イタリア方言のテキストに出会っても苦労せずに解読できるようになります．

　それでは参考までに現代のイタリアの「方言」はどのような状況にあるのか簡単に触れることにしましょう．
　イタリア人の話し方を聞いて，その人の出身地を言い当てることができるでしょうか．だいたいイタリア人は，相手が外国人と見ると共通語で話そうとします．というより一般に土地のものではなくよそ者とわかると，共通語を使おうとするのが普通です．イタリア語の共通語は，フィレンツェを中心とするトスカーナ地方の方言ですから，トスカーナの人びとだけはお国ことばを使えばおおよそはそのまま共通語として通用するわけです．「おおよそは」というのはトスカーナ方言にも「なまり」があるからです．たとえばかれらは cocacola のことを hohahola と発音したり，casa を hasa と言ったりします．[k]+a, o, u が [h]+a, o, u になるのです．ちょうど東京の下町の人が「し」と「ひ」の区別ができず，「ひばし」を「しばし」といったり，「しんぶん」を「ひんぶん」といったりするのと同じです．日本語の共通語はそうした東京なまりとは異なります．
　したがって教養のあるトスカーナ出身者以外は，共通語を習わなければなりません．とすればイタリア人だれもが共通語を話すのなら，その人の出身地を言い当てられるはずがないのではないか，という疑問が出てくるでしょう．それでも相手のしゃべり方によく気をつけていると共通語を話していてもある種の癖が出てしまうのです．

イタリア方言の分布は，大きく北部型，中部型，南部型に三分されます．北イタリアの人は二重子音の発音が不得手なのです．したがって attenzione を atenzione のように発音しがちです．さる北部の先生が生徒たちの発音を直そうとして "Batete le dopie"（二重母音を発音しなさい）と言いました．実はこの先生は生徒の発音を矯正しようとして注意したそのことば自体に自身のいつもの癖を露呈してしまったのです． "Batete le dopie" ではなく "Battete le doppie" と発音しなくてはいけなかったのです．さらにやっかいなのは中部，南部の人は a casa（家へ）とか a Roma（ローマへ）とかいう場合にも [ak'kasa], [ar'roma] のように二重子音化して発音するのが普通です．したがって北部のイタリア人は battete とか doppie とかは綴りのうえで表記されていますから，まだこれは習得できるとしても，語間で起こる二重子音化は習得できないのです．（本文では第3章5-9「音声統語的重子音化」105ページ）．もうひとつ北部方言の特徴としてあげられるのが，母音にはさまれた -s- の発音と z の発音です．めんどうなことに中部のトスカーナ方言，すなわち共通語では -s- の発音は2種類あって，[s] となる場合と [z] となる場合があります．たとえば casa [kasa] に対して chiesa [kieza] です．どっちになるかは字引を引いて確かめるほかありません．ところが北部では -s- はことごとく [z] と発音されます．共通語の zio [tsio]（叔父）は [zio] と発音されます．

　一方南イタリア型の方言では北イタリア型の方言とは対照的に共通語では二重子音ではないところを二重子音で発音する傾向があります．libro（本）を [libbro] といったふうに．また -s- はことごとく [s] と発音され，[kasa], [kiesa] となり，z は [ts] と発音される傾向があります．したがって pizza はナポリの名物ですから，当然発音は [pittsa] のはずです．日本で「ピザ」といわれるようになったのはおそらくアメリカ経由の輸入品だったからだと思います．

　北部，中部，南部の違いは発音だけではなく，文法構造にも及びます．近過去と遠過去の使い方が北部，中部，南部では異なるという点です．したがってこれも方言の見分け方に役立てることができます．北イタリアでは時間の長さに関係なく無差別に近過去が使われます． "Ieri ho visto Giovanni"（昨日

日本語版 序

わたしはジョヴァンニに会った）であり，"Un anno fa ho visto Giovanni"（1年前わたしはジョヴァンニに会った）です．しかしトスカーナ地方では話している時点に近いことは近過去で，遠いことは遠過去で言うのが普通です．すなわち "Ieri ho visto Giovanni"（昨日わたしはジョヴァンニに会った），"Un anno fa vidi Giovanni"（1年前わたしはジョヴァンニに会った）となります．ところが南イタリアでは両方とも遠過去が使われるのです．"Ieri vidi Giovanni", "Un anno fa vidi Giovanni" となるわけです（本文第1章2節「地域の要因，通域態」4ページ）．こうした発音や時制の用い方に気をつけて相手と話すことによって相手が北部，中部，南部のいずれの出身か見当をつけられるようになるとおもしろいと思います．

このようにイタリア語の歴史の諸相や方言の実態を知ることによって，より広い視野のもとにイタリア語を理解することができるようになるものと期待する次第です．

イタリア語の起源

目　次

目次

日本語版　序（岩倉具忠）　　i
まえがき　　xvii
読むさいの注意と説明　　xviii

第1章　イタリア語はラテン語から派生したのか　1

　1　時間の要因，いわゆる通時態………………………………… 3
　　　　◇ガリリアーノの新エピグラフ　3
　2　地域の要因，通域態…………………………………………… 4
　3　様式の要因，通様態…………………………………………… 10
　4　社会文化の要因，通層態……………………………………… 10
　5　伝達方法の要因，通媒態……………………………………… 11
　6　話されたラテン語の史料……………………………………… 11
　　　　◇『プロブスの補遺』　12
　7　再建・比較による方法………………………………………… 13
　8　古典ラテン語と俗ラテン語…………………………………… 14
　9　俗ラテン語からイタリア語へ………………………………… 15
　10　民衆語と学識語………………………………………………… 16

第2章　イタリア語の音と音素　21

　1　イタリア語の音素……………………………………………… 22
　2　音声記号………………………………………………………… 23
　3　無声音素と有声音素…………………………………………… 24
　4　口音素と鼻音素………………………………………………… 25
　5　母音……………………………………………………………… 25
　6　二重母音………………………………………………………… 27
　7　三重母音………………………………………………………… 27
　8　母音接続………………………………………………………… 27
　9　子音……………………………………………………………… 28

	10	現行の書字法による子音の表記法………………………………	30
	11	単子音と二重子音………………………………………………	31

第3章　ラテン語からイタリア語へ：音韻変化　33

	1	ラテン語の母音とイタリア語の母音…………………………	34
	2	強勢………………………………………………………………	41
	3	母音体系の諸現象………………………………………………	43
		3-1　AU, AE, OE の単音化　43	
		3-2　トスカーナの二重母音　44	
		◇「変異二重母音」の規則　45	
		3-3　母音上昇　51	
		3-4　母音接続における強勢母音の閉口音化　54	
		3-5　強勢前のeのiへの閉口音化　56	
		◇統語的強勢前のeの閉口音化　58	
		3-6　強勢前のoのuへの閉口音化　59	
		3-7　語末でない音節における強勢後のeの閉口音化　60	
		3-8　強勢間，強勢前のarからerへの推移　61	
		3-9　強勢前の母音の両唇音化　64	
		[文法より実践1]『デカメロン』に見る母音体系の現象　65	
	4	子音体系の現象…………………………………………………	64
		4-1　末尾子音の欠落　68	
		4-2　軟口蓋閉鎖音の口蓋化　69	
		4-3　語頭および語内の半子音 [j] の扱い　70	
		4-4　唇軟口蓋音　70	
		4-5　母音間の有声両唇音の摩擦音化　72	
		4-6　子音の有声音化　74	
		4-7　子音＋半子音 [j] の連音　78	
		4-8　子音＋lの連音　86	
		4-9　子音＋lの連音の特別な例　87	

目次

　　　　［文法より実践2］『デカメロン』に見る子音体系の現象　89
　　5　一般的現象……………………………………………………………　91
　　　　5-1　語頭音追加　91
　　　　5-2　語尾音追加　92
　　　　5-3　語中音追加　93
　　　　5-4　語頭音消失　94
　　　　5-5　冠詞分離　96
　　　　5-6　冠詞凝固　97
　　　　5-7　語中音消失　97
　　　　5-8　語尾音消失　98
　　　　5-9　音声統語的重子音化　101

第4章　ラテン語からイタリア語へ：形態的変化　107

　　1　名詞の数………………………………………………………………　108
　　2　名詞の性　中性の消失………………………………………………　108
　　3　格変化の消失…………………………………………………………　110
　　4　屈折語尾体系の単純化………………………………………………　114
　　　　◇ラテン語の語尾変化　116
　　5　性と数の語形変異……………………………………………………　118
　　6　対格からのイタリア語名詞の派生…………………………………　118
　　7　冠詞の形成……………………………………………………………　122
　　　　7-1　不定冠詞　125
　　　　7-2　定冠詞男性形　125
　　　　7-3　定冠詞女性形　130
　　8　人称代名詞……………………………………………………………　130
　　9　所有形容詞と所有代名詞……………………………………………　136
　　10　指示形容詞と指示代名詞……………………………………………　138
　　11　関係代名詞……………………………………………………………　142
　　12　不定形容詞と不定代名詞……………………………………………　144

	13	動詞 ……………………………………………………………………	145
		13-1　動詞活用の簡略化　146	
		13-2　直説法現在の形成　147	
		13-3　遠過去の形成　150	
		13-4　複合時制の形成　157	
		13-5　迂言的受動態の形成　159	
		13-6　未来形の形成　159	
		13-7　条件法の形成　161	
		［文法より実践3］『デカメロン』に見る形態的現象　163	

第5章　ラテン語からイタリア語へ：統語的変化　167

1	文中の語順　SOV から SVO へ …………………………………	168
2	主語代名詞の明示と位置 ………………………………………	170
3	非強勢形代名詞の前接 …………………………………………	171
4	トブラー＝ムッサフィアの法則 ………………………………	172
5	CHE の機能：補語節 …………………………………………	173
	［文法より実践4］『デカメロン』に見る統語的現象　175	

第6章　中世のイタリアのことば：全体像　179

1	古ミラノ方言 ……………………………………………………	180
	◇ボンヴェジン・ダ・ラ・リーヴァ　183	
2	古ヴェネツィア方言 ……………………………………………	186
	◇『ヴェネトのトリスタン』　187	
3	古ローマ方言 ……………………………………………………	190
	◇『年代記』　193	
4	古ナポリ方言 ……………………………………………………	196
	◇『ナポリ書簡』　198	
5	古シチリア方言 …………………………………………………	201

　　　　　◇『シチリア地方の哀歌』　202
　　　6　トスカーナ外のコイネー（共通語）………………… 204
　　　　　◇15世紀北部のコイネー　205

文献　207
日本語文献案内　211
索引　213
あとがき　231

まえがき

　本書はイタリア語文法の歴史であり，6つの章からなる．第1章ではラテン語とイタリア語の派生関係をめぐる一般的な問題を検討し，第2章では，その後の章で説明される言語現象を理解するうえで欠かせない，音声学・音韻論の概念を提示する．第3，第4，第5章では，ラテン語からイタリア語へ推移する際の重要な変化の特徴を，音声学，形態論，統語論の面からそれぞれ説明する．全体を補完する第6章は，中世イタリアのことばという章題が示すとおり，優れた伝統文化を誇る俗語，古ミラノ語，古ヴェネツィア語，古ローマ語，古ナポリ語，古シチリア語，そしてトスカーナ外の共通語コイネーについて，簡単な見取り図を提供する．

　私は執筆にあたって，すべてを言い尽そうとはせず，むしろ難しい題材を簡潔に解説し，イタリア語文法の歴史研究の入門書となるよう心がけた．

　「イタリア語の起源」をラテン語と切り離して考えることはもちろんできないが，その知識が前提とされていないことを強調したい．ラテン語を学んでいない読者も想定して本書は書かれており，ラテン語の説明についてはどんなことでも，当然知っているものとみなさずに（音節の量・アクセント・格の役割・動詞変化の種類といったごく基本的な要素から始まって）基礎からすべてを提供している．こうした知識は，イタリア語の音声学・形態論・統語論の諸現象の歴史をたどるうえで必要なのである．

　ここで執筆の教育的意図に沿った献辞と祝辞を述べておきたい．本書を，最大の愛情をこめてわが子フェデリコとヴァレリアに捧げる．勉強は大切だと繰り返すわたしに2人がうんざりしないことを祈りながら．

ジュゼッペ・パトータ

まえがき

▶読むさいの注意と説明

1. ラテン語基語は大文字で表わし（例：MŬNDŬM），派生したイタリア語は小文字で表わす（例 mondo）．
2. 記号「>」は，「へ推移する」を，記号「<」は「から派生する」を意味する．
    例：pur troppo > purtroppo は「pur + troppo が purtroppo へ推移する」を意味する．
         purtroppo < pur troppo は「purtroppo が pur + troppo から派生する」を意味する．
3. 大文字で書かれた語形の前にアスタリスク「*」がある場合，史料にその語形がなく，研究者によって再建されたことを意味する．
    例：俗ラテン語基語 *CARŌNIA（第1章7節参照）
4. またアスタリスクは，存在しない語，誤用であることを意味する．
    例：もしそうであれば，現在 *Andria, *Bartolomio と言うはずである．
         VĪVĔRE「生きる」からは *vivere ではなく vivere となった．
5. ラテン語基語において丸かっこで囲まれた文字は，イタリア語への推移の際に消失した音を表わす．
    例：ラテン語基語 CAL(Ĭ)DŬ(M) の (Ĭ) と (M)
6. 文字がハイフンに挟まれている場合，母音間の位置にあることを指す．
    例：語 lago の -g-
7. 文字がハイフンの前にある場合，語頭の位置にあることを指す．
    例：語 foro の f-
8. 文字がハイフンの後にある場合，語末の位置にあることを指す．
    例：語 con の -n
9. 個々の音形とさまざまな語の音は，IPA（国際音声学会）の発音記号によって記述される．音が音声として考察される場合，つまり持ちうる意味とは無関係な物理的存在として捉えられる場合は，角かっこで囲んで表記する（音声学的転写．例：pala = ['pala])．音が音素として（つまり異なる意味を弁別可能にする音の単位として）考察される場合は，バーで挟んで表記する（音韻論的転写．例：pala = /'pala/)．この例から分かるように，強勢のある音節の「前に」上付きの短い縦線を付して強勢（アクセント）を示す．
10. 小文字の語は，指定がなければ現代イタリア語を指す．
11. 語の後ろに「 」で意味を示し，さらにイタリア語で意味を示す場合は ' '（一重クオート）で囲む．
    例：*MANDICĀRE（つまり 'mangiare'「食べる」）；ŎS ('osso'「骨」）

イタリアの言語・方言分布

『言語学大辞典』第1巻（三省堂，1988）を基に訳者作成

第1章
イタリア語はラテン語から派生したのか

第1章　イタリア語はラテン語から派生したのか

*

　ロマンス諸語いわゆる新ラテン語（ポルトガル語・スペイン語・カタロニア語・フランス語・プロヴァンス語・フランコ-プロヴァンス語・サルデーニャ語・ラディン語・フリウリ語・ルーマニア語）と同様に，イタリア語は「ラテン語から派生した」と一般に言われている．この主張はほとんど当たり前に思えるが，掘り下げて細かく検討し，いくつか部分的に修正しなければならない．本章ではラテン語とイタリア語の派生関係を検討する．

　第1に，「派生する」という動詞からは，「母親である言語」（ラテン語）から新ラテン語というたくさんの「娘である言語」が生まれたという印象を受ける．しかし言語は生物ではない．言語の誕生や生死について通常の意味で語ることはできない．イタリア語はラテン語から「派生した」（つまり生まれた）のではなく，ラテン語を「引きついでいる」のである．古代ローマの言語から近代ローマの言語まで，ローマ建国のはるか昔から現在のわたしたちまで，途切れることのない伝統で繋がっている．つまりイタリア語は，現在イタリアで使われているラテン語である．ちょうどポルトガル語，スペイン語，フランス語が，それぞれ今日のポルトガル，スペイン，フランスで使われているラテン語であるように．

　第2に，「ラテン語」という言葉を限定せずそれだけで使うのはあいまいであり，誤解を招きやすい．わたしたちのイタリア語は「どの」ラテン語から派生するのだろう．たしかに歴史上「複数の」ラテン語が存在したという記録はない．記述のうえでは，ラテン語は「ひとつの」歴史自然言語（歴史自然言語とは，地上に現存するかかつて存在したすべての言語を指す表現で，人工言語に対立する）であり，インド・ヨーロッパ語族に属する．この語族に所属する言語は他にゲルマン語派（たとえば英語，ドイツ語，オランダ語な

ど），スラヴ語派（ロシア語，ポーランド語，チェコ語など），バルト語派（リトアニア語，ラトヴィア語），ヘレニズム語派（近代ギリシャ語），アルバニア語，アルメニア語，イラン語，ヒンディー語がある．

しかし現実には，ラテン語も他の言語同様，多種多様な姿をした対象である．「多数の」ラテン語が存在しなかったとしても，ラテン語と呼ばれるひとつの言語について実際に多数の変種が存在した．変種が生まれた原因はさまざまであり，時代や地域，文体，話者の社会文化的地位，伝達様式（書き言葉か話し言葉か）によって言語は異なる．

1 時間の要因，いわゆる通時態

言語学者は，時間による変化を**通時態 diacronica**（ギリシャ語 dià「通して」，chronos「時間」）と呼んでいる．現代イタリア語（現代フランス語や現代英語も同様であり，この点では，どの歴史自然言語に関しても同じことが言える）は，10年，20年，100年前に使われていた言語とは異なる．現在から時代を遡るにつれ，違いはますます大きくなる．1000年以上の伝統をもつ言語であるラテン語にこうした変化があったことはいうまでもない．

ガリリアーノの新エピグラフ

最近発見されたきわめて古い証拠として，いわゆるガリリアーノの新エピグラフをあげよう．〔ラツィオ州南部〕ガリリアーノ川河口にある女神マリカを祭る神殿で（つまり本来のラテン語地域の周辺地で），紀元前5世紀のスープ皿が発見された．2つの短い表記があり，その長い方には連続筆記 scriptio continua（句読点なしで語が連続して書かれている）でこう書かれている．

esom kom meois sokiois Trivoia deom duonai. nei pari med

しゃべっているのはスープ皿自身で，神への捧げ物を盗もうとする人に警告している．「仲間〔つまり他の捧げ物〕と一緒に，わたしは善き神トリヴィアに属するものである．わたしを手に入れようとするなかれ」

紀元前5世紀初頭のこの言葉は古ラテン語で書かれている．その5世紀後，いわ

第1章　イタリア語はラテン語から派生したのか

ゆる古典時代（キケロとウェルギリウスの時代，およそ紀元前1世紀後半から紀元1世紀前半）に書かれていたら，語順を同じにすればこうなるだろう．

sum cum meis sociis Triviae dearum bonae: ne parias me

　古ラテン語で書かれたテキストのどの語も，伝統的に学校で習う古典ラテン語と同じものはないだろう．だがそれでも同一の言語である．正確に言えば，これらはラテン語の2つの変種である．それぞれ古ラテン語，古典ラテン語と呼ばれ，時間的に遠く離れている．

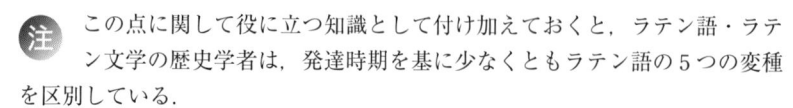

注　この点に関して役に立つ知識として付け加えておくと，ラテン語・ラテン文学の歴史学者は，発達時期を基に少なくともラテン語の5つの変種を区別している．

- **古ラテン語**（一般にローマ建国とされる紀元前8世紀から紀元前2世紀末まで．プラウトゥス，エンニウス，テレンティウス，カトー，ルキリウスの時代）
- **前古典ラテン語**（紀元前2世紀末から紀元前1世紀前半まで．ルクレティウス，カトゥルス，カエサルの時代）
- **古典ラテン語**（紀元前1世紀後半から紀元14年のアウグストゥスの死まで．キケロ，ウェルギリウス，ホラーティウス，オウィディウス，ティトゥス・リヴィウスの時代）
- **後古典ラテン語**（アウグストゥスの死後から2世紀末まで．セネカ，ペトロニウス，マルティアリス，ユヴェナリス，タキトゥス，小プリニウス，スエトニウス，アプレイウスの時代）
- **後期ラテン語**（2世紀末から7，8世紀まで．アンブロシウス，教皇ダマスス1世，プルデンティウス，ヒエロニムス，アウグスティヌス，オロシウスの時代）

2　地域の要因，通域態

　通域態 diatopica（ギリシャ語 dià「通して」，topos「空間」）は，地域に関する変数である．ミラノで話されるイタリア語は，フィレンツェやパレルモで話されるイタリア語とは異なる．その違いはイントネーションや発音，

語彙だけでなく，文法と統語にもおよぶ．例としてイタリア各地での近過去と遠過去の使用を考えてみよう．現在の北部イタリアでは遠過去は近過去にとって代わられ，事柄が発生した時間的距離に関係なく，"Ieri ho visto Giovanni"，"Un anno fa ho visto Giovanni"（「昨日わたしはジョヴァンニに会った」「1年前わたしはジョヴァンニに会った」）と言う．トスカーナ地方では，話している時点に近い事柄については近過去が，遠い事柄については遠過去が使われ，"Ieri ho visto Giovanni"，"Un anno fa vidi Giovanni" と言う．そしてシチリアではどちらの場合でも遠過去が使われ，"Ieri vidi Giovanni"，"Un anno fa vidi Giovanni" となる．

いくつもの大陸に流布したラテン語でも，地域的差異が生まれた．

ローマ支配が最大になった2世紀から3世紀にかけてラテン語は非常に広範囲で使用され，ヨーロッパの大西洋沿岸からライン川まで，さらにドナウ川の先（ローマに征服されたダキア地方は，今のルーマニアに相当する），イギリス南岸からアフリカ北岸まで広がった．その後の歴史的経過のなかで，それぞれの地域は脱ローマ化し，その結果脱ラテン語化が進行した．北部アフリカは7世紀にアラブ人に征服される．ブリタンニアは409年に放棄され，ゲルマン化した．ドイツのライン川地方，南部も同じ経過をたどった．パンノニア（現在のハンガリー）は10世紀にフン族に侵入されて，マジャール化した．バルカン半島はダルマチアを除きスラヴ民族に占領されて，その植民地になった．

それでもラテン語は数世紀にわたって非常に広い地域で交易の言葉として使われた．もちろん単一の言語ブロックだったわけではない．イベリア半島で使われたラテン語が，何千キロも離れたイタリアやフランスで話されていたラテン語と同一だったと想像することはできない．実際，空間軸上に複数の変種が存在したことの証拠となる言葉がある．

2つの例を見よう．

第1の例．古典ラテン語では「美しい」という性質を表すのに PULCHER が使われていたが，話しことばでは2つの異なる形容詞 FORMŌSUS と BĔLLUS があった．ロマンス語地域の中央部では BĔLLUS の形（イタリア語 bello，フランス語 beau，プロヴァンス語 bel が示すように）が優勢になり，

東西の周辺部ではFORMŌSUSが使われた（スペイン語hermoso，ポルトガル語formoso，ルーマニア語frumos）．

　第2の例．古典ラテン語では食べる行為を指してEDĔREが使われたが，話しことばには2つの動詞COMEDĔRE（「一緒に食べる」）とMANDŪCĀRE（「顎を動かして咀嚼する」）があった．ロマンス語の西側地域では前者だけが使われた（スペイン語とポルトガル語のcomerが示している）が，中央部と東部では後者が優先的に使われた（フランス語manger，古イタリア語manicare．ここからmanicaretto「珍味」が派生する．現代イタリア語mangiareはフランス語からの借用である）．

　地域的要因は民族的要因と入り混じって，さらに別の差を生んだ．こうした差異は，ラテン語以前のいわゆる**基層言語 sostrato**に求めることができる．

　基層言語とはなんだろうか．

　ローマ人がイタリア全土とヨーロッパの大部分を支配する前，ラテン語は，イタリアに住んでいた多数の民族の一部が話していた地方語に過ぎなかった．

　注　イタリア半島北部では，西から東へ順にリグーリア人，ケルト人部族，レーティ人，そしてカルニ人がいた．カルニ人の南のヴェネト南部にはヴェネト人が居住していた．そのすぐ南には，東にピチェーニ人，中央にウンブリ人，西にエトルスキ人．ローマの北部にはファリスキ人，中南部イタリアにはオスキ人，サレントとプーリア地方にはメッサーピ人，イアピージ人，ダウニ人がいた．これらの民族にはいずれも独自の言語があった．リグーリア語，ケルト語，レーティ語，ウンブリア語，オスク語といったように．これらの言語のいくつか（大部分）はインド・ヨーロッパ語族と共通の起源をもっているが，そうでない言語もある（たとえばエトルスク語）．ローマ人に征服される前のシチリア島では少なくとも3つの言語が話されていた．地中海地域の言語であるシカーノ語，ラテン語に近いシクロ語，そして起源や特徴が明らかでないエリモ語である．そしてサルデーニャ島では先史サルデーニャ語が広まっていた．はるか昔に話されていた（インド・ヨーロッパ語族の影響が伝わる以前）が，われわれにはまったく未知の言語である．

　イタリアの外をみると，ヨーロッパ各地方の民族はラテン語と異なる言語を話していた．たとえばケルト人はチザルピーナ・ガリア（アルプスのこちら側，

2 地域の要因，通域態

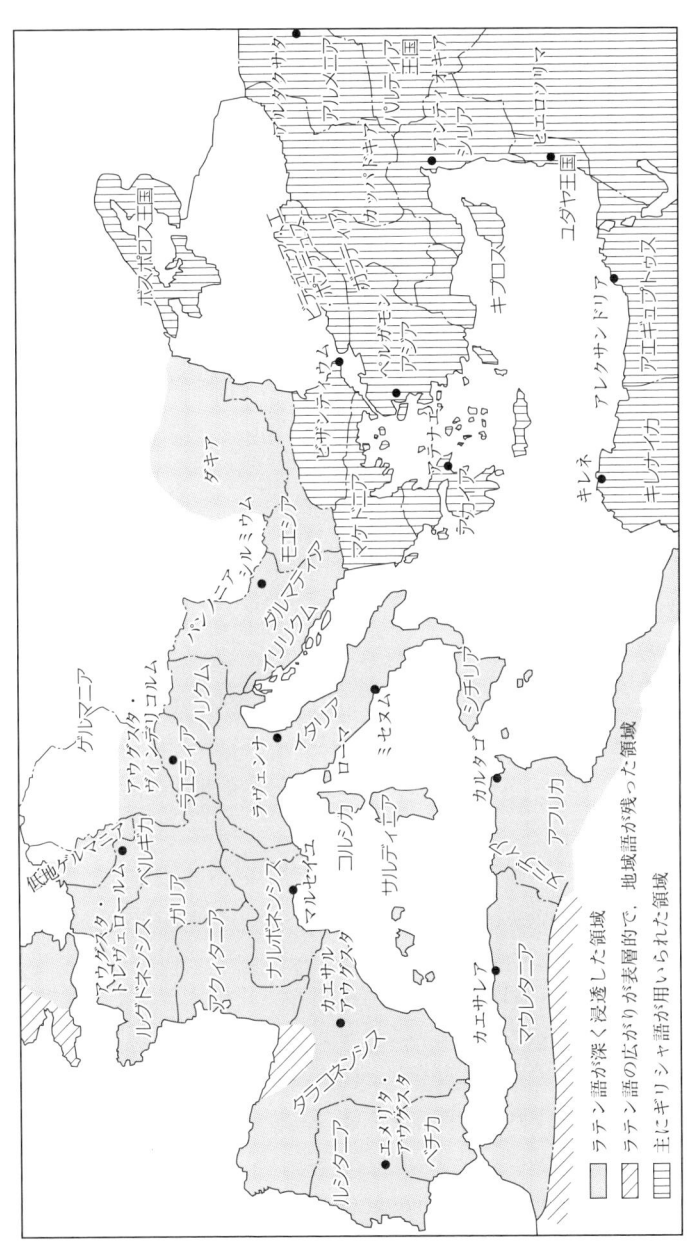

□ローマ帝国におけるラテン語の普及

凡例:
- ラテン語が深く浸透した領域
- ラテン語の広がりが表層的で，地域語が残った領域
- 主にギリシャ語が用いられた領域

地名（抜粋）:
タラコネンシス、エメリタ・アウグスタ、ベチカ、ルシタニア、カエサレア、マウレタニア、低地ゲルマニア、アウグスタ・トレヴェロールム、ベルギカ、高地ゲルマニア、ルグドゥネンシス、アクィタニア、ナルボネンシス、アウグスタ・ウィンデリコルム、ラエティア、ノリクム、パンノニア、ダルマティア、モエシア、ラヴェンナ、イタリア、ローマ、コルシカ、サルディニア、カルタゴ、アフリカ、キュレネ、シチリア、ミセヌム、ビザンティウム、トラキア、マケドニア、アカイア、ダキア、アテナイ、ニコポリス、ペルガモン・アシア、カッパドキア、シリア、アルメニア王国、コンマゲネ、キプロス、アレクサンドリア、キレナイカ、アエギュプトゥス、ユダヤ王国、ヒエロソリュマ、ポントスの王国

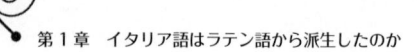

第 1 章 イタリア語はラテン語から派生したのか

つまりイタリア北部）だけでなく，トランザルピーナ・ガリア（アルプスの向こう側，のちのフランス）にも居住していた．イベリア半島にはイベリア人の他にバスク人がいた．その言葉であるバスク語は今でもイベリア半島の北東地域で使われているが，インド・ヨーロッパ語族には含まれない．一方，東方世界では，有名なギリシャ語が広い地域に流布していた．

テヴェレ川河口周辺の狭い地域で使われていた言語だったラテン語は，数世紀の間に，ヨーロッパの大部分，アフリカ・アジアの広大な地域を支配する征服民族の言語となる．

> **注** 第1次ポエニ戦争（紀元前264-241年）の結果，最初の属州シチリアが制定され，属州化はその後次々に進行した．サルデーニャとコルシカ（紀元前238年），スペイン（紀元前197年），イッリコ（ダルマツィア・マケドニア間のアドリア海沿岸地方，紀元前167年），アフリカとギリシャ（紀元前146年），小アジア（紀元前129年），南ガリア（紀元前118年），北部ガリア（紀元前50年），エジプト（紀元前30年），レツィア（チロル地方の一部，紀元前15年），パンノニア（10年），カッパドキア（トルコ東部，17年），ブリタンニア（イギリスとウェールズ，43年），ダキア（107年）．

ローマに征服された民族のほとんどが数世代の間に本来の言語を放棄し，交易手段としてラテン語を使うようになる．しかし新しい言語を征服者が強制したわけではない．ローマ人は，支配した民族を無理やり同化させなかった．ラテン語の使用を強制せず，むしろそれを区別する印と考えた．いったん領土を征服して軍事・税制上の支配を確立すると，ローマ人の支配階級は，宗教・公共制度・言語の点で被征服民族に大幅な自治を認めていた．2ヶ国語使用の時期をある程度経た上で，征服された民族のほうから，固有の言語を捨ててラテン語を使うようになった．この過程を決定づけたのが，ふたつの言語間の接触における重要な要因，「権威」である．言語が競合関係にあるとき，より大きな名声を得ているほうが最終的に優勢になる．こうしてローマ人に征服された民族の多くは，より進歩し洗練された文化をもつラテン語に比べて自分たちの言語が下位の地方語であると感じて，征服者の言語を話すことを選んだ．西ヨーロッパの大部分で，大規模なラテン語化の現象が始まった．征服されたそれぞれの民族は，初期のラテン語習得段階か

ら，本来の言語と征服者の言語の両方を使う中間の段階へと推移し，最終段階では固有の言語は完全に放棄された．

> **注** ここで述べたこと（地域言語からラテン語への推移の際に権威という要因が重要な役割を果たしたこと）の明らかな証拠として，東方地域では固有言語が放棄されなかったという事実がある．東方世界では，ギリシャ語・文化をもつ人々もローマに従属したが，ギリシャ語を放棄してラテン語を使うことはしなかった．ローマ人を含め，だれもがラテン語よりもギリシャ語に権威を認めていたからである．本来のラテン語文学は紀元前3世紀に始まる．タレントゥム（現ターラント）のギリシャ人リウィウス・アンドロニクスが紀元前272年ごろローマを訪れ，ギリシャ語作品（『オデュッセイア』）をラテン語に翻訳した．何世紀も後に，優れたラテン詩人ホラーティウスは『書簡詩』で，ギリシャはローマに軍事的に征服されたが，粗雑な征服者を逆に文芸によって征服し，未開の地ラティウム（現ラツィオ）に芸術をもたらしたと書いている．

西ヨーロッパ各地域のラテン語以前の言語は完全には消失しなかった．征服された民族が身につけたラテン語のプロソディア（抑揚）・発音・形態・語彙・文法に，それぞれの痕跡が残っている．このため，そうした言語は「基層言語」と呼ばれる．征服された民族が使うラテン語の下部に言語の層が存在していることが証明される．

基層言語が存在することを示す例を挙げよう．

イタリア中南部の方言には，ラテン語における母音間の子音連音 -ND- を nn とする傾向がある．たとえばラテン語の MŬNDŬM「世界」にある連音 -ND- は，イタリア語 mondo, フリウリ語 mond, フランス語 monde ではそのまま残ったが，イタリア南部の方言（ローマ方言 monno, ナポリ方言 munne）では -nn- に形を変えた．イタリア中南部方言のこの特徴は非常に古い．その起源はオスク・ウンブリア語である（「オスク語」は古代サムニウム人が話していた言語である．サムニウムとカンパーニア，ルカーニアとカラブリアの一部で話され，さらには古代シチリア植民地メッサーナ〔現在のメッシーナ〕のマメルティーニ人も使っていた．「サベッリ方言」はサムニウムとウンブリアの間に住んでいた民族の言語である．「ウンブリア語」は，古代ウンブリア〔現ウンブリアほど広くはない〕のテヴェレ川とネーラ

川の間で使われていた).あきらかにこれらの方言は使われなくなっても基層で生き延びていて,イタリア中南部の民族が新しい言語としてラテン語だけを使うようになったとき,その発音に影響を与えたのである.

別の例を挙げる.ラテン語の子音連音 -CT- はイタリア語では -tt- になるが,フランス語やイタリア北部の多くの方言で -it- となる傾向が見られる.たとえばラテン語 NŎCTEM「夜」の -CT- はイタリア語 notte の -tt- であるが,フランス語 nuit,ピエモンテ方言 nöit である.-CT->-it- という推移はケルト語基層から生じている.フランスでもイタリア北西部でも,ローマ化以前にはケルト語が話されていた.この地方がローマ化したあとでそこに広まったラテン語には,あきらかにケルト語の存在が感じられる.

3 様式の要因,通様態

言語所産の様式(語調)レベルでの変動を**通様態 diafasica**(dià と -fasìa「表現」「発声」)という.

言語は,使われる情況に応じて語調やレベルが変わる.尋問で用いられるイタリア語は,友達と打ち解けておしゃべりするときのイタリア語とは違う.隣人としゃべるときのイタリア語は,パーティで知り合ったばかりの人と話すときよりも親密でくだけている.それはラテン語でも同様であったことを裏付ける資料がたくさんある.著名なラテン語作家キケロは,演説の草稿を書くときと哲学の著作を書くとき,友人や家族に手紙を書くときでそれぞれ違った言葉使いをしていた.最初の2つの場合では,高尚で綿密に練り上げられた上品なラテン語を使い,3番目の場合には,親密でくだけたことばも含め,あまり文法にこだわらないラテン語を用いていた.

4 社会文化の要因,通層態

言語を使う人の社会状況,文化レベルに関連した違いを**通層態 diastratica**(dià と strato「層」の派生語)という.同じ共同体内の話者であっても,全員が同じ方法で表現するわけではない.高い社会階層に属する人た

ちは有利な立場にある．勉強する機会が多く，したがってより語彙も豊かで，学校で学んだ言語規則をよく身につけている．

　古代ローマおよび帝国領土内で，知識人のラテン語は庶民のラテン語とは異なっていた．前者は学識豊かな洗練されたことばで語彙もさまざまだった．後者は民衆のことばで，文法や統語はそれほど整っていなかったが，具体的事物に関する表現や語彙をたくさん備えていた．

5　伝達方法の要因，通媒態

　さらに書く，話すといった言語の伝達方法によって生じる変動を，**通媒態 diamesica**（dià と mesos「中間」）と言う．口頭言語より書記言語のほうがきちんと整理され正確であることは日ごろから実感される．ラテン語もこの内在的規則に従っている．話されたラテン語と書かれたラテン語の差異は，単語の書字法と発音の関係ばかりではなく，文法・統語・語彙の重要な面に関係する．

6　話されたラテン語の史料

　書かれたラテン語の状況は，多くの文学作品の例を通じて容易に再構築できる．話されていたラテン語の状態を知るのはそれほど容易ではない．しかしさまざまな史料によってそうした作業は支えられている．話されたラテン語の典型的な形（専門的に「俗語表現」volgarismi と呼ばれる）は，たとえば以下のような文章に見つけられる．

a) 壁面に書かれたり描かれたりした落書き．
b) 語彙集，グロッサリー（稀語やいわゆる難語となった古典ラテン語を，話しことばのラテン語で解説した初級辞書）．
c) 庶民の書き手による史料（個人の手紙や文書）．帝国の各領地に駐屯したローマ兵の手紙など，エジプトだけでも300通ほど発見されている．
d) 話しことばの特徴を書きことばのなかで再現しようとした作家の著作．

第 1 章　イタリア語はラテン語から派生したのか

プラウトゥスの喜劇（紀元前 3 世紀），ペトロニウスの『サテュリコン』（1 世紀）などがその例である．『サテュリコン』の「トリマルキオーの晩餐」は，話されていたラテン語の重要な資料となっている．

e) キリスト教関係の文献．聖書翻訳者やキリスト教著作家は，自分の文体が優雅であるかどうかあまり気にしなかった．聖アウグスティヌス（4 世紀）の次の主張に，そうした態度の背景となった考え方がよく表われている．"Melius est reprehendant nos grammatici quam non intelligant populi"「民衆に理解されないより，文法家に非難されたほうがよい」．アウグスティヌスから数世代後のスペインの修道女エゲリアは，意識的あるいは無意識的にこの規則に従っていた．彼女は社会文化的に高い地位にあったが，『聖地巡礼の日記』 *Itinerarium Egeriae* で，話しことばの特徴を豊

『プロブスの補遺』

文法家と教師が提供する史料として一番有名なのが『プロブスの補遺』Appendix Probi である．3 世紀の無名の学校教師の著作で，プロブスの補遺と呼ばれているのは，偽プロブスと呼ばれている作家の文章を集めた手稿の末尾で発見されたからだ．この補遺には 227 の語が 2 列に並んでいる．左側の列には書かれたラテン語の規則に沿った語があり，右側には「間違った」語形，つまり学生が発音し書いた形がある．「A が正しく，B が間違い」という図式である．

正	誤	意味
speculum	speclum	「鏡」
columna	colomna	「円柱」
calida	calda	「湯」
turma	torma	「隊」
auris	oricla	「耳」

ラテン語からイタリア語へ言語が推移した現象をたどるとき，左側（書かれたラテン語の「正しい」形）ではなく，右側（話されたラテン語の「間違い」）が重要になる．それぞれに対応するイタリア語（specchio, colonna, calda, torma, orecchia）は，左側の「正しい」形より右側の「間違い」のほうに近い．したがって，われわれの言語イタリア語は，書かれたラテン語ではなく，話されたラテン語の継続であるという証拠になる．

富に備えた言語を用いている.
f) 建築学, 料理学, 薬学, 薬草学の技術書. これらの著者は, 言葉や文体より自分の題材を把握することを心がけていた. 有名な建築学書を著したウィトゥルウィウス（紀元前1世紀-紀元後1世紀）は, 完璧とはいえない自分の文章について読者に弁解している. "Non architectus potest esse grammaticus"「建築家は文法家ではありえない」と.
g) ラテン語文法家, 教師の著作. 言語の規則を例示するだけでなく, 読者と生徒に対して, よくある間違いとその訂正の仕方が示されている. 文法家と教師は, 話されたラテン語を再構築する貴重な史料を研究者に提供している. そこで指摘され説明される誤りの大半は, ラテン語の話しことばが書きことばに与えた影響に他ならない.

7 再建・比較による方法

いずれにしても, 話されたラテン語を再建する上でもっとも重要な（書かれた史料で見られる断片的な記録よりはるかに重要な）手段は,「ロマンス諸語の比較」である.

そうした比較の基本となる「再建・比較的方法」とはどんなものだろうか. ロマンス諸語で見つかる結果を基にして, 史料にない語形（つまり話されたラテン語の特徴である, 書かれない形）を再建することである. 例を使ってはっきりさせよう. イタリア語の carogna「腐肉, 死骸」をとりあげる. 書かれたラテン語のどこをさがしても, その基語となりそうな語はみつからない. 一番近い語は caro「肉」('carogna'「死骸」の意味では cadaver が使われていた）である. しかしラテン語 caro からイタリア語 carogna へは音形の点でも意味の点でも大きな差がある.

そこでイタリア語 carogna を, 他のロマンス語で対応する語と比較する. たとえばフランス語では charogne, プロヴァンス語では caronha, スペイン語では carroña である. これらの語がそれぞれ独立して生まれたことはありえない. それらは共通の祖先——CARO から派生した CARŌNIA——を前提とし, そこからロマンス語圏の各地域で規則的に進化した結果を表わし

ている．この共通の祖先は，書かれたラテン語では裏付けられないが，話されたラテン語に存在したのは確かである．でなければ carogna, charogne, caronha, carroña は作られなかっただろう．

ある語形が，書かれたラテン語では裏付けられないが，話されたラテン語として再建される場合，アステリスク「*」をその前につけることになっている．

例の場合では，イタリア語 carogna の基語は *CARŌNIA と示されることになる．

8 古典ラテン語と俗ラテン語

結論としよう．ラテン語は単一の実在ではなかった．時間・空間・語調・実現の様態の点で交錯し積み重なったラテン語の多数の変種のなかで歴史的に重要なのが，慣習的に古典ラテン語と俗ラテン語と呼ばれている2つである．

古典ラテン語は言語的実在として特定しやすい．ローマのいわゆる「黄金期」（紀元前50－紀元50年）の文学作品で使われるような「書かれたラテン語」であり，本質的に歴史のなかで変化していない．社会文化的に高い地位に属する階級の表現としての教養語である．

> **注** 「古典ラテン語」latino classico は，「階層ラテン語」latino di classe むしろ「上級ラテン語」latino di prima classe を意味した．形容詞「古典的」classicus を，文学のためのラテン語の意味で使ったのはアウルス・ゲリウスである．彼は紀元2世紀の学者で，ローマ住民の階級区分を文学に拡大解釈した．富裕で権力をもつ市民が社会の上流層であるように，より洗練された作家を「階層の，上流の」classici と呼んだのである．

一方の俗ラテン語は，複雑で変化の多い言語実体である．簡単にまとめるなら，「ラテン世界のあらゆる社会集団が，あらゆる時代・場所・状況において話していたラテン語」と形容できる．ローマ建国時代の古代の話しことばであり，帝国後期の話しことばであった．首都でも広大な帝国の辺境地で

も話されていたことばだった．富裕民も貧民も，字を知らない人も学者も話していたことばである．

この多様な現実から生まれたのが，ロマンス語や新ラテン語と呼ばれるヨーロッパ諸語であり，イタリア語はそのなかに位置づけられる．

9　俗ラテン語からイタリア語へ

なぜこの変種（俗ラテン語）が，もう一方（古典ラテン語）より優勢になったのか．さらに，それがまったく異なる別の言語になるほど変化した過程と原因はなんだったのだろうか．

この2つの近接する過程（古典ラテン語に対する俗ラテン語の優勢，俗ラテン語からイタリア語への変化）は，次の2つの要因によって加速され，3番目の要因によって決定的となった．a) 貴族階層の権力の失墜，b) キリスト教の普及，c) 蛮族の侵入である．

a) **貴族階級の権力の失墜**：教養ラテン語の弱体化と俗ラテン語の優勢をもたらした最初の要因は，帝国が成立した結果，貴族階層が権力を失ったことである．

　貴族階級とともに文化を体現していた知識人階層も没落し，教養語は帝国時代を通じて使われ続けたとはいえ，少なくとも部分的にはその権威は弱まっていった．

b) **キリスト教の普及**：古典ラテン語が弱体化した第2の要因は，キリスト教の普及である．キリスト教によってラテン語の伝統的語彙が変化した．初期キリスト教共同体の言語はギリシャ語だった．その結果，キリスト教徒のラテン語にはたくさんのギリシャ語表現がみられる．イタリア語のbattesimo「洗礼」，chiesa「教会」，cresima「堅信式」，eucarestia「聖体」，parabola「たとえ話」，vescovo「司教」など，これらはすべてギリシャ語に由来する．語彙的特徴とは別に，思想的な面においてキリスト教は古典ラテン語に致命傷を与え，俗ラテン語の普及を促進した．この新しい教義は，教養のある人ない人，知識人にも文字が読めない人にも伝えられた．

福音書はだれもが理解できるものでなければならなかったので，それが翻訳されたラテン語は，著作家の洗練されたことばではなく，貧しい素朴な人が話すことばに近かった．古典言語と文化は根底から覆された．

c) **蛮族の侵入**：いずれにしても，蛮族の侵入（4世紀以降）で瀕死の状況に陥ったローマ帝国の全領域で，俗ラテン語が優勢となった．古典ラテン語は忘れ去られた．ローマ教会は古典ラテン語の没落に貢献した一方で，その完全な消失を食い止める働きもした．中世僧院の図書館には，共和政・帝政ローマ時代の有名作家の著作が，侵入した軍隊による破壊と強奪を免れて所蔵され筆写されていたからだ．西部・南部ヨーロッパ（イベリア半島，フランス，イタリア），そして東部ヨーロッパの一部分（ルーマニア）では，「ローマのことば」と呼ばれる多様なラテン語が話され続けた．これは発音・形態・語彙・文の構造の点で古典ラテン語と異なっただけでなく，地域によってそれぞれ異なっていた．この違いはしだいに大きくなる．書かれたラテン語は，偉大な作家の模範と文法規則を忠実に守る固定した言語であり続けようとした（もちろんそれは不可能だった）．俗ラテン語は旧ローマ帝国の各地域でそれぞれ異なる方向に進化し，ロマンス語，新ラテン語の起源となる．

ラテン語から俗ロマンス諸語への変化の過程は8世紀に完了する．その結果，音声，形態，語彙，文と句の構造の点で当初の言語からはまったく違った言語が誕生した．

このあと，俗ラテン語からイタリア語に推移したいくつかの歴史的変容をたどることにしよう．まずはことばの音の側面の変化（歴史的音声学），そして談話のそれぞれの部分に関係する変化（歴史的形態論），それから文と句の構造組織に関係する変化（歴史的統語論）を検討する．

10 民衆語と学識語

このあと取り上げる音声変化は，イタリア語の語彙となったラテン語起源の語すべてに関するものではなく，民衆の伝統によることば（単純に**民衆語**

と呼ばれるもの）だけに関係することを確認しておかねばならない．教養の伝統にもとづく語彙（また**学識語**，**ラテン語的語法**，**教養語**と呼ばれるもの）は，こうした変化を被らなかった．

　民衆語と学識語の違いをあきらかにするために，次の2列の語彙を見てみよう．

ラテン語		イタリア語	ラテン語		イタリア語
AURŬ(M)「黄金」	>	oro	AUREUS「黄金の」	>	aureo
FLŌRE(M)「花」	>	fiore	FLORA「植物相」	>	flora
GLAREA(M)「砂利」	>	ghiaia	GLORIA「栄光」	>	gloria
NĬVE(M)「雪」	>	neve	NIVEUS「雪の」	>	niveo

　このあとで確認するように，左側の列にはラテン語からイタリア語への推移に特徴的な音声変化が見られる．たとえば語末の -M の欠落，二重母音 AU の単一化，子音+l から子音+j への移行，アクセントのある Ĭ の [e] への進化などである．

　理論的には右列のことばも同じような変化をするべき（あるいは変化がありえたはず）であるが，変わらずにそのまま残っている．

　なぜ両者の扱いはこのように違ったのだろう．

　その理由は，右側の語が学識の伝統によるものだったのに対して，左側の語は民衆の伝統によるものだったからだ．後者は，話されていたラテン語からイタリア語へと途切れることなく推移した．つまり，古代ローマ時代からイタリア語への変化過程がまだ完了していなかった時代まで，ずっと使われ続けていた．これらの語は，いわば世代から次の世代へと口伝えに伝えられてきたために，たくさんの変化を受けたのである．

　一方，右側の語は，一般に話されることがなかったか，あるいは初期の段階で放棄されて，書かれたラテン語のテキストの中に閉じ込められたままだった．13世紀以降，ラテン語からイタリア語への変化が完了した後になって，より高尚な文体を追求して，イタリア語の文章にこれらのことばが持ち込まれた．注意しなければならないのは，これらの言葉がそのまま用いられ

第1章 イタリア語はラテン語から派生したのか

たこと，語尾変化の修正をしただけでイタリア語文法体系に単に取り込まれたということである．

　これら「ラテン語用法」は，日常言語よりも書物に現れる独特のことばである．哲学・法学・科学用語であり，いずれも文化的に高度な概念を指していた．上の例で言えば，中世までのイタリア半島の社会のように，日常の必要性に密接に関連していた農村社会で glarea「砂利」といった言葉が使われたのは当然だった．それに比べて，gloria「栄光」のような言葉はそれほど日常的に使われなかった．前者はよく目にする具体的な物を指していたが，後者は抽象概念を指していたからだ．さらに gloria のような語が保存されたことには，ローマ教会が関係している．祈祷や聖書で頻繁に使われたことを考えればわかるだろう．こうして glarea は使われ続けたうちに民衆語としての試練を受け，ghiaia となった．一方，gloria は俗ラテン語時代の最初の数世紀に使われなくなり，書かれたテキストからそのまま採用されてイタリア語へ導入された．

　このあと（第3章4-7）も見るように，同一のラテン語基語に対して，民衆語と学識語の2つの継承語がある場合は少なくない．例を挙げる．

	ANGŬSTIA(M) >	DĬSCŬ(M) >	VĬTIŬ(M) >
学識語	angustia「欠乏」	disco「円盤」	vizio「悪徳」
民衆語	angoscia「苦悩」	desco「食卓」	vezzo「悪癖」

間違いに注意 1

民衆語とは，民衆が実際に使ってきた語である．現在のイタリア語でより一般的な（社会言語学的に見てより「なじみのある」）ことばのことだと勘違いしないよう注意しなければならない．逆の意味で，学識伝統のことばではなく，より稀な洗練されたことばを学識語だとみなすのも誤りである．そうではない．ある語の音声的変化の歴史は，かならずしもその流布の歴史と一致しないからである．disco も vizio も現在のイタリア語ではまったく日常語だが，それでもラテン語語法である．逆に desco「ご馳走の並ぶ食卓の意」（DISCUM から派生したことは，食卓が丸い形であることから説明される），vezzo「気まぐれ，しかめ面の意」は稀語で古語，文語の印象があるが，音声的には民衆起源の歴史をもっている．

ラテン語の同じ基語から派生した2つの語形は，化学の用語「同素体」を借用して「同語源異語」allòtropi と呼ばれる〔間違いに注意①〕.

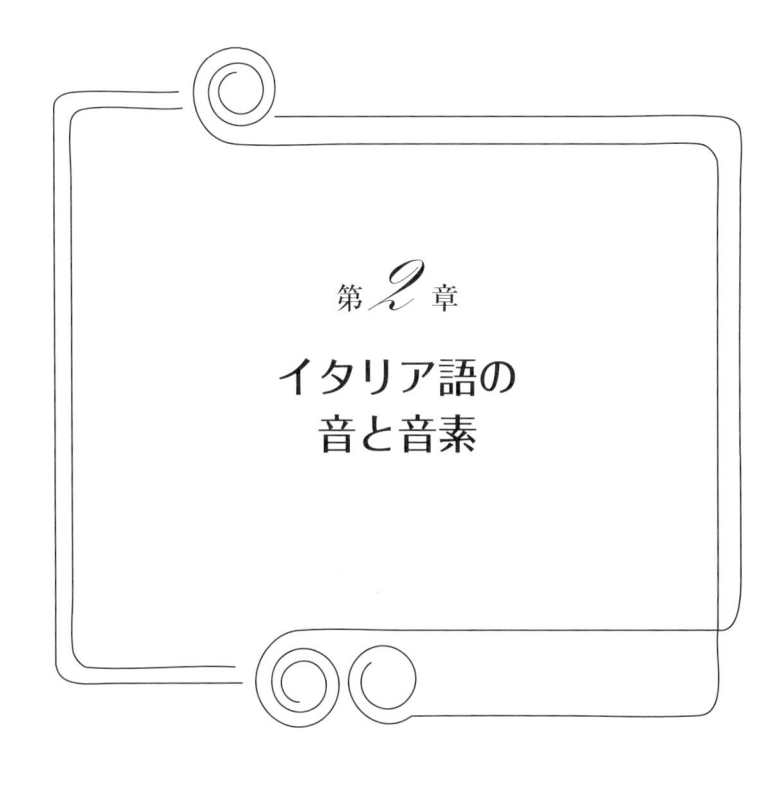

第 2 章

イタリア語の音と音素

第2章　イタリア語の音と音素

*

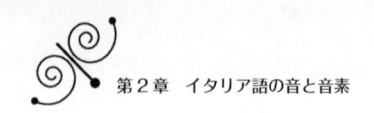

ラテン語からイタリア語への推移の際に起きた音声現象を正しく分析するために，まず準備として，イタリア語に関する音声学，音韻論の概念を知っておく必要がある．

1　イタリア語の音素

どの言語でも，分節化された音のことを専門用語で**音声 fono** という．

その位置で別の音に置換されると異なる語を弁別するような音が存在する．たとえば petto「胸」というシークエンスにおいて，音 p を他の音（l, r, s）に置き換えると，それぞれ固有の意味を持つ語 letto「ベッド」, retto「まっすぐな」, setto「隔壁」ができる．2番目の音 e を他の音（たとえば母音 a, u）に置き換えれば，patto「契約」, putto「プット（幼児像）」ができる．

同じ音声的状況（つまり同じ音のシークエンス）において，その変化によって意味の異なる語が識別される音を**音素 fonema** という．

したがって音素は，弁別機能（つまり他の音の単位との交替によって異なる意味を特定できる）をもつ音の最小単位である．

言語学的には，語を構成する音素を転記する場合は，特別な分析記号を用いて斜線（バー）で囲み，強勢はそれが置かれる音節の「前に」記号［'］をつけて示すことになっている．たとえば語 pila「電池」の音素としての表記は，/'pila/ であり，語 barone「男爵」の音素としての表記は /ba'rone/ である．

また，個々の音素が，その物理的側面だけ（つまり，意味とは無関係な単なる音の事象として）取り上げられる場合，角かっこのなかに表記される．たとえば，['pila], [p], [a] のように．

音素を表記する際に使われる記号は「文字」または「書記素」と呼ばれる．その集まりが言語のアルファベット（a, b, c, d...）を構成する．

先の例（/'pila/, /ba'rone/）では音素を表わす記号がラテンアルファベット文字と一致していたが，かならずしもそうとは限らない．音素を表わす記号がラテンアルファベット文字と一致しない場合もある．これらの記号を合わせたものが**音声記号 alfabeto fonetico**である．世界のほぼすべての言語の音素を表記するのに使われ，IPA（国際音声学会）によって定められている．

2 音声記号

IPA の認めるアルファベットで，イタリア語の音素を表わす記号は以下である．

母音

a　p*a*le「シャベル」　　　ɔ　c*o*tta「煮沸」
ɛ　l*e*tto「ベッド」　　　o　g*o*la「喉」
e　s*e*ra「晩」　　　　　u　b*u*ca「穴」
i　v*i*no「ワイン」

半子音

j　*i*ena「ハイエナ」　　　w　b*u*ono「よい」

子音

p　*p*ena「刑罰」　　　　dz　o*z*ono「オゾン」
b　*b*ecco「くちばし」　　dʒ　*g*elo「寒さ」, *gi*ada「翡翠」
m　*m*adre「母親」　　　f　*f*ata「妖精」
t　*t*ana「巣」　　　　　v　*v*ano「むだな」
d　*d*are「与える」　　　s　*s*carpa「靴」
n　*n*odo「結び目」　　　z　*s*veglia「目覚まし」

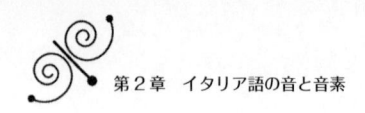

ɲ　　*gn*omo「地の精」　　　　　　　　　ʃ　*sc*emo「馬鹿な」, *sc*ialle「ショール」
k　　*c*asa「家」, *ch*e「何」, *qu*ota「割当」　r　*r*osa「バラ」
tʃ　　*c*edo「屈服する」, *c*iao「やあ」　　　　l　*l*ato「側面」
g　　*g*ara「競争」, *gh*iro「ヤマネ」　　　　ʎ　*gl*i「彼に」, a*gl*io「ニンニク」
ts　　mi*lz*a「脾臓」

続いて，イタリア語の音素の性質を詳しく検討しよう．

3 無声音素と有声音素

ほとんどの自然言語と同様，イタリア語の音素も肺から出る呼気を利用して発音される．

気管支から空気は喉頭を通り，そこで声帯と呼ばれる筋肉のふたつのひだにぶつかる．声帯は，楽器の弦のように，3つの状態の可能性がある．

1) じっとして動かない．
2) 閉じて，空気が通るのをふさぐ．
3) 振動を起こして，すばやい開閉を繰り返す．

声帯が動かずに作られる音を，**無声音素**と呼ぶ．逆に振動して作られる音を，**有声音素**と言う．イタリア語の母音はすべて有声音素である．子音には有声音と無声音がある．自分で試してみれば palla「球」の音素 [p] と balla「包み」の音素 [b] の違いは，[p] の場合は振動がなく [b] の場合は振動があることだと納得するだろう．[p] は無声音素（単純には無声子音）であり，[b] は有声音素（単純には有声子音）である．

以下の子音は有声音である．

[b], [d], [g], [z], [v], [dʒ], [dz], [m], [n], [ɲ], [r], [l], [ʎ]

そのほか，半子音（つまり，母音の前にある，無強勢の i と u：本章5節参照）は有声音である．

4 口音素と鼻音素

喉頭から咽頭へ空気は上り，ここから開いた口を通って直接外部へ出るか，あるいは軟口蓋（軟らかい口蓋，つまり口蓋の後部）が盛り上って鼻腔への道をふさいでいなければ，口と鼻を通って外部へ出る．

空気が口だけを通じて出るときは**口音素**になる．鼻からも出る場合は**鼻音素**であり，細かく言えば [m], [n], [ɲ] の 3 種類である．

[b] と [m], [d] と [n] の違いは口と鼻の対立である．その証拠に，風邪をひいて鼻から空気が出ないときは，[ˈmamma] や [ˈnɔnna] と言うつもりで [ˈbabba] や [ˈdɔdda] と発音してしまう．

5 母音

外部に出る空気に障害物がなく，口腔が共鳴箱の役割を果たして音を拡大すると，母音が生じる．

イタリア語の**強勢母音**は 7 つある．

いわゆる**母音の三角形**として図示される．頂点を下に両端を上にした，逆三角形をしている．

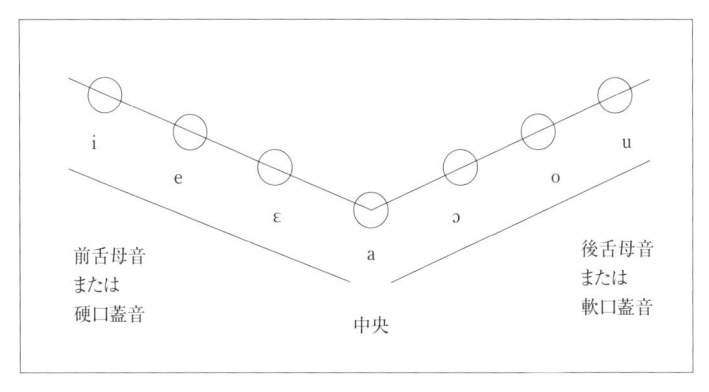

母音の三角形

第2章 イタリア語の音と音素

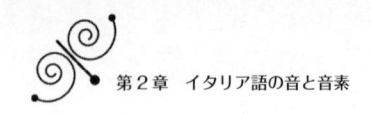

　それぞれ母音の音（同時に，母音三角形における位置）は，分節化される際の口腔内の舌の位置によって変わる．
　下向きの頂点にあるのは a であり，口の開きが最大であることを表わす．その左側には順に開口音 e（[ɛ]：pèlle「皮」），閉口音 e（[e]：pélo「毛」），i がある．
　これらの母音を発音するとき，口は次第に狭まっていき，最後の i ではほとんど閉ざされ，また舌は硬口蓋に沿って前方へ移動する．そのため**硬口蓋母音**または**前舌母音**と呼ばれる．
　右側には順に開口音 o（[ɔ]：pòrta「ドア」），閉口音 o（[o]：pólli「鶏」），u が位置する．これらの母音を発音するとき，口は徐々に狭まっていき，u ではほとんど閉ざされ，舌は軟口蓋に沿って後退する．そのためこの3つの母音は**軟口蓋母音**または**後舌母音**という．
　したがってイタリア語の強勢母音は7つあるが，それらを表わすアルファベット記号は5つしかない．開口音の o と閉口音の o，開口音の e と閉口音の e を区別するために，2種類のアクセント記号が用いられる．開口母音には**開口音記号**（アッチェント・グラーヴェ）を（pòrto「港」，bèllo「美しい」），閉口母音には**閉口音記号**（アッチェント・アクート）を（pónte「橋」，bévo「飲む」）を使う．
　これは強勢母音の場合で，**無強勢母音**（つまり強勢のない母音）は5種類しかない．[a]，[e]，[i]，[o]，[u]（2つの開口音 [ɛ] と [ɔ] がない）である．
　これに2種類の半子音，音素表記 [j] と音素表記 [w] を合わせると，イタリア語の音素図が完成する．**半子音**とは，ieri「昨日」の i，uomo「人間」の u の例に見られるように，後に母音が続く無強勢の i と u である．これは [i] と [u] のように発音されるが，持続がより短く，そのため母音と子音の「中間の」音のような印象を与える．
　無強勢の [i] と [u] の後に母音が続くのではなく，その前に母音が先行する場合もその持続は短くなるが，この場合は**半母音**と言われる．たとえば colui「彼」の i は半母音である．

6　二重母音

母音と異なり，半子音と半母音は単独で発音することはできず，前後する母音の支持を必要とする．こうした音のグループを**二重母音 dittongo** という．実際には，ひとつの音節を構成する2つの母音のことである．

二重母音が半子音＋母音の順番で作られるときは，**上昇二重母音**といわれる．p*ia*tto「皿」，p*ie*de「足」，ch*io*do「釘」，p*iu*ma「羽毛」，q*ua*le「どんな」，g*ue*rra「戦争」，b*uo*no「よい」，g*ui*da「ガイド」．「上昇」という表現は，発音する際に，声が無強勢から強勢の要素へ「上る」ことに由来する．

二重母音が母音＋半母音の順で作られるときは**下降二重母音**である．m*ai*「決して」，fa*rei*「する」，co*lui*「彼」，Pa*lau*「パラウ（地名）」，pn*eu*matico「タイヤ」にあるのが下降二重母音である．「下降」というのは，発音の際に声が強勢から無強勢の要素へ「下がる」からである．

7　三重母音

さらに複雑な母音のグループ，**三重母音 trittongo** があり，半子音 [j]，[w] ＋母音＋半母音 [i] から構成される．

m*iei*「わたしの」　　camb*iai*「変えた」　　（[j] ＋母音＋半母音）
s*uoi*「あの人の」　　g*uai*「災難」　　　　　（[w] ＋母音＋半母音）

あるいは2つの半子音と母音から構成される．

a*iuo*la「花壇」　　　　（[j] ＋ [w] ＋母音）
inq*uie*te「不安な」　　（[w] ＋ [j] ＋母音）

8　母音接続

2つの母音が別々に発音され，2つの音節に属する場合を，**母音接続 iato** という．母音接続が起きる主なケースは以下の2つである．

a）並んだ母音が i でも u でもない場合．p*ae*se「村」，l*eo*ne「ライオン」，B*oe*zio「ボエティウス」，r*ea*le「現実の」など．
b）２つの母音の一方が（前後どちらでもよい）がアクセントのある i または u で，もう一方が a, e, o である場合．armon*ìa*「調和」，z*ìe*「叔母」，mormor*ìo*「つぶやき」，coca*ìna*「コカイン」，te*ìna*「カフェイン」，mo*ìne*「愛想笑い」，t*ùa*「君の」，s*ùe*「あの人の」，s*ùo*「あの人の」，pa*ùra*「恐怖」．

9 子音

イタリア語の子音を特定するには，次の３つの要因を考慮しなければならない．

a）発音される方法
b）発音される場所
c）有声音／無声音の特徴

a）**発音の方法**：肺から出る空気がなんらかの障害物にぶつかると，子音が生じる．その発音には３つの方法がある．呼吸経路が完全に（もちろん一瞬だけ）閉ざされる場合に生じるのが**閉鎖音 occlusiva**（あるいは瞬間音 momentanea，破裂音 esplosiva ともいう）である．呼吸経路がただ狭められるだけであれば**摩擦音 fricativa**（あるいは**狭窄音 costrittiva** または **spirante**）という．そのほか閉鎖音と摩擦音が融合した結果として，**破擦音 affricativa** がある．

したがって子音 [p], [b], [t], [d], [k], [g], [m], [n], [ɲ] は閉鎖音であり，これらが発音されるときに呼気の経路は完全に閉ざされる．子音 [f], [v], [s], [z], [ʃ], [r], [l], [ʎ] は摩擦音で，発音の際に呼気の経路は狭められるだけである．子音 [ts], [dz], [tʃ], [dʒ] は破擦音である．実際，これらを発音するときは閉鎖音と摩擦音が合わさっている（その証拠に，「ツェツェバエ」の名前 zè-zè は，tsè-tsè と書くこともできる）．

b）**発音の場所**：呼気の経路の障害物が唇であるとき，**両唇音 labiale** [p], [b], [m] が生じる．前歯（発音の際に舌が接触する）で障害が起きる場合は

歯音 dentale [t], [d], [n] が生じる．閉鎖が口蓋前方で行われる（発音の際に舌がそこに接触する）場合，硬口蓋音 palatale [ɲ] となる．そして呼気が軟口蓋で閉鎖される場合，軟口蓋音 velale [k], [g] に相当する．

呼気の経路が下唇と上の前歯で狭められるときは，唇歯音 labiodentale [f], [v] が生じる．舌が上の前歯の歯茎につくときは，歯茎音 alveolare [s], [z], [l], [r] が生じる．狭められる際に舌が口蓋前部に接触すると硬口蓋音になるが，これは閉鎖音ではなく摩擦音，つまり [ʃ], [ʎ] となる．

c）有声と無声の特徴：すでに見たように，発音の際に声帯が動かないか振動するかによって，子音は有声音と無声音に分けられる．

これらの変化すべてを考慮することで，さまざまな子音を分類し適切な名称をつけることができる．

	区別する特徴	両唇音		唇歯音		歯音		歯茎音		硬口蓋音		軟口蓋音	
		無声	有声	無声	有声	無声	有声	無声	有声	無声	有声	無声	有声
閉鎖音	口音	p	b			t	d					k	g
	鼻音		m				n				ɲ		
破擦音								ts	dz	tʃ	dʒ		
摩擦音	口音			f	v			s	z	ʃ			
								r					
								l			ʎ		

子音表

▶子音の呼称

p　　無声・両唇・閉鎖音
b　　有声・両唇・閉鎖音
t　　無声・歯・閉鎖音
d　　有声・歯・閉鎖音
k　　無声・軟口蓋・閉鎖音

第2章　イタリア語の音と音素

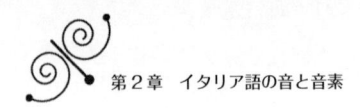

g	有声・軟口蓋・閉鎖音
m	有声・両唇・鼻・閉鎖音（略称：両唇鼻音）
n	有声・歯・鼻・閉鎖音（略称：歯鼻音）
ɲ	硬口蓋・鼻音
ts	無声・歯茎（あるいは歯）・破擦音
dz	有声・歯茎（あるいは歯）・破擦音
tʃ	無声・硬口蓋・破擦音
dʒ	有声・硬口蓋・破擦音
f	無声・唇歯・摩擦音（略称：無声・唇歯音）
s	無声・歯茎・摩擦音（略称：無声・歯擦音）
z	有声・歯茎・摩擦音（略称：有声・歯擦音）
ʃ	無声・硬口蓋・摩擦音（略称：歯擦・硬口蓋音）
r	有声・歯茎・摩擦音（略称：震え音）
l	有声・歯茎・摩擦音（略称：側音）
ʎ	無声・硬口蓋・摩擦音（略称：硬口蓋側音）

略称（完全表記の代わりに用いられる）は発音の特徴による．[s]，[z]，[ʃ]は伝統的に**歯擦音 sibilante** と言われる．[r]が**震え音 vibrante** と呼ばれるのは，発音のときに舌が口蓋の近くで震えるからである．[l]を**側音 laterale** と呼ぶのは，発音のときに空気が舌の両脇から出るからである．

10　現行の書字法による子音の表記法

　イタリア語の子音音素は全部で21あるが，アルファベットにはそれを表示するだけの記号がない．場合によっては，同一の書記素が異なる2つの音素をあらわす．たとえば書記素 c は文脈に応じて，無声軟口蓋閉鎖音（*c*asa「家」）も無声硬口蓋破擦音（*c*ena「夕食」）も指す．

　この不足を補うため，イタリア語の音素を表現するときに**2字音字**，**3字音字**が使われる場合がある．つまり，アルファベットの2文字や3文字を

用いて，ひとつの音素が表現される．ひとつの音素（以下，バーの間に示す）が，**2字音字** digramma，**3字音字** trigramma（イタリックで示す）で表現されるケースは以下の通りである．

/k/　　i, e の前の *ch*: *ch*ina「傾斜地」, *ch*e（関係・疑問代名詞）

/g/　　i, e の前の *gh*: *gh*iro「ヤマネ」, *gh*epardo「チーター」

/ɲ/　　*gn*: le*gn*o「木材」

/ʎ/　　i の前の *gl*: e*gl*i「彼は」

　　　a, e, o, u の前の *gli*: pa*gli*a「麦わら」, famí*gli*a「家族」, pi*gli*o「つかむこと」, Pa*gli*uca「パリューカ」（人名）

/ʃ/　　i, e の前の *sc*: la*sc*ivo「好色な」, *sc*ena「舞台」

　　　a, o, u の前の *sci*: *sci*alle「ショール」, *sci*olto「解けた」, *sci*upo「浪費」

/tʃ/　　a, o, u の前の *ci*: *ci*alda「チャルダ」, *ci*ò「それ」, pia*ci*uto（動詞 piacere「好まれる」の過去分詞）

/dʒ/　　a, o, u の前の *gi*: *gi*acca「上着」, *gi*ostra「回転木馬」, *gi*usto「正しい」

　c と g に続く h, i は独立して発音せず，単独では固有の発音をもたないことに注意しなければならない．これらは補助記号であり，発音を区別するために使われる書字上の工夫である．語 cialda「チャルダ」に文字 i がなければ，無声硬口蓋破擦音 /tʃ/ ではなく無声軟口蓋音 /k/ が現れ，cialda は calda になるだろう．語 cialda [ˈtʃalda] を発音するとき，i はまったく発音されていない．

11　単子音と二重子音

　いくつかの子音は，母音間に位置すると，文節の強度が変化して発音されることがある．すなわち，**単一**または**二重**（別の言い方をすれば，弱いまたは強い）になる．こうして pala「シャベル」の [l] が単子音，つまり弱い子音であるのに対して，palla「球」の [l] は二重子音，つまり強い子音となる．
　有声歯擦音 [z] は母音間でつねに単一である．鼻・硬口蓋音 [ɲ]，硬口

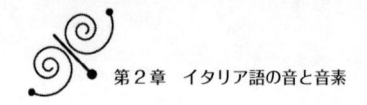

蓋側音 [ʎ]，硬口蓋歯擦音 [ʃ]，そして無声歯破擦音 [ts]，有声歯破擦音 [dz] は母音間ではかならず二重化する．ただし現行の書字法では，この強度はかならずしも表現されない．azione「行動」，agnello「子羊」，figlio「息子」などで，無声歯破擦音 [ts]，硬口蓋鼻音 [ɲ]，硬口蓋側音 [ʎ] は二重化して発声されるが，つねに単一で書かれる．[at'tsjone] と口にしていても，書くときは azione となる．

第3章
ラテン語からイタリア語へ
：音韻変化

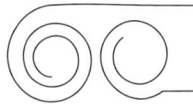

第3章　ラテン語からイタリア語へ：音韻変化

*

本章では，ラテン語からイタリア語への推移の際の重要な音の変化を取り上げる．2つの母音体系と，強勢のタイプの違いを検討するほか，母音体系，子音体系とそれぞれの変遷も見ることにする．

1　ラテン語の母音とイタリア語の母音

ラテン語には 10 の母音があった．わたしたちが知っている5つの母音（A, E, I, O, U）のそれぞれが，発音の**長さ**つまり**量**にしたがって，2 通りの方法で発音された．ある母音は短いか長いか，つまり短い時間か長い時間で発音される可能性があった．このあとで見る一覧表からもわかるように，ラテン語において，強勢の位置にある母音（すなわち強勢母音）は 10 種類ある（母音三角形を用いて説明すれば，左側に硬口蓋母音，右側に軟口蓋母音，そして中央には中央母音 A がある．記号「˘」は母音の長さが短いことを示し，記号「¯」は母音の長さが長いことを示している）．

Ī Ĭ Ē Ĕ Ā Ă Ō Ŏ Ū Ŭ

イタリア語にも長い母音と短い母音がある．どの母音でもその後に単子音が続くときは長くなる．同じ母音でも二重子音が続くときは短くなる．たとえば pala「シャベル」と palla「球，ボール」におけるそれぞれの a の長さを考えてみればよい．あるいは mola「ひき臼」と molla「ばね」では o の発音が異なる．実際に pala や mola では，palla や molla に比べてそれぞれ a と o を長い時間発音している．

ではこの点でラテン語とイタリア語の差はないかというと，そうではな

く，母音体系は明確に異なっている．

　ラテン語ではイタリア語と違い，短い母音と長い母音の対立を話者がはっきりと知覚していて，異なる語，形態，意味の区別をすることができた．VĔNIT「（彼，彼女は）来る」（動詞 VĔNIO の直説法現在3人称単数：イタリア語 viene）の短い e と，VĒNIT「（彼，彼女は）来た」（同じ動詞の直説法完了3人称単数：イタリア語 venne）の長い e の違いを，ローマ人は耳で聞き分けた．この2つの例では E の長さの違いが，現在時制と過去時制の文法的・意味論的対立を表す．同様に，SŎLUM ('suolo' 名詞「土地」）の短い o と，SŌLUM ('solo' 形容詞「唯一の」）の長い o の違いをラテン人は容易に聞き取って，それぞれことばと意味を区別した．イタリア語では，短い母音と長い母音の違いにそのような弁別能力がない．pala と palla の発音，mola と molla の発音はどう違うのかと尋ねられて，pala と mola では長く，palla と molla では短いというような母音 a と o の長さ，量の違いだと答える人はいないだろう．むしろそれぞれの違いは，pala と mola では単一，palla と molla では二重という子音の違いであると認識するだろう．

　ある時期以降，ラテン語の話しことばでは，長い母音は閉口音として，短い母音は開口音として発音されるようになる．先の例に戻れば，VĔNIT / VĒNIT と SŎLUM / SŌLUM の組をそれぞれ，uènit / uéénit と sòlum / sóólum と話していたと想像される（古典ラテン語では，V を用いた VĔNIT のようなつづりは，半子音 u の発音 [ˈwɛnit] に対応していたことに注意）．

　ラテン語がヨーロッパとアフリカに拡大したとき，短い母音と長い母音の対立のない地域語の上に被さった．そのとき量の意味が失われ始めた．特にアフリカに関しては，聖アウグスティヌスの証言を引用することができる．彼は，「アフリカの耳」Afrae aures は母音の長短の差を聞き分けられないことに気がつき，アフリカでラテン語を話す者は，ŎS ('osso'「骨」）の短い o と，ŌS ('bocca'「口」）の長い o を混同していると言い添えている．俗ラテン語には短い母音と長い母音の差は残らなかった．開口母音と閉口母音という付随的な違いだけが有効な差として残った．この過程をヴェイッコ・ヴェーネネン Veikko Väänänen が例を使ってうまく説明している．「数種類の信号旗があるとする．かつて色の違いによって区別されていたが，その後，区別で

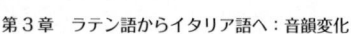

きないほど色褪せてしまった．しかしある時点から，かつて（色の代わりとなる以前は）意識されずに存在していた破れ方が区別する上で役立つようになり，そのおかげで旗は使われ続けている．この『旗の色』が母音の長短で，『破れ方』が音色である」．

長さが無関係になったことは，ラテン語の母音体系における重大な変化だった．この特徴は，俗ラテン語を通じてすべてのロマンス諸語に伝わっている．以下の表のように長さが音色へと変化した．

▶俗ラテン語の強勢母音体系

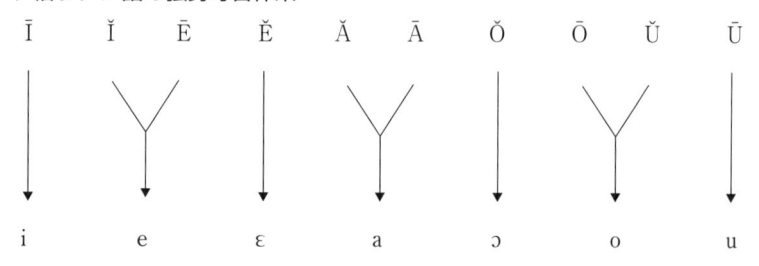

Ī   Ĭ   Ē   Ĕ   Ă   Ā   Ŏ   Ō   Ŭ   Ū

i   e   ɛ   a   ɔ   o   u

俗ラテン語の発音はどうなったのか詳しく見てみよう．A は長短に関係なく同じように発音されて a となり，開口・閉口の差はない．Ĕ と Ŏ はそれぞれ [ɛ], [ɔ] となり，Ē と Ō は [e], [o] として残った．Ĭ は Ē と同じ扱いを受けて [e] となり，Ŭ は Ō と同じ扱いを受けて [o] となった．この 2 つが同化したことは，隣り合う母音 Ĭ と Ē，Ō と Ŭ の発音がかなり似ていて，同じ結果を生んだことから説明される．そして硬口蓋母音のなかで際立って閉口音である Ī は，[i] と発音され，軟口蓋母音のなかでもっとも閉口音である Ū は [u] と発音されるようになった．

この変化は，俗ラテン語から，イタリア語を含めたロマンス諸語すべてに引き継がれた．それを示すのに次の例が役立つだろう．ラテン語の名詞と形容詞が対格形であるのは，あとで説明するように，イタリア語の名詞と形容詞は，それぞれラテン語の名詞と形容詞の**対格**から派生したからである（格体系については第 4 章 3 節参照）．

1 ラテン語の母音とイタリア語の母音

	ラテン語	>	イタリア語		ラテン語	>	イタリア語
A	ALA(M)	>	ala「翼」		VALLE(M)	>	valle「谷」
Ĕ	SĔPTE(M)	>	sètte「7」		FĔSTA(M)	>	fèsta「祭」
Ē	LĒGE(M)	>	légge「法」		CĒRA(M)	>	céra「蝋」
Ĭ	LĬGNU(M)	>	légno「木材」		DĬSCU(M)	>	désco「食卓」
Ī	VĪVO	>	vivo「生きている」		MĪLLE	>	mille「1000」
Ŏ	FŎSSA(M)	>	fòssa「穴」		PŎRCU(M)	>	pòrco「豚」
Ō	FLŌRE(M)	>	fióre「花」		MŌNSTRU(M)	>	móstro「怪物」
Ŭ	MŬSCA(M)	>	mósca「ハエ」		PŬLLU(M)	>	póllo「鶏」
Ū	MŪRU(M)	>	muro「壁」		PŪRU(M)	>	puro「純粋な」

イタリア語に関しては，ラテン語から俗語に推移する際の強勢母音 Ŏ と Ĕ の扱いに特に特徴が見られる．

説明の前に，開いた音節と閉じた音節との違いを確認しておかなければならない．ある音節が母音で終わる場合（たとえば te-so「張られた」の音節 te）**開音節**といい，子音で終わる場合（たとえば ter-so「澄んだ」の音節 ter）**閉音節**という．

ラテン語からイタリア語へ推移した際に，ラテン語の強勢母音 Ŏ と Ĕ は，開音節に位置した場合はそれぞれ二重母音 iè [jɛ] と uò [wɔ] を生んだ．閉音節に位置した場合はそれぞれ開口音 [ɛ] と開口音 [ɔ] となった．

(開音節で) Ĕ > iè [jɛ] 　(閉音節で) Ĕ > è [ɛ]
(開音節で) Ŏ > uò [wɔ] 　(閉音節で) Ŏ > ò [ɔ]

たとえばラテン語基語 PĔDE(M)「足」と BŎNU(M)「良い」は，強勢母音 Ĕ と Ŏ が開音節にあるので，イタリア語では二重母音 [jɛ]，[wɔ] となり，piede, buono になった．一方，ラテン語基語 PĔRDO「わたしは失う」と CŎRPUS「体」では，強勢母音 Ĕ と Ŏ が閉音節にあるので，イタリア語では二重母音を作らずに開口音の e つまり [ɛ] と開口音の o つまり [ɔ] になり，pèrdo と còrpo になった（「トスカーナの二重母音」の現象については本章 3-2 で触れる）．

したがってイタリア語の強勢母音体系は，俗ラテン語の母音体系と比べて，

第3章 ラテン語からイタリア語へ：音韻変化

強勢母音 Ĕ と Ŏ に関する2つの点で変化している．

▶イタリア語の強勢母音体系

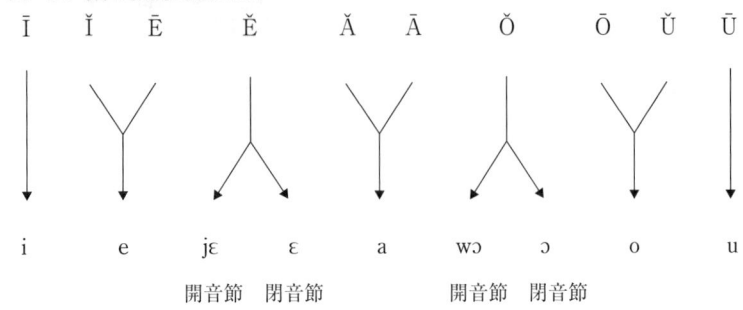

Ī　Ĭ　Ē　Ĕ　Ă　Ā　Ŏ　Ō　Ŭ　Ū

i　　e　　jɛ　ɛ　　a　　wɔ　ɔ　　o　　u

　　　　　　開音節 閉音節　　　　開音節 閉音節

> **注** この変化はラテン語圏のほぼ全体で起こったが，全域というわけではない．イタリアの地域に限っていえば，もっとも変化しにくいロマンス語であるサルデーニャ方言の強勢母音体系と，シチリア方言の強勢母音体系（その他にカラブリア方言とサレント方言つまり，ブリンディシとターラント以南，いわゆる「長靴のかかと」にあたる地域で話される南部プーリア方言）はイタリア語とは異なっている．

サルデーニャ方言には開口母音がなく，Ĭ > [e] と Ŭ > [o] の変化も起きなかった．サルデーニャ方言の強勢母音体系を次に掲げる．

▶サルデーニャ語の強勢母音体系

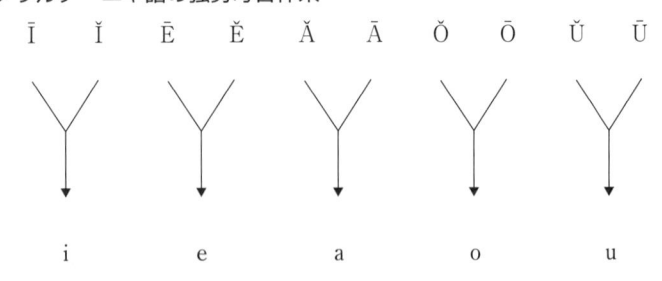

Ī　Ĭ　Ē　Ĕ　Ă　Ā　Ŏ　Ō　Ŭ　Ū

　　i　　　e　　　a　　　o　　　u

イタリア語の母音体系の変化と複数のサルデーニャの話しことば（なかでも重要なのはログドーロ方言で，以下の例はそこから挙げている．そのほかカンピ

ダーノ方言，ガッルーラ方言，サッサリ方言がある）の母音体系の変化の違いを理解するために，いくつか具体例を挙げよう．

ラテン語基語 SĬCCU(M)「乾いた」に対して，イタリア語 sécco，ログドーロ方言 sikku がある．

ラテン語基語 PĔRTICA(M)「長い棒」に対して，イタリア語 pèrtica，ログドーロ方言 bértiga がある．

ラテン語基語 PŎRCU(M)「豚」に対して，イタリア語 pòrco，ログドーロ方言 pórco がある．

ラテン語基語 MŬSCA(M)「ハエ」に対して，イタリア語 mósca，ログドーロ方言 muska がある．

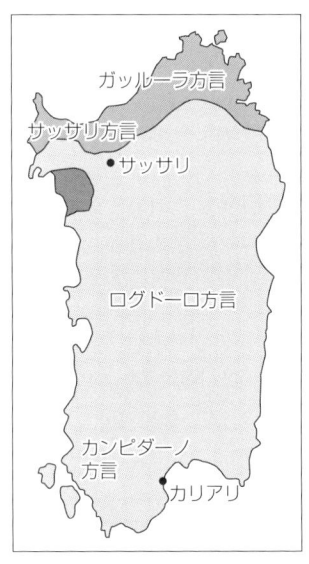

サルデーニャの方言分布図

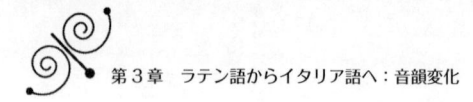

第3章 ラテン語からイタリア語へ：音韻変化

シチリア方言では，ラテン語の強勢母音 Ī, Ĭ, Ē はいずれも同じ結果で [i] になり，同様にラテン語の強勢母音 Ū, Ŭ, Ō は同じ結果で [u] となる．

▶シチリア方言の強勢母音体系

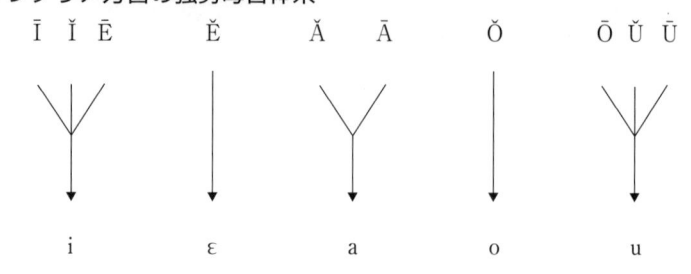

```
Ī  Ĭ  Ē      Ĕ      Ă  Ā      Ŏ      Ō  Ŭ  Ū
 \ | /       |       \ /       |       \ | /
  \|/        |        V        |        \|/
   ↓         ↓                  ↓         ↓
   i         ε        a         o         u
```

例を挙げる．

ラテン語基語 NĬVE(M)「雪」に対して，イタリア語 néve, シチリア方言 nivi がある．

ラテン語基語 TĒLA(M)「布」に対して，イタリア語 téla, シチリア方言 tila がある．

ラテン語基語 VŌCE(M)「声」に対して，イタリア語 vóce, シチリア方言 vuci がある．

ラテン語基語 CRŬCE(M)「十字架」に対して，イタリア語 cróce, シチリア方言 cruci がある．

ここで述べた変化は強勢母音に関わるもので，アクセントをもたない母音すなわち無強勢母音も変化したが，その変化は部分的に異なる．特に，俗ラテン語の無強勢母音では，開口音がない．Ĕ と Ŏ は長母音 Ē, Ō, そして Ĭ, Ŭ と同様に，それぞれ é と ó となった．イタリア語の無強勢母音は俗ラテン語と同じなので，両者は次のようにまとめて表示できる．

▶俗ラテン語とイタリア語における，無強勢母音体系

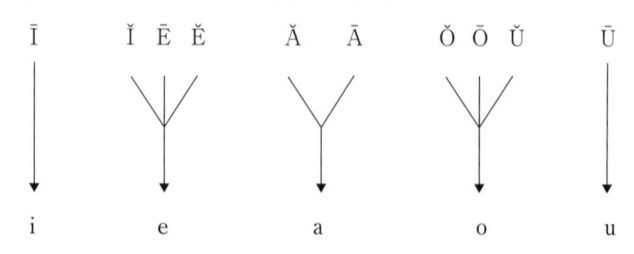

```
Ī      Ĭ Ē Ĕ      Ă Ā      Ŏ Ō Ŭ      Ū
|       \|/        \ /        \|/       |
↓        ↓          ↓          ↓        ↓
i        e          a          o        u
```

例を挙げよう．

	ラテン語	>	イタリア語
Ă	**A**GNELLU(M)	>	*a*gnello「子羊」
Ĕ	S**Ĕ**PELIRE	>	s*e*ppellire「埋葬する」
Ē	P**Ē**NSARE	>	p*e*sare「重さを量る」
Ĭ	V**Ĭ**NDEMIA(M)	>	v*e*ndemmia「ぶどうの収穫」
Ī	PR**Ī**VATU(M)	>	pr*i*vato「個人の」
Ŏ	P**Ŏ**RCELLU(M)	>	p*o*rcello「子豚」
Ō	M**Ō**NSTRARE	>	m*o*strare「示す」
Ŭ	GLAND**Ŭ**LA(M)	>	ghiand*o*la「腺」
Ū	M**Ū**GIRE	>	m*u*ggire「牛が啼く」

2 強勢

　ラテン語の強勢は声の高低による**音楽的アクセント**だった．語の強勢の位置は，最後から2番目の音節の長さ，量によって決まる．最後から2番目の音節が長ければ，強勢はそこに置かれる．そこが短かければ，強勢はその前，つまり最後から3番目の音節に置かれる．もちろんこの**最後から2番目の法則**に当てはまるのは3音節以上の語の場合で，2音節語の強勢は長短に関係なく最後から2番目の音節に置かれる．

　さらに注意しなければならないのは，音節の量がそれを構成する母音の量とはかならずしも一致しないことである．短母音が開音節にある場合は短い音節であるが，閉音節にあれば長い音節となる．長母音は，開音節でも閉音節でもかならず長い音節を作る．図示すれば以下のようになる．

a) 開音節にある短母音　→　短い音節　　VĔNUS「ヴィーナス」
b) 開音節にある長母音　→　長い音節　　RESONĀRE「反響する」
c) 閉音節にある短母音　→　長い音節　　APĔRTUS「開いた」
d) 閉音節にある長母音　→　長い音節　　DIRĒCTUS「指導者」

　強勢の位置に関する例を挙げよう．

第3章 ラテン語からイタリア語へ：音韻変化

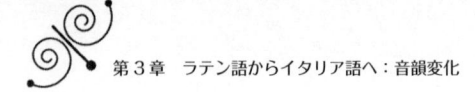

最後から2番目の音節の量	強勢の位置

（3音節以上の語）
　・長い音節
NATŪRA「自然」　　　　　　　　　　　　natúra
PUDĪCUS「慎み深い」　　　　　　　　　　pudícus
VESTĪRE「着せる」　　　　　　　　　　　vestíre
PERFĚCTUM（閉音節の短母音）「完全な」　perféctum
　・短い音節
PORTĬCUS「歩廊」　　　　　　　　　　　pòrticus
PLANGĔRE「打つ」　　　　　　　　　　　plàngere
PERICŬLUM「試み」　　　　　　　　　　perìculum

（2音節の語）
PĚDEM「足」　　　　　　　　　　　　　pèdem
ŎPUS「作業」　　　　　　　　　　　　　òpus
HŌRA「時」　　　　　　　　　　　　　　óra

母音の量がなくなるにしたがい，この強勢の区別も無効になる．音楽的アクセントから，強勢アクセントへ変わる．イタリア語の強勢はこのタイプであり，強勢のある音節に発音エネルギーが集中する．

cancello「門」, fiducia「信頼」, calibro「口径」, specchio「鏡」

これらの語を発音してみれば，イタリックで示した強勢母音を含む音節に発音エネルギーが集中していることが実感できるだろう．

　ラテン語からイタリア語への推移で強勢の性質は変化したが，その位置は変わらなかった．一般的に言って，イタリア語の語は，元になったラテン語の強勢の位置を保っている．いくつか例を挙げよう．

ラテン語	ラテン語の発音	イタリア語
SPATŬLA(M)	SPÁTULA	spàtola「へら」
SPĚCŬLU(M)	SPÉCULUM	spècchio「鏡」
LACŪNA	LACÚNA	lagùna「干潟」

> **注** いくつかの複合動詞では本来のアクセントの位置が保たれず，**再構成現象 ricomposizione** が起きた．多くのラテン語複合動詞には古ラテン語時代に遡る独自の音声史がある．複合語が形成される際，基語となった動詞の強勢母音が短くなるか音色が変化した．たとえば，(CŬM + TĔNET からできた) CONTĬNET「合わせる」，(DĪS + PLĂCET からできた) DISPLĬCET「不快にさせる」，(RĔ + NŎVAT からできた) RENŎVAT「更新する」などの発音では，それぞれ太文字で示した母音に強勢があった．
> 　古典ラテン語から俗ラテン語，さらにイタリア語へと変化した過程で，こうした動詞では再構が行われた．基語となった動詞が認められる場合，話し手は本来の形態と強勢を修復した．
> ・CONTĬNET には TĔNET が認められ，イタリア語 contiene (CONTĬNET を基語とすれば cóntene となったはず) ができた．
> ・DISPLĬCET には PLĂCET が認められ，イタリア語 dispiace (DISPLĬCET を基語とすれば dìspiece となったはず) ができた．
> ・RENŎVAT には NŎVAT が認められ，イタリア語 rinnova (RENŎVAT を基語とすれば rìnnova となったはず) ができた．

> **注** 古典ラテン語の FILIŎLUM, LINTEŎLUM, ARIĔTEM などの語では，母音接続の母音 i と e (つまり母音が連続するが二重母音にならないケース) は，最後から 2 番目の法則に従って規則的に強勢が置かれ FILIŎLUM, LINTEŎLUM, ARIĔTEM (太字が強勢) であった．後期ラテン語では，後ろのより開いた母音に引き寄せられて強勢が移動した．この特徴は後期ラテン語からロマンス諸語へ受け継がれる．FILIŎLUM, LINTEŎLUM, ARIĔTEM となり，ここからイタリア語の figliuolo (figliolo)「息子」，lenzuolo「シーツ」，ariete「雄羊」ができた．

3　母音体系の諸現象

3-1　AU, AE, OE の単音化

　古典ラテン語には 3 つの二重母音 AU, AE, OE があった．ラテン語の話しことばに典型的な傾向は単音化，つまりこれらの二重母音をひとつの母音のように発音することである．2 つの母音の結果として長母音になり，後期ラテン語への推移のなかで閉じた音色となるはずだった．

しかし，二重母音 AU から閉じた音色の Ō ができた例は，CAUDA（こ こから CŌDA が派生してイタリア語の códa「尾」となる）や FAUCE(M)（こ こから FŌCE(M) が派生してイタリア語 fóce「河口」となる）などのわずかな 語である．一般的にラテン語の二重母音 AU は，開口音 [ɔ] として単一母 音化した．AURU(M) から òro「黄金」が，CAUSA(M) から còsa「物」が， LAUDO から lòdo「ほめる」が，PAUCU(M) から pòco「わずかな」ができた．

> **注** こうした現象は 8 世紀のトスカーナで生じた．実際，AU が [ɔ] へ単 一母音化した最初の例が見つかるのは，726 年ピストイアの中世ラテン 語の文書である．そこにはラテン語以前の語 *GAURA「水道」から派生した 語 gòra「水路」が読みとれる．

二重母音 AE は単一母音化して Ē になったが，すぐに開口音で発音され た．この Ē が開口音だったことは，ラテン語からイタリア語への推移の際 に，強勢の部分に位置する二重母音 AE が，俗ラテン語で開口音だった Ĕ と同じ扱いを受けたことによって証明される．実際，AE は開口音の Ē に 単一母音化したあと，イタリア語において，開音節では二重母音 [jɛ]，閉 音節では [ɛ] となった．

LAE-TU(M)	>	lièto「嬉しい」
QUAE-RO	>	chièdo「求める」
MAES-TU(M)	>	mèsto「悲しげな」
PRAES-TO	>	prèsto「早く」

そして数少ない二重母音 OE は単一母音化して Ē になり，イタリア語 で規則的に [e] となった．たとえば POENA(M) から péna「刑罰」が生じた．

3-2 トスカーナの二重母音

開音節での Ĕ と Ŏ の二重母音化を，**トスカーナの二重母音**という． フィレンツェ方言などトスカーナの方言に特有の現象であるためである．こ の種類の二重母音がイタリア語の語の特徴であることは，イタリア語の大部 分が 14 世紀のフィレンツェ文語と一致している証拠のひとつである．

3 母音体系の諸現象

　自由な音節、つまり開音節（母音で終わる音節）において、ラテン語の Ĕ から（そして二重母音 AE から）派生した開口母音 e [ɛ] は、二重母音化して [jɛ] となった。ラテン語の Ŏ から派生した開口音 o [ɔ] は二重母音化して [wɔ] となった。この現象によって PĔ-DE(M) から piède「足」が、FĔ-RU(M) から fièro「大胆な」が、LAE-TU(M) から lièto「嬉しい」ができた。そして BŎ-NU(M) から buòno「よい」ができ、LŎ-CU(M) から luògo「場所」が、SŎ-CERU(M) から suòcero「舅」ができた。

　強勢のある Ĕ と Ŏ が閉音節（つまり子音で終わる音節）にある場合は、二重母音化しない。たとえば PĔR-DO や CŎR-PUS、PĔC-TUS や PŎR-CU(M) は、イタリア語で pèrdo「失う」、còrpo「体」、pètto「胸」、pòrco「豚」となった。この場合は、強勢母音 e と o が開口音になるところで変化が止まった。

「変異二重母音」の規則

語根に Ĕ または Ŏ があるいくつかの動詞の活用には、二重母音の語形とそうでない語形が並ぶ現象が見られる。例を挙げれば、動詞 dolere「痛む」の活用形には duoli, duole と並んで doleva, dolere, dolete という語形がある。動詞 potere「できる」では、puoi, può と並んで poteva, potere, potete という語形がある。動詞 tenere「持つ」では tieni, tiene と並んで teneva, tenere, tenete が、動詞 venire「来る」では vieni, viene と並んで veniva, venire, venite がある。こうした揺れは、いわゆる**変異二重母音**の規則に従っている。つまり二重母音化するのは、**語根強勢形 rizotoniche**（語根に強勢がある語形。ギリシャ語 rhiza「根」に由来）で、Ĕ または Ŏ に強勢が置かれている場合である。**語根無強勢形 rizoatone**（語根に強勢がない語形）では Ĕ または Ŏ が無強勢であり、二重母音化が起こらない。

　もちろん Ĕ または Ŏ に強勢があってもそれが閉音節であれば二重母音にならない。dòlgo, tèngo, vèngo はその例である。

　変異二重母音の規則は、同一の動詞の変化形だけでなく、共根語 corradicali（動詞、名詞、形容詞）にも関わる。同じ名詞または動詞を基礎とする語、たとえば piede-pedata「足―足蹴り」、ruota-rotaia「車輪―わだち」、vuole-volontà「望む―意図」などである。この場合でも、Ĕ または Ŏ の二重母音が生じるのはそ

(太文字はラテン語でアクセントが置かれる母音)

DŎLES	>	duoli	TĔNES	>	tieni
DŎLET	>	duole	TĔNET	>	tiene
DŎLĒBAT	>	doleva	TĔNĒBAT	>	teneva
DŎLĒRE	>	dolere	TĔNĒRE	>	tenere
DŎLĒTIS	>	dolete	TĔNĒTIS	>	tenete
*PŎ(T)ES	>	puoi	VĔNIS	>	vieni
*PŎTET	>	puote > può	VĔNIT	>	viene
*PŎTĒBAT	>	poteva	*VĔNĪBAT	>	veniva
*PŎTĒRE	>	potere	VĔNĪRE	>	venire
*PŎTĒTIS	>	potete	VĔNĪTIS	>	venite

の位置に強勢が置かれるときであって，強勢がなければ二重母音化しない．そのため（二重母音化した）piede と並んで（二重母音化しない）pedata,（二重母音化した）ruota と並んで（二重母音化しない）rotaia,（二重母音化した）vuole と並んで（二重母音化しない）volontà がある．

　多くの動詞では，変異二重母音の規則はだんだん廃れていった．ある場合には a)二重母音化しない語根無強勢形の影響によって二重母音化がなくなり，二重母音が動詞変化全体から消えた．またある場合は，b) その反対に，語根強勢形の二重母音化が，本来はなかった語根無強勢形にまで類推によって拡大した．

　a)タイプの例は動詞 levare「持ち上げる」である．直説法現在のラテン語基語 LĔVO, LĔVAS, LĔVAT は，最初，lièvo, lièvi, lièva を生んだ．その後，二重母音化しない語根無強勢形の levate, leviamo, levare, levava などに影響され，これらの語形は単一母音化して lèvo, lèvi, lèva となった．

　lèvo, lèvi, lèva の場合では本来あった Ĕ が開口音として保たれた．他の場合では語根無強勢形へ統一される過程で無強勢の Ĕ が閉口音 [e] になり，Ĕ に強勢があっても [e] となった．たとえばラテン語基語 NĔGAT は古イタリア語で nièga「否定する」となった．その後語根無強勢形である negate, neghiamo, negare などの影響で，この nièga は（開口音 [ɛ] をもつ）nèga となり，さらに（閉口音 [e] をもつ）néga となった．

　b)タイプの例は動詞 suonare「演奏する」（正確には，変異二重母音の規則に従い sonare となる）の活用である．この動詞の活用表では，語根強勢形は二重母音化し（SŎNO, SŎNAS, SŎNAT など，強勢のある Ŏ から規則的に suòno, suòni, suòna が生まれた）．一方語根無強勢形では二重母音にならな

3 母音体系の諸現象

かった（SŎNATIS, SŎNABAT, SŎNARE など強勢のない Ŏ から sonate, sonava, sonare が生まれた）．その後で，非二重母音の語が，二重母音の語の影響によって二重母音化するようになった．実際，現在では，sonate, sonava, sonare とは言わず，suonate, suonava, suonare と言っている）．

注 すべての語で，開音節で強勢のある Ĕ, Ŏ が二重母音化するわけではない．

1) 音声変化を被らなかった教養語ではもちろん二重母音化は起こらない．例を挙げれば，基数 DĔCE(M)「10」は民衆の手を経たことばであるため Ĕ が [jɛ] へ二重母音化し，イタリア語では最初 dièce となり，続いて dièci となった．しかし序数 DĔCIMU(M)「10番目」は教養伝統の語なので，Ĕ は変化せずに残り，dècimo を生んだ．

2) 二重母音化はほとんどの場合で起こるが，最後から3番目に強勢を持つ語ではすべてがそうなるわけではない．二重母音化した lièvito「酵母」（< LĔVĬTU(M)），chièdere「求める」（< QUAERERE），tièpido「温い」（< TĔPIDU(M)）などと並んで，pècora「羊」（< PĔCORA：「獣」「家畜」を指すラテン語中性名詞 PĔCUS の複数主格・対格．直訳すれば「獣類，畜生類」だが，話者は中性複数の語尾 a を女性単数の語尾 a とみなし，二重母音化しないこの語形 PĔCORA を「羊」として解釈した）がある．二重母音化した uomini「人間」（< HŎMINES）と suocero「舅」（< SŎCERU(M)）と並んで，二重母音化しない òpera「作業」（< ŎPERA (M)）がある．

3) 最後から2番目に強勢があっても二重母音化しなかった語が3つある．ラテン語 BĔNE から派生した bène「よく」，ラテン語 NŎVE(M) から派生した nòve「9」，俗ラテン語 *(IL)LAEI から派生した lèi「彼女は」である．

副詞 BĔNE と数詞 NŎVE(M) からは，*bième と *nuòve が生じるはずである．

bene において二重母音化しなかった理由は，言語が現実に使われる際に，bene という語は一般に単独で使われることがなく，他の語を伴うからだと説明される．

BĔNE DICTU(M) > bene detto, ben detto「よく言われた，祝福を受けた」

第3章　ラテン語からイタリア語へ：音韻変化

文の文脈での主要強勢は，bene に隣接する語に置かれる傾向がある（上の例では主要強勢のある母音をイタリックで示している）．そして BĚNE の Ě は強勢の置かれた母音としての性質を失う．そのため，強勢のある Ě, Ŏ だけに関係する二重母音化が起きなかったと説明される．

nove において開音節で強勢のある Ŏ が二重母音化しなかったのは，おそらく，形容詞 nuovo「新しい」の女性複数形 nuove（＜NOVAS）との混同を避けるためであろう．

*(IL)LAEI は，ラテン語の指示代名詞 ILLE, ILLA, ILLUD「それ」から派生した，俗ラテン語の女性単数与格（「それに」「彼女に」）である．

古典ラテン語では a quello「それに，」a lui「彼に」a quella「それに」a lei「彼女に」と言うために，単数与格 ILLĪ だけがあった．それを俗ラテン語は，後期ラテン語に現れる形，男性形の ILLŪI (a lui「彼に」)，女性形の *ILLAEI (a lei「彼女に」) で置き換えた．ILLŪI, *ILLAEI の語頭音節 IL が消失し，lui と lei ができた．

(IL)LAEI の強勢のある Ě がトスカーナで［jε］と二重母音化して，lièi のようにならなかったのはなぜかを説明するのは難しい．この語が，Ě と Ŏ の自然な二重母音化の現象がすでに完結した時期，つまり7世紀以後に俗ラテン語で使われるようになったからではないかという仮説が立てられるだろう．

4) 現代イタリア語の動詞 essere「である」の直説法半過去の3人称単数形と3人称複数形変化 era と erano には，二重母音化が見られない．ラテン語基語は ĚRA, ĚRANT で，どちらも本来は強勢のある Ě であった．古イタリア語では，この基語から規則的に二重母音化した形 ièra と ièrano が生じていた．その後で二重母音が消失したことは，bene が二重母音でないのと同じ理由だと説明される．era と erano のような語形は単独で現れることがほとんどなく，一般的に他の語と同時に現れていたため（現在でもそうである），文中の主要強勢はそちらの語に置かれた．era bello「美しかった」，era Marco「マルコだった」，era stato「であった」など（イタリックが強勢）．こうして ĚRA, ĚRANT の Ě は強勢の置かれた母音としての性質を失い，二重母音でなくなった．

ラテン語の強勢のある Ě（あるいは AE），Ŏ から生じた［ε］と［ɔ］が，「子音+r」という連続の後に続く場合，現代イタリア語では二重母音が現れない．brève「短い」（＜ラテン語 BRĚVE(M)），trèmo「震える」（＜ラテ

ン語 TRĔMO), pròvo「試す」(＜ラテン語 PRŎBO), tròvo「見つける」(＜ラテン語 TRŎPO) のように. 実は, 古イタリア語では少なくとも 14 世紀末までは, こうした場合でも二重母音が普通だった.『デカメロン』の物語や『神曲』の詩では,「子音＋r」に続く場合でも二重母音になるのが通常の語形で, brieve, triemo, pruovo, truovo が見られる. 単一母音の語形 (breve, tremo, provo, trovo) はまだ存在していなかった. フィレンツェで「子音＋r」に続く二重母音が単一化するのは, 15 世紀以降である.「子音＋r」に続く Ĕ, Ŏ の二重母音化が元来生じていなかったトスカーナ西部方言 (ピサ方言とルッカ方言) の影響である.

まず 15 世紀半ばに iè が è となる現象が広がった. その後, 16 世紀半ばに uò が ò に変化した. brieve, triemo, pruovo, truovo の代わりに, breve, tremo, provo, trovo と話される (そして書かれる) ようになる. 16 世紀後半以降,〈子音＋r〉の後で iè が è に, uò が ò になる現象は, フィレンツェ方言から, フィレンツェ出身でない作家も含めて, 書かれたイタリア語へ広がった. いずれにしても, iè や uò という古い語形がすぐに完全に消えたわけではない. とくに伝統を重視する作家の文章には, 二重母音の語形が 19 世紀初めまで残っていた.

現代イタリア語では, 硬口蓋音 ([j], [dʒ], [ʎ], [ɲ]) の後に二重母音 uò が続く語形はほとんど使われなくなった. fagiuolo, figliuolo, vaiuolo はもう使われず, fagiolo「インゲン豆」, figliolo「息子」, vaiolo「天然痘」と言ったり書いたりする. ところがかつてはそうではなかった. 19 世紀半ばかさらに後でも, 書かれたイタリア語では二重母音 uò の語形が好まれた. これはラテン語の強勢のある Ŏ の規則的な発展形である (正確には俗ラテン語である. これらの語のラテン語基語では, 古典ラテン語の発音とは強勢が変化し, 最後から 3 番目から 2 番目へ移動していたからである. 本章 2 節参照). PHASEŎLU(M) から fagiuolo が, FILIŎLU(M) から figliuolo が, VARIŎLU(M) から vaiuolo が生じた.

硬口蓋音に続く二重母音 uò が ò になる過程はかなり以前に遡る. フィレンツェでの最初の例は 13 世紀にすでに見られた. しかし figliuolo「息子」, libricciuolo「小型本」, oriuolo「時計」といった例は, 書かれたイタリア語に

かなり長い間残った．uò の語形を放棄するきっかけをつくったのがアレッサンドロ・マンゾーニである．彼は小説『いいなずけ』の文章を修正する際に，硬口蓋音に続く uò をほとんどすべて ò に書き換えた．マンゾーニの有名な手本にもかかわらず硬口蓋音に続く uò を持つことばは残っていて，完全になくなったとは言えない．現在でも市の立て札には le aiole ではなく le aiuole（＜ラテン語 AREŎLAS）『花壇』「を踏み荒らすな」と禁止が書かれている．ラジオやテレビのスポーツ記者はサッカーの試合を gioco でなく giuoco（＜ラテン語 IŎCU(M)）と言うほうを好み，近代的語形よりも伝統的語形を使っている．

　19 世紀まで詩の言語では，強勢を持つ Ŏ，Ĕ のあるラテン語基語から派生していても二重母音化しない còre「心」, fòco「炎」, lòco「場所」, nòvo「新しい」, fèro「大胆な」（＝ fiero）などの語形がよく使われた．ラテン語は ＊CŎRE（≠古典ラテン語 CŎR, CŎRDIS），FŎCU(M)，LŎCU(M)，NŎVU(M)，FĔRU(M) である．

　これら二重母音化しない語形は，古シチリア方言の影響である．イタリアで最初に詩が書かれたのがシチリアであるため，イタリア詩の言語にはシチリアの土台がはっきりとある．もちろんここで言われるのは，1220 年から 1250 年までのフェデリコ 2 世の宮廷で活動したいわゆる「シチリア派」詩人のことだ．すでに見たように，シチリア方言の母音体系では強勢のある Ŏ，Ĕ が，二重母音 [wɔ]，[iɛ] とならず，[ɔ]，[ɛ] になった．＊CŎRE，FŎCU(M)，LŎCU(M)，NŎVU(M)，FĔRU(M) といったラテン語基語（例証されたものも再建されたものもあるが）は，シチリア詩人のことばでは còri, fòcu, nòvu, fèru となった．その後，これらのことばや他のことばがある程度修正を受けて，いわゆるシチリア＝トスカーナ詩人（13 世紀後半），ボローニャとトスカーナの清新体詩人（13 世紀末から 14 世紀始め）のことばへ，そしてペトラルカ（14 世紀）へと流れ込んだ．そしてペトラルカのことばは，15 世紀から 19 世紀まで数世紀にわたって詩人たちにとって最大の模範となった．こうして伝統的詩語では二重母音化しない語形（còre, fòco, nòvo, fèro など）が，散文言語では起源から現在まで普通とされる二重母音化した語形を凌駕してしまった．シチリアモデルの影響のほかに，二重母音でない語形が詩で

よく使われたのは，ラテン語規範の影響（詩はここから強い影響を受けている）が原因だったことは確かである．トスカーナ俗語の言語革新である二重母音化 uo と ie は，もちろんラテン語には無関係だった．còre, fòco, nòvo, fèro は，二重母音化した cuore, fuoco, nuovo, fiero よりラテン語の cor, focus, novus, ferus により近かったのである．

3-3 母音上昇

母音上昇 **anafonesi**（ギリシャ語 anà「上に」と fonè「音」＝音の上昇）とは，アクセントのある2つの母音に関わる変化である．ひとつは母音 [e]（これは，ラテン語の Ē と Ĭ から生じたことを思い出そう）で，もうひとつは母音 [o]（ラテン語の Ō と Ŭ から生じた）である．ある音声状況において，この2つの母音はそれぞれ i と u に転じた．母音上昇という用語は，é>i と ó>u という推移が調音点の上昇を構成しているからである．é ではなく i を，ó ではなく u を発音すると，舌と両唇はより高い位置にある．

母音上昇は，イタリア半島のごく狭い地域特有のものである．本来はフィレンツェ，プラート，ピストイア，ルッカ，ピサ，ヴォルテッラの地域だけのもので，トスカーナでもシエナとアレッツォは除外される．またイタリアの他の地域では起こらなかった．

母音上昇は2つの場合で起きる．

▶母音上昇の第1の例

最初の場合では，ラテン語の Ē と Ĭ から派生した強勢母音 é が i へと閉口音化する．その後に，ラテン語の連音 -LJ- や -NJ- から派生した硬口蓋音 l [ʎ] や硬口蓋音 n [ɲ] が続くことが条件である．例を挙げよう．

ラテン語基語 FAMĬLIA(M)「家族」からは最初 faméglia が生じ，イタリア全域の話し言葉に広がった．フィレンツェ（そして上述の地域）では，この言葉が母音上昇してさらに進化した．硬口蓋音 l（ラテン語の連音 -LJ- の発展）が続く閉口音 é はさらに i へと閉口音化して，famiglia という語形を生んだ．

ラテン語基語 GRAMĬNEA(M)「ハマムギ」からは，母音接続の母音 E

が i へと閉口音化して，語形 GRAMĬNIA ができた（-NEA ＞ -NIA）．この閉口音化から連音 -NJ- が形成された．このとき，母音の前に位置する i は，半子音であることを思い出そう．連音 -NJ- があるため，母音上昇の条件が満たされる．強勢のある母音 Ĭ は当初 é となり，gramégna としてこの段階でイタリア全土に広まった．ところがフィレンツェとトスカーナの一部では，さらに母音上昇の移行が生じ，ラテン語の連音 -NJ- から派生した硬口蓋音 n の前にある強勢のある é が i へ閉口音化して gramigna となった．

他に以下のような例がある．

CĬLIU(M)	＞ céglio	＞（母音上昇によって）ciglio「まつげ」
CONSĬLIU(M)	＞ conséglio	＞（母音上昇によって）consiglio「忠告」
TĬLIA(M)	＞ téglio（男性形語尾で）	＞ tiglio「シナノキ」
*POSTCĒNIU(M)	＞ puségno	＞ pusigno（古イタリア語で「夕食後のおやつ」）

硬口蓋音 n[ɲ] が連音 -NJ- ではなく -GN- から派生している場合は，母音上昇は起こらない．たとえばラテン語基語 LĬGNU(M) では，硬口蓋音 n が連音 -NJ- ではなく -GN- から派生しているため，母音上昇が起こらず légno「木材」となった（仮に母音上昇が起きれば *ligno となる．LĬGNEU(M) から派生した，材質を示す形容詞 ligneo「木製の」は教養語である）．

▶母音上昇の第 2 の例

2 番目の例では，ラテン語の Ē, Ĭ から派生した強勢のある [e] と，ラテン語の Ō, Ŭ から派生した強勢のある [o] が閉口音化してそれぞれ [i], [u] となる．条件は，その後に軟口蓋鼻音 n＋無声硬口蓋音 [k] または有声硬口蓋音 [g] が続くこと，つまり -énk-, éng-, óng- となることである（ただし -ónk- では起こらない）．いくつか例を挙げよう．

ラテン語基語 TĬNCA(M)「ティンカ」（コイ科の魚）からまず ténca が生じた．フィレンツェとその周辺では -énk- の é は母音上昇によって i へと

閉口音化して語形 tinca となったが，それ以外の地域の方言では ténca という語形にとどまった．

ラテン語基語 LĬNGUA(M)「言語」からは，強勢のある Ĭ が規則的に é となり最初 léngua が生じ，イタリア各地のほとんどの話しことばではこの段階でとどまった．フィレンツェを含むトスカーナ地域では léngua の é は，母音上昇の条件に該当していた（軟口蓋音 n が続く）ので，さらに閉口音化して i となり，語形 lingua を生んだ．

最後に，ラテン語基語 FŬNGU(M)「キノコ」は，最初 fóngo を生じ，イタリアの各方言ではそこでとどまった．しかしトスカーナの母音上昇の地域では，ラテン語の Ŭ から派生した ó に軟口蓋音 n が続いていたので，さらに閉口音化して u となり，fungo を生じた．

他の例は以下の通り．

VĬNCO   > vénco   >（母音上昇によって）vinco「（わたしは）勝つ」
EXPĬNGO   > spéngo >（母音上昇によって）spingo「（わたしは）押す」
TĬNGO   > téngo   >（母音上昇によって）tingo「（わたしは）染める」
ŬNG(U)LA(M) > ónghia >（母音上昇によって）unghia「爪」

すでに述べたように，-ónk- のシークエンスでは母音上昇は生じない．つまり ó と軟口蓋鼻音 n の後に無声軟口蓋音 k が続く場合は起きない．そのためラテン語基語 TRŬNCU(M)「幹」からは trónco，さらに母音上昇で trunco ができるように見えるが，母音上昇があった地域でも語の進化は tronco でとどまった．ó と軟口蓋鼻音 n の後に無声軟口蓋音 k が続いているからである．-ónk- のシークエンスで母音上昇が起きたのは，唯一 giunco「葦」の場合である．

IŬNCU(M) > giónco > giunco

母音上昇が生じるのは，é, ó に強勢がある場合だと述べた．いくつかの動詞では語根強勢形で強勢のある母音 é, ó が規則により閉口音になった後で，語根無強勢形の強勢のない母音 é, ó にも類推的に拡大した．そのため，VĬNCO「（わたしは）勝つ」から vénco となり，母音上昇によって

vinco が生じた．この vinco に準じて，vincete（＜*VĬNCETIS），vinceva（＜ VINCEBAT），vincevamo（＜ラテン語 VĬNCEBAMUS）などの語が形成された．これらの場合では母音 Ĭ にはアクセントがないため，本来は母音上昇の状況ではない．

他の例を挙げる〔間違いに注意[2]〕．

CĬNGO ＞ céngo ＞（母音上昇によって）cingo「（わたしは）巻く」
　　　　cingo の類推によって，cingete, cingeva, cingevamo, cinto など．
PŬNGO ＞ póngo ＞（母音上昇によって）pungo「（わたしは）刺す」
　　　　pungo の類推によって，pungete, pungeva, pungevamo, punto など．

3-4　母音接続における強勢母音の閉口音化

強勢のある開口音 e [ɛ]，閉口音 e [e]，開口音 o [ɔ]，閉口音 o [o] は，i 以外の母音に先行して二重母音ではなく母音接続となる場合，だんだんに狭まる傾向がある．閉口音 e は i となり，閉口音 o は u となる．

間違いに注意[2]

ラテン語基語 CONSĬLIU(M)「忠告」，LĬNGUA(M)「言語」，FŬNGU(M)「キノコ」といった語が直接 consiglio, lingua, fungo を作ったと考えて，母音上昇の重要な推移を抜かす間違いを犯してはならない．強勢のある Ĭ, Ŭ はイタリア語の i, u にはならなかったのであるから，これは誤りである．フィレンツェやプラート，ルッカでも，CONSĬLIU(M), LĬNGUA(M), FŬNGU(M) が conséglio, léngua, fóngo となった段階があり，その後で，母音上昇の変化によって consiglio, lingua, fungo が生じたのである．

　母音上昇は，イタリア語がフィレンツェ方言の特徴を備えている明らかな証拠である．イタリアの他の地方では conséglio, léngua, fóngo が普通であり，この現象は見られない．母音上昇は，すでに述べたようにフィレンツェなどトスカーナの一部の町に限られた特徴である．イタリア語に consiglio, lingua, fungo があることは，16 世紀以降ほとんどすべてのイタリア作家が模範とした 14 世紀のフィレンツェの文章語との一致をはっきりと証明している．したがって，伝統的文学テキストにおいて lengua や fongo のように母音上昇をしていない語形があった場合，それらは方言の徴候として，つまりテキストの書き手がトスカーナ出身でない証拠とみなすべきである．

3 母音体系の諸現象

例を挙げよう.

ラテン語基語 Ĕ(G)Ō「わたしは」からは, 母音接続の強勢のある Ĕ が二重母音 iè を作らず（その結果, ièo とならず）, 狭まっていった.

ĔŌ ＞ èo ＞ éo ＞ io

同じ現象が, DĔŬ(M)「神」や, 所有形容詞 MĔŬ(M)「わたしの」, MĔA(M)「わたしの」などの語でも生じた. dièo, mièo, mièa ではなくて, déo から dio, méo から mio, méa から mia となった. 母音接続にある強勢母音 Ĕ の閉口音化は, DĔŬ(M) の女性形 DĔA(M) では起こらない. そこから生じた dèa「女神」はラテン語用法である.

ラテン語基語 TŬA「きみの（女性形）」, SŬA「彼の・彼女の（女性形）」から, それぞれ tóa, sóa ができた. その後, 母音接続の ó が u へと閉口音化し, tua, sua という語形が生じた.

ラテン語基語 DŬAS「2」（あるいは複数女性形主格 DŬAE から）から, dóe ができ, その後さらに母音接続で閉口音化して, due となった.

ラテン語基語 BŎ(V)E(M)「牛」から -v- が脱落して最初に bóe が生じ, それから bue ができた.

すでに書いたように, e と o が i と母音接続の関係にある場合には, 閉口音化が起きない. MĔŬ(M)「わたしの」から mio ができた一方, 複数形 MĔI「わたしの（複数形）」からは mièi ができた. この場合, i との母音接続では, 閉口音化せずに規則的に iè と二重母音化する. 複数形 BŎ(V)ES「牛（複数）」から BŎI（語末の -S によって E が口蓋化するためで, これについては本章4-1で取り上げる）となり, 強勢のある Ŏ が規則的に二重母音化して, buòi となる.

> 注　母音接続での閉口音化は, ere 動詞の v のない半過去形における強勢のある é（avea, temea, tenea, vedea）では起こらない. これは特に詩の伝統的言語でよくある語形である. 条件はそろっているのに, こうした動詞変化で母音接続の e が閉口音化しなかったのはいったいどうしてだろうか. そのような語形は, ire 動詞の v のない半過去形（sentia, udia, venia など）と混同される危険があったからだろう.

もちろん，ラテン語用法の場合は母音接続での閉口音化は起こらない．この場合は一般的に変化しないからである．Andrea「アンドレア（人名）」(ANDRĔAS から)，Bartolomeo「バルトロメオ（人名）」(BALTHOLOMĔUS から) のような固有名詞において，母音接続の強勢のある Ĕ が閉口音化していないのは，それが教養語起源であることを示唆している．あきらかにこれらの名前は，民衆起源ではなく（もしそうであれば，現在 *Andria, *Bartolomio と言うはずである），教会ラテン語の影響を受けている．

3-5 強勢前の e の i への閉口音化

強勢前（強勢のある音節より前）にある閉口音 e[e]（これは俗ラテン語の無強勢母音 Ĕ, Ē, Ĭ, AE から派生している）は，狭まって i となる傾向がある．そのためラテン語基語 DĔCĔMBRE(M)「12月」から古イタリア語で decembre が生じた．そのあと，最初の音節 (de) の e が，強勢前にあるため閉口音化して i 音となり，dicembre となった．他の例を挙げる．

CĬCŌNIA(M)	> cecogna	> cicogna「コウノトリ」
DĒFĔNDO	> defendo	> difendo「（わたしは）守る」
FĔNĔSTRA(M)	> fenestra	> finestra「窓」
FĒNŬCŬLU(M)	> fenocchio	> finocchio「ウイキョウ」
MĔDŬLLA	> medolla	> midolla「骨髄」
MĒ(N)SŪRA(M)	> mesura	> misura「尺度」
TĬMŌRE(M)	> temore	> timore「恐れ」

ここで示された過程は，一様でもなく一般的でもなかった．

いくつかの語では他の語よりも，強勢前にある e が i に移行するのが遅かった．たとえば，megliore「よりよい」，nepote「甥」，segnore「男性」(MĔLIŌRE(M), NĔPŌTE(M), SĔNIŌRE(M)) は 14 世紀半ばまで残っていた．pregione, serocchia (<PRĔHĒNSIŌNE(M), SŎRŌRCŬLA(M)) が，prigione「牢獄」，sirocchia「姉妹」になったのはようやく 15 世紀初頭のことである．Melano, melanese (<MĔDIOLANU(M), MĔDIOLANĒ(N)SE(M)) が Milano「ミラノ（都市名）」，milanese「ミラノの（人）」になったのは同じく 15 世紀半

3 母音体系の諸現象

ばである.

> 注　また強勢前の e が i にまったく推移しなかった語もある．CĚRĔBĔLLU(M) は, *cirvello ではなく cervello「脳」となり, FEBRUARIU(M) は *fibbraio ではなく febbraio「2月」となり, VĚNĒNU(M) は, *vileno ではなく veleno「毒」となった.

さらにほかの語では, 強勢前の e が i に閉口音化したあとで, ルネサンス期にまた変化が起こり, 再ラテン語化して i の代わりに e となったものがある.

ラテン語基語	古イタリア語	再ラテン語化した形
DĒLICĀTU(M) ＞	dilicato ＞	delicato「敏感な」

> 注　またいくつかの派生語では, 強勢前の e が i に閉口音化しなかったのは, 基本語において e が強勢前でなかったからだと説明される. fedele「忠実な」, festivo「祝日」, peloso「毛深い」, telaio「織機」(＜ FĬDĒLE(M), FESTĪVU(M), PĬLŌSU(M), TĒLARIU(M))では, 基本語 fede, festa, pelo, tela (＜ FĬDE(M), FĔSTA(M), PĬLU(M), TĒLA(M)) において e に強勢があり, その影響で強勢前の e が i にならなかったようだ. 同様に, peggiore「より悪い」(＜PĒIŌRE(M)) で *piggiore と e から i にならなかったのは, peggio (＜ PĔIUS) の影響と説明される.

　いくつかの動詞変化で強勢前の e が i に閉口音化しなかったことも類推のメカニズムによって説明される. たとえば, beveva「飲んでいた」(＜ BĬBĒBA(T)) は, *biveva を, fermare「止める」(＜FĬRMĀRE) は *firmare を, legare「結ぶ」(＜LĬGĀRE) は *ligare を, pesare「重さを量る」(＜ PĒ(N)SĀRE) は *pisare を, それぞれ作ってもよかったはずである. こうした語形変化では, bevo, fermo, lego, penso といった強勢のある e の影響のために, 強勢前の e が i に閉口音化することがなかった. 言い換えれば, 動詞活用を均一にする傾向があったために, 語根無強勢形である beveva, fermate, legherei の場合でも, 語根強勢形の bevo (ラテン語 BĬBO の規則的発展形), fermo (ラテン語 FĬRMO の規則的発展形), lego (ラテン語 LĬGO の規則的発展形), peso (ラテン語 PĒ(N)SO の規則的発展形) の e が保たれることになった.

　またラテン語法や他言語からの借用語では, 強勢前の e は i に閉口音化す

第3章 ラテン語からイタリア語へ：音韻変化

統語的強勢前の e の閉口音化

　一方，e を持つ単一音節語の場合は，強勢前の e が閉口音化する現象は一様で一般的である．この場合，e は語の中では強勢前にないが，文中では強勢前にある．DĒ や ĬN（前置詞），MĒ「わたしを」，TĒ「きみを」，SĒ「彼・彼女を」（1・2・3人称代名詞対格形）のような語では，ラテン語の Ē, Ĭ は規則的に é となった．

　　DĒ　＞　de
　　ĬN　＞　en
　　MĒ　＞　me
　　TĒ　＞　te
　　SĒ　＞　se

　これらの単一音節語は，通常それだけで使われるのではなく，他の言葉に先行する．

　　DĒ NŎCTE　　＞　de notte「夜に」
　　ĬN CASA　　　＞　en casa「家で」
　　MĒ CLAMAT　＞　me chiama「わたしを呼ぶ」
　　TĒ VĬDET　　＞　te vede「君を見る」
　　SĒ LAVAT　　＞　se lava「体を洗う」

　音声的強度をもたないこれらの単一音節語は強勢を失い，その後に続く語に強勢が集中する．そのため実際に文中では，特徴である e は強勢前にあるため，i へと閉口音化する．

　　*de no*tte　　＞　di notte「夜に」
　　*en ca*sa　　　＞　in casa「家で」
　　*me chia*ma　＞　mi chiama「わたしを呼ぶ」」
　　*te ve*de　　　＞　ti vede「君を見る」
　　*se la*va　　　＞　si lava「体を洗う」

　語ではなく文中で強勢前にある母音の位置のことを，**統語的強勢前**と言う．他にも多くの単一音節語がこれに関係する．

ることはない．例を挙げれば，gregario「兵卒」（＜ラテン語 GRĔGĀRIU(M)），memoria「記憶」（＜ラテン語 MĔMŎRIA(M)），negozio「商店」（＜ラテン語 NĔGOTIU(M)），そして接頭辞 de- のつく多くの動詞，denotare「示す」（＜ラテン語 DĒNŌTĀRE），deprimere「滅入らせる」（＜ラテン語 DĒPRĬMĔRE），designare「定める」（＜ラテン語 DĒSĬGNĀRE），petardo「爆竹」（フランス語 pétard），regalo「贈り物」（スペイン語 regalo）である．

3-6　強勢前の o の u への閉口音化

強勢より前の位置では，閉口音 o[o]（俗ラテン語の弱母音 Ŏ，Ō，Ŭ，AU から由来する）は，場合によって u へと閉口音化する．たとえばラテン語基語 ŎCCĪDO「わたしは殺す」から，イタリア語の occido ができ，その後，強勢前の o が閉口音化して u になり，uccido となった．ラテン語基語 AUDĪRE「聞く」から odire ができ，その後，強勢前の o が u に閉口音化して，udire となった．

動詞 udire について，odo, odi, ode, odono / udiamo, udite のように動詞変化で o と u が交替することをどのように説明すればよいだろうか．

上述した語は，ラテン語基語または俗ラテン語 AUDIO, AUDIS, AUDIT, AUDIUNT / AUDIAMUS, AUDITIS から派生している．ここで二重母音 AU はつねに o に単一化した．odo, odi, ode, odono の場合，この o に強勢があり，udiamo, udite では o は強勢前にある．AUDIAMUS, AUDITIS からは，最初 odiamo, odite が生まれた．その後，強勢前の o が u に閉口音化し，udiamo, udite となった．

ここで，強勢前の o が u に閉口音化する他の例を挙げよう．

BŌTĔLLŬ(M)　＞　bodello　＞　budello「腸」
CŎCĪNA(M)　＞　cocina　＞　cucina「台所」
PŌLĪRE　　　＞　polire　＞　pulire「掃除する」
ŬNCĪNŬ(M)　＞　oncino　＞　uncino「鉤」

> 注　強勢前の o から u への閉口音化は，体系的変化というには程遠く，強勢前の位置での e から i への閉口音化よりも頻度は低い．実際，こ

の現象が起きなかった語は多い（たとえば，ラテン語基語 AURIC(U)LA(M)「耳」からは，*urecchia ではなく orecchio ができた．他の語では，強勢前の o が u に閉音化した語形と閉音化しない語形が両立したか，場合によっては今でも両立している（*MŎLĪNŬ(M)「水車小屋」からは molino と mulino，ŎBOEDĪRE「従う」からは obbedire と ubbidire，ŎLĪVA(M)「オリーブの実」からは oliva と uliva，ŎLĪVŬ(M)「オリーブの木」からは olivo と ulivo がある）．そして時には，強勢前の AU が，o ではなく（その結果 u とならず），A へと変わった．たとえば，ラテン語 AUGŬSTŬ(M)「8月」からイタリア語では agosto が派生した．

3-7　語末でない音節における強勢後の e の閉口音化

　強勢後の e（つまり強勢音節に続く e）は，強勢前の e と同様，i へ閉口音化する．強勢前の e の閉口音化が傾向に過ぎないのに対して，強勢後の e の閉口音化は一般的なものあるが，それには2つの条件がある．i へと閉口音化する強勢後の e が（Ē からではなく）Ĭ から派生していることと，語の最終音節ではなく内部音節にあることである．したがってこの現象は3音節以上の長さのある語でしか起こらない．たとえばラテン語基語 DOMĬNĬCA(M)「日曜」からまず domeneca が生じ，それから強勢後の e が i へと閉口音化して domenica となった．

　他の例を挙げよう．

CĪMĬCE(M)　　＞　cimece　　＞　cimice「シラミ」
HŎMĬNES　　＞　uomeni　　＞　uomini「人間（複数）」
FĒMĬNA(M)　　＞　femmena　　＞　femmina「女性」
LĔVĬTU(M)　　＞　lieveto　　＞　lievito「酵母」
MASTĬCE(M)　＞　mastece　　＞　mastice「乳香」
ŪNĬCU(M)　　＞　uneco　　＞　unico「唯一の」

・-ile で終わる多くの語

FACĬLE(M)　＞　facele　＞　facile「簡単な」
GRACĬLE　　＞　gracele　＞　gracile「かぼそい」

・-ine で終わる多くの語

(HI)RŬNDĬNE(M) ＞ rondene ＞ rondine「ツバメ」
ORDĬNE(M)　　＞ ordene ＞ ordine「命令」

> **注** すでに述べたが，これらの例から分かるように，i に閉口音化する強勢後の e はラテン語の無強勢母音 Ĭ から派生している．強勢後の e がラテン語の無強勢母音 Ĕ から派生しているときはそのままになる傾向がある．そのためラテン語 LĬTTĔRA(M)「手紙」から，イタリア語では，*lettira ではなく lettera ができた．SŪBĔRE(M)「コルク」から，語形変異を伴って，*sughiro ではなく sughero ができた．ラテン語第3変化動詞に属する語尾 -ĔRE から派生した動詞では，強勢後の e は i に閉口音化することなくそのままになった．LĔGĔRE「読む」からは，*leggire ではなく leggere，PĔRDĔRE「失う」から *perdire ではなく perdere，VĪVĔRE「生きる」から *vivire ではなく vivere となった．この傾向に反するのが，ĬMPĔTU(M)「激烈」から派生した語形 émpito である．

閉口母音 e[e] は，無強勢母音 Ĭ または Ĕ から派生するだけでなく，ラテン語の無強勢母音 Ē からも生まれたことを思い出す必要がある．しかしラテン語において，語末音節以外の位置に強勢後の Ē はありえない．「最後から2番目の法則」によって，持続が長くなり，自動的に強勢母音となる．たとえば，FĬDĒLE(M)「忠実な」＞ fedéle，PĪNĒTU(M)「松林」＞ pinéta（性が変化する），SĒCRĒTU(M)「秘密」＞ segréto など．

3-8 強勢間，強勢前の ar から er への推移

ここまで，母音（あるいは音節）について，強勢（アクセントのあるもの），無強勢（アクセントのないもの），強勢前（アクセントのある音節より前にあるもの），強勢後（アクセントのある音節より後ろにあるもの）を取り上げてきた．ここで，「強勢間の母音（または音節）」という考え方を導入する．つまり，第2強勢と第1強勢の間という意味である．4つまたはそれ以上の音節を持つ語では，強勢が1箇所ではなく2箇所ある．「第1強勢」（文節力が最も集中するアクセント）と，「第2強勢」（文節力の一部が集中するアクセント）である．イタリア語の例として次の語を丁寧に発音してみよう（第1強勢の音節には二重下線が，第2強勢の音節には下線がある）．

attenzióne「注意」, principále「主要な」, ragguardévole「かなりの」, tentatívo「試み」

3音節以上からなるラテン語の語でも，同様のことが生じた．

PĚREGRĪNUS「巡礼」, PĚRMANĒRE「持続する」, SĒPARĀRE「分ける」

こうした言葉のいくつかでは，第2強勢と第1強勢の間（つまり強勢間と呼ばれる位置）にある一定の母音や音素グループが変化した．ここでは，ラテン語の音素グループ ar を取り上げる．フィレンツェ方言では，強勢間にある ar グループが er へ変化した．たとえばラテン語基語 COMPARARE「買う」からまず comparare が生まれ，その後，フィレンツェ方言では comperare となった．同様に MARGARITA(M)「真珠」からは最初 margarita が生じ，その後，強勢間の ar が er に変わって margherita「真珠，マーガレット」となった．

er となったのは強勢間の ar だけではない．強勢前の ar つまり，強勢のある音節の前にある ar も er となった．その現象が起きた例を以下に挙げる．

- **-erìa で終わる語**：frutteria「果物屋」, macelleria「肉屋」, pescheria「魚屋」など．接尾語 -erìa は，ラテン語の接尾語 -ARIA が，ギリシャ語の接尾語 -ìa の影響で強勢が i の上に移動して派生した -arìa の変形である（ギリシャ語から派生した例として，cheirurghìa から派生した chirurgìa「外科」，ギリシャ語 fantasìa から派生した fantasìa「幻想」，ギリシャ語 philanthropìa から派生した filantropìa「博愛心」など）．fruttarìa, macellarìa, pescarìa から，強勢間の ar が er に推移して，frutteria, macelleria, pescheria が生じた．
- **接尾辞 -arello**（-ARĬUS と -ĔLLUS との交配から生まれた -ARĔLLIUS から派生した語形）**が，-erello に移行した語**：fattarello > fatterello「瑣末事」, vecchiarello > vecchierello「翁」
- **接尾辞 -areccio**（-ARĬUS と -ĬCEUS の交配から生まれた -ARĬCEUS から派生した語形）**が，-ereccio へと移行した語**：boscareccio > boschereccio「森の」, festareccio > festereccio「祭りの」, villareccio > villereccio「田舎の」

3 母音体系の諸現象

　強勢前の ar が er に移行したなかで一番重要な例は，are 動詞の未来形と条件法の活用形である．canterò, canterai, canterà, や canterei, canteresti, canterebbe「歌う」などである．イタリア語の未来形と条件法の複雑な形成については，第 4 章 13-6 と 13-7 で詳しく説明する．ここでは，未来形の場合は不定詞と動詞 HABĒRE 現在形の短縮形の結合から，そして条件法の場合は不定詞と動詞 HABĒRE 完了形の結合から，強勢間の ar をもった語形が生じて，それがフィレンツェ方言（したがってイタリア語）の典型的な ar ＞ er の変化を起こしたとだけ述べておく．

CANTARE (H)A(BE)O　＞　CANTARE *AO　＞　canrarò　＞　canterò
　　　　　　　［未来形 1 人称単数］（強勢間の ar が er に推移）
CANTARE* (H)Ĕ(BU)I　＞　CANTARE *EI　＞　cantarei　＞　canterei
　　　　　　　［条件法現在 1 人称単数］（強勢間の ar が er に推移）

　実際には，強勢間・強勢前における ar から er への推移は，古フィレンツェ方言だけに影響し，西トスカーナ方言（プラート方言，ピストイア方言，ルッカ方言，ピサ方言）に広まったのは，are 動詞の未来形と条件法のいくつかの語形だけだった．影響した地域が限定されていたこともあって，この現象は時間の経過と共に弱まっていった．sigaretta「タバコ」や，南部方言 mozzarella「モッツァレッラ」では ar がそのまま保たれている．さらに，現代イタリア語では，ローマ，ミラノなどのいくつかの都市固有のものである強勢間の ar の形が使われるようになっている．acquarello「水彩画」と casareccio「自家製の」(acquerello, casereccio に取って代わった) とか，bustarella「賄賂」，pennarello「万年筆」，spogliarello「ストリップ・ショー」(これらの場合は busterella, pennerello, spoglierello という語は存在しなかった) などである．

3-9　強勢前の母音の両唇音化

いくつかの語では，強勢前の [e] と [i] に唇子音（無声両唇閉鎖音 [p] と有声両唇閉鎖音 [b]，無声唇歯摩擦音 [f] と有声唇歯摩擦音 [v]，両唇鼻音 [m]）が続くとき（稀に唇子音が前に位置することもある），この子音の発声の影響に引かれて，o または u に変化した．このことを**両唇音化**と呼んでいる．母音 o と u は軟口蓋母音であるが，また唇を前に突き出して発音される点で両唇音でもあるからである．たとえばラテン語基語 DĒBĒRE「すべきである」からは当初 devere（母音間の唇閉鎖音 [b] の摩擦音化．この現象は本章 4-5 で説明する）が生じた．その後 devere の強勢前の e が，有声唇歯摩擦音 [v] の発声の影響を受けて両唇音化して o となった．以下に，強勢前の e と i が両唇音化した例を示す．

DE MANE	> demani	> dimani	> d*o*mani「明日」
DEMANDĀRE	> demandare	> dimandare	> d*o*mandare「尋ねる」
*SĬMĬLIĀRE	> semegliare	> simigliare	> s*o*migliare「似る」
AEQUĀLE(M)	> eguale	> *u*guale「等しい」	
ĔBRĬĀCU(M)	> ebriaco	> *u*briaco「酔っている」	
ŎFFĬCĪNA(M)	> fecina	> f*u*cina「炉」	

4　子音体系の現象

▶子音の保存

ラテン語子音のいくつかは，イタリア語へ移ったときに語頭でも語中でもそのままであった．特に D, M, N, L, R, F は変わらない．音素それぞれについて語頭と語中の例を挙げよう．

D　DARE　　> dare「与える」　　CAUDA　　> coda「尾」
M　MANŬ(M)　> mano「手」　　　TIMŌRE(M) > timore「恐れ」

4 子音体系の現象

文法より実践 1

『デカメロン』に見る母音体系の現象

歴史文法を勉強すると，古イタリア語のテキストを簡単に楽しみながら読めるようになる．例として『デカメロン』の有名な物語の冒頭を取り上げよう．若者キキビーオを主人公とする第6日第4話である．

〔1〕 Currado Gianfigliazzi, sì come ciascuna di voi e udito e veduto puote avere, sempre della nostra città è stato notabile cittadino, liberale e magnifico, e vita cavalleresca tenendo continuamente in cani e in uccelli s'è dilettato, le sue opere maggiori al presente lasciando stare.

〔2〕 Il quale con un suo falcone avendo un dì presso a Peretola una gru ammazzata, trovandola grassa e giovane, quella mandò a un suo buon cuoco, il quale era chiamato Chichibio e era viniziano; e sì gli mandò dicendo che a cena l'arrostisse e governassela bene. Chichibio, il quale come nuovo bergolo [= chiacchierone, fatuo] era così pareva, acconcia la gru, la mise a fuoco e con sollecitudine a cuocer la cominciò. 〔3〕 La quale essendo già presso che cotta e grandissimo odor venendone, avvenne che una feminetta della contrada, la quale Brunetta era chiamata e di cui Chichibio era forte innamorato, entrò nella cucina, e sentendo l'odor della gru e veggendola pregò caramente Chichibio che ne le desse una coscia.

〔4〕 Chichibio le rispose cantando e disse: "Voi non l'avrì da mi [non l' avrete da me: 古ヴェネツィア方言], donna Brunetta, voi non l'avrì da mi".

〔5〕 Di che donna Brunetta essendo turbata, gli disse: "In fé di Dio, se tu non la mi dai, tu non avrai mai da me cosa che ti piaccia", e in brieve le parole furon molte; alla fine Chichibio, per non crucciar la sua donna, spiccata l'una delle cosce alla gru, gliele diede.

(G. Boccaccio, *Decameron*, a cura di V. Branca, Torino, Einaudi, 1987, pp. 730-732).

〔1〕クッラード・ジャンフィリアッツィは，どなたも見かけて聞き及んでおられるでしょうが，わたしたちの町の高貴な市民，自由で豪華な人で，いつも犬と鷹を伴って狩りをするのを楽しみにし，その優れた行いには今は触れないでおきます．〔2〕その彼が，ある日ペレトラの近くで自分の鷹を使って1羽の鶴を仕留めました．若くて太っていた鶴だったので，優秀な料理人，ヴェネツィア出身のキキビーオにそれを渡しました．そして夕食のために焼いて上手に調理するよう言いつけました．キキビーオは外見どおり軽薄な若者でしたが，鶴をさばいて火にかけてすぐに料理を始めました．〔3〕鶴が焼き上がってよい香りが立ち上りました．そのとき，キキビー

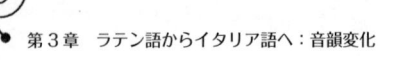

オがすっかり惚れていたブルネッタという名の村の娘が台所に入ってきて，鶴の匂いを嗅ぎ，キキビーオにもも肉をくれないかと強く頼み込みました．

〔4〕キキビーオは歌うように言いました「ブルネッタよ，あなたはそれをわたしからもらえないだろう，もらえないだろうよ」

〔5〕それにブルネッタはひどく腹を立てて「神にかけて，もしお前さんがそれをくれないなら，お前さんはわたしからお望みのものをもらえないだろうよ」と言い返しました．要するにこのことばが効きました．けっきょくキキビーオは，好きな女の機嫌を損ねないために，鶴のもも肉を切り取って彼女にやりました．

a) 冒頭〔1〕に人名の固有名詞 Currado「クッラード」がある．これはゲルマン系の固有名詞 Kuonrat（形容詞 *koni-「勇猛な」「大胆な」と *radha-「忠告」「会議」に由来し，したがって Kuonrat は「大胆に助言する」という意味である）のラテン語形 CONRADUS または CORRADUS から派生している．ラテン語基語 CONRADUS または CORRADUS からイタリア語の Corrado ができた．ここに見える Currado は古フィレンツェ方言では普通の語形で，強勢前の o が u へ閉口音化する現象による．過去分詞 udito〔1〕「聞く」(＜odito＜AUDĪTU(M)) や，後期ラテン語 CŎCĪNA(M) から派生した名詞 cucina〔3〕「台所」に見られるのと同一の現象である．

b) 強勢前の o が u に閉口音化するのと平行して，強勢前の e が i に閉口音化する現象が dilettato (＜delettato＜DELECTATU(M))「楽しむ」〔1〕と viniziano〔2〕「ヴェネツィア人」に見られる．名詞 Venezia「ヴェネツィア」は教養語である．古典ラテン語 VĚNĚTIA の形が変化せずに続いている．しかしイタリア各地の話しことばの多くでは（当然ヴェネツィアの話しことばも含めて），この町は Veniesa や Vegnesia といった民衆語で示される．フィレンツェとトスカーナでは Vinegia (＜VĚNĚTIA(M)) という語形が使われた．ここでは最初の音節の e が強勢前にあるために i へと閉口音化している．同じ現象が，古フィレンツェ方言の特徴として形容詞 viniziano (＜VĚNĚTIANU(M)) に見られる．この場合，強勢前に e が 2 つあるが，どちらも i に閉口音化している．

c) Puote〔1〕は potere「できる」の直説法現在 3 人称単数形の最古の語形で，近代語形 può の祖先にあたる．俗ラテン語基語 *PŎTET（ラテン語の語末の -T は慣習的に欠落した．本章 4-1 参照）から，開音節における強勢母音 ŏ が二重母音化して puote が生まれた．その後，末尾の音節 -te が語尾音消失の現象で欠落した．これについては本章 5-8 で分析と記述を行なう．

d) トスカーナの二重母音は，buon〔2〕「よい」(＜BŎNU(M))，cuoco〔2〕「料理人」(＜CŎCU(M))，nuovo〔2〕「若い」(＜NŎVU(M))，fuoco〔2〕「火」(＜FŎCU(M))，cuocere〔2〕「料理する」(＜*CŎCERE) に示されている．見ての通り，どのラテン語基語でも強勢母音 ŏ は開音節にある．一方で，cotta〔3〕「焼けた」(＜

4 子音体系の現象

CŎCTA(M) では二重母音化は起こらない。この場合は強勢母音 ŏ が開音節ではなく閉音節にあるからである。opere〔1〕「行い」(<ŎPERA(S))でも二重母音化しないが、これは語尾から3番目にアクセントがあるためである。

e) brieve〔5〕「短い」(<BRĔVE(M)) と diede〔5〕「与えた」(<DĔDĬT) では、二重母音化が開音節の強勢母音 ĕ で起きている。とくに、特に語形 brieve は、14世紀以後、二重母音 iè がなくなった breve によって置き換えられることになり、イタリア語のきわめて古い時期を裏付けるものである。

f) 母音体系のいくつかの点を総括したが、最後に、所有形容詞 suo, sua「彼の、彼女の」(<SŬŬ(M), SŬA(M)) の語形には、母音接続における強勢母音の閉口音化が見られることを指摘しておく。

N	NĬVE(M)	> neve「雪」	PANE(M)	> pane「パン」
L	LĔNTŬ(M)	> lento「遅い」	MŪLŬ(M)	> mulo「ろば」
R	RŎTA(M)	> ruota「車輪」	CARŬ(M)	> caro「親愛な」
F	FĪCTŬ(M)	> fitto「濃い」	BŪFALŬ(M)	> bufalo「水牛」

(ただし母音間の [f] はラテン語固有ではなく、他言語からの借用であることに注意)

▶子音の同化

子音の後方同化あるいは単純に後方同化とは、発音しにくい子音が連続するとき、後の子音が先の子音を同化(同じく)させ、異なる2つの子音のシークエンスが二重子音に変化することである。以下に、後方同化が起こるラテン語の子音のシークエンスを列挙し、2つずつ例を添える。

-CS-	FIXARE	> fissare「固定する」	SAXU(M)	> sasso「小石」
-CT-	DĬCTU(M)	> detto「言われた」	PACTU(M)	> patto「契約」
-DV-	ADVENĪRE	> avvenire「生じる」	ADVISARE	> avvisare「知らせる」
-MN-	DAMNUM	> danno「損害」	SŎMNUM	> sonno「眠気」
-PS-	SCRĪPSI	> scrissi「(私は)書いた」	ĬPSU(M)	> esso「彼は、それは」
-PT-	APTU(M)	> atto「適した」	SCRĪPTU(M)	> scritto「書かれた」

いくつかの場合、子音連音 -CS-(表記としては X で表わされる。連音 [ks]

を示すのに x と書いても cs と書いてもまったく同じであることに注意）は，強い歯擦音ではなく強い硬口蓋歯擦音となり，-CS- > [ʃʃ] になる．たとえば，

AXĬLLA   > ascella「脇の下」
MAXĬLLA > mascella「あご」
CŎXA   > coscia「腿」
LAXARE   > lasciare「放置する」

フィレンツェ方言（したがってイタリア語）では後方同化しかなかったが，イタリア中南部方言には子音の前方同化もある．この場合，前の子音が後の子音を同化させた．イタリア中南部方言でラテン語の連音 -ND- が -nn- となり，ラテン語の連音 -MB- が -mm- となった現象（すでに第1章2節で指摘した）がこれにあたる．

MŬNDU(M) >ローマ方言 monno「世界」
PLŬMBU(M) >ローマ方言 piommo「鉛」

4-1 末尾子音の欠落

ラテン語の語末には，3種類の子音が頻繁に現れる．-M（さらに言えば，これは単数対格に特徴的な語尾変化である．ANCILLAM「女中」，LUPUM「狼」，VALLEM「谷」，FIDEM「信頼」など），-T（動詞3人称単数・複数の活用形の特徴である．LAUDAT, LAUDANT「称える」，DICEBAT, DICEBANT「言った」，VIVAT, VIVANT「生きる」など），-S（名詞複数対格に特徴的な語尾である．ANCILLAS「下女たち」，HOMINES「人間たち」，VALLES「谷（複数）」など）である．

ラテン語の話しことばでは，かなり初期の段階から，末尾の -M と -T が欠落した．-M の欠落が碑文で裏付けられるのは，紀元前数世紀に遡り，-T の欠落はポンペイで発見された落書きで証明されている．知られているようにポンペイは紀元79年にヴェズヴィオ火山の激しい噴火で破壊された．こうした壁の文字が長い間残っていることはありえないので，落書きは79

年から多少遡る程度と考えられる．こうして，-T の欠落は少なくとも 1 世紀に遡ると結論することができる．

一方，末尾の -S は欠落しなかったか，あるいはすぐには欠落せずにさまざまな変化を生んだ．特に以下の場合がある．

a) 単一音節語，つまり 1 つの音節からなる語の場合．語末の -S は，いくつかの場合は口蓋音化，つまり硬口蓋母音 i へ変化した．たとえば NŌS ＞ noi「わたしたちは」，VŌS ＞ voi「きみたちは」のように．またある場合は，次に続く語の語頭子音に同化した（この音声統語的重子音化については，本章 5-9 で分析と説明を行う）．TRĒS CAPRAS ＞ tre capre「3 頭の山羊」（[trek'kapre] と発音）．

b) 複数音節語，つまり複数の音節からなる語の場合．語末の -S は，欠落する前に，その直前にある母音を口蓋化した．つまり，その母音の硬口蓋音の度合いを強めた．先の例に戻れば，ラテン語の語 CAPRAS「山羊」では，語末の -S がその前にあった A を E に変えた．実際に母音三角形を見れば分かるように，E は A と比較して硬口蓋の係数が高い（語末の -S による口蓋化現象は，第 4 章 6 節と 8 節でもとりあげる）．

4-2 軟口蓋閉鎖音の口蓋化

この現象は非常に古いもので，5 世紀からラテン語の発音に影響を与えた．本来，無声軟口蓋音 [k] と有声軟口蓋音 [g] は，その後に続く母音とは独立してその音を保っていた．CASA「家」，CORDA「綱」，GALLUS「雄鶏」，FIGO「固定する」，GŬLA「喉」（[k] と [g] の後に母音 A, O, U が続く場合）のような語は，['kasa]，['kɔrda]，['kura]，['gallus]，['figo]，['gula] と発音され，MACĔRĀRE「ふやかす」，CĬLIŬM「まつげ」，GĔLU「寒気」，LĔGIT「読む」（[k] と [g] の後に母音 E と I が続く場合）も同じように [make'rare]，['kiljum]，['gɛlu]，['lɛgit] と発音されていた．

しかし後期ラテン語では，母音 e と i の前で，軟口蓋音 [k] と [g] は口蓋化して [tʃ] と [dʒ] になった．つまり，e と i の発音の影響を受けて，軟口蓋音から，それぞれ無声硬口蓋破擦音，有声硬口蓋破擦音になった．

第 3 章　ラテン語からイタリア語へ：音韻変化

このために 5 世紀以降，MACĔRĀRE, CĬLIŬM, GĔLU, GĬNGĪVA「歯茎」といった語の発音は変化して，[matʃe'rare], ['tʃiljum], ['dʒɛlu], [dʒin'dʒiva] となった．

ラテン語からイタリア語へ推移する過程で，E と I の前での口蓋化は，語頭の無声軟口蓋音 [k] (ciglio)，語内の無声軟口蓋音 [k] (macerare)，そして語頭の有声軟口蓋音 [g] (gelo) に影響した．語内の有声軟口蓋音の場合は，口蓋化した後で，さらに変化し，場合によっては強度が増したり (LĔGIT > legge のように)，続く I によって吸収されて消えたりした．この I が**同器官的 omorganica** と呼ばれるのは，先行する子音と同じ分節器官を用いて発音されるからである（どちらも硬口蓋音素である）．たとえば，ラテン語基語の SAGĬTTA(M)「矢」からは軟口蓋音が口蓋化して（[sa'dʒitta]）となった後，それが消失して SAĬTTA となり，強勢のある Ĭ が閉音 e [e] へと規則的に変化して saetta となった．

4-3　語頭および語内の半子音 [j] の扱い

その後の母音が何であれ，半子音 [j] は，語頭では有声硬口蓋破擦音 /dʒ/ となり，母音間では強い有声硬口蓋破擦音 /ddʒ/ となった．例を挙げる．

```
IACĒRE       > giacere「横たわる」   IO(H)ANNE(S)    > Giovanni「ジョヴァンニ」(人名)
IŎCARE       > giocare「遊ぶ」       MAIŬ(S)         > maggio「5 月」
PĔIŌRE(M)   > peggiore「より悪い」  *SCARAFAIŬ(M)   > scarafaggio「ゴキブリ」
```

4-4　唇軟口蓋音

唇軟口蓋音 labiovelare という用語は，軟口蓋音（無声または有声：[k] と [g]）に半子音 u[w] が続く音素を指す．この 2 番目の音素は唇を前に突き出して発音されることから，この音素列は唇軟口蓋音と言われる．もし，音素列を構成する軟口蓋音が無声であれば，無声唇軟口蓋音（*cu*ore「心」, *qu*ale「どれ」, *qu*esto「これ，この」, *qu*ota「割り当て」などに現れる音素 [kw]）となり，音素列を構成する軟口蓋音が有声であれば，有声唇軟口蓋音（*gu*ardare「見る」, *gu*erra「戦争」, *gu*ida「ガイド」などに現れる音素 [gw]）となる．

4 子音体系の現象

　古典ラテン語では，無声唇軟口蓋音は語頭でも（QUI「ここ」，QUALIS「どれ」），語内でも（AEQUITAS「同等」，LIQUOR「液」）あったが，有声唇軟口蓋音は語内だけに（ANGUILLA「ウナギ」，LINGUA「舌，言語」）存在した．事実，有声語頭に唇軟口蓋音が現れるイタリア語の語は，ラテン語起源ではなくゲルマン語起源である．たとえば先に挙げた guardare, guerra, guida などは，ゲルマン語系統の wardōn, *werra, *wĭda から由来する．

> 注　語頭の有声唇軟口蓋音は，v で始まる 2 つののラテン語のイタリア語代用語にみられる．VADŬ(M) から派生した guado「浅瀬」と，VAGĪNA(M) から派生した guaina「鞘」である．このような v の特別な扱いは「2 次的ゲルマン化」と呼ばれている．ラテン語の語頭の v が，類推によってゲルマン語の語頭の w であるようにみなされた．

　イタリア語の無声唇軟口蓋音には 2 つのタイプ，**1 次的 primaria** と **2 次的 secondaria** がある．1 次的というのは本来ラテン語にあった唇軟口蓋音である．2 次的とは，俗ラテン語からイタリア語への移行過程で生じたものを言う．例を挙げれば quale「どの」, quando「いつ」, quattro「4」, acqua「水」といった語に現れる無声唇軟口蓋音は 1 次的である．これらの語がそれぞれ派生したラテン語基語（QUALE(M), QUANDO, QUATTUOR, AQUA(M)）にすでに存在するからである．逆に cuore「心」, qui「ここ」, qua「ここ」, questo「これ，この」, quello「あれ」といった語に現れるのは 2 次的無声唇軟口蓋音である．古典ラテン語には存在せず，俗ラテン語からイタリア語への移行過程で生じた．cuore は俗ラテン語 *CŎRE から派生し，qui は後期ラテン語 (ĔC)CŬ(M) (H)ĪC から，qua は (ĔC)CŬ(M) (H)AC から，questo と quello（詳細は第 4 章 10 節で説明する）は (ĔC)CŬ(M) ĬSTŬ(M) と (ĔC)CŬ(M) ĬLLŬ(M) から派生している．ここからわかるように基礎の語形に唇軟口蓋音は存在せず，それは ĔCCŬM と他の語がいっしょになって形成された．

　イタリア語への推移の際に，1 次的唇軟口蓋音はどのような扱いをされたのだろうか．

　その後に A が続くとき語頭の唇軟口蓋音は保存され，母音間であればそのままで軟口蓋要素が強まった．こうして，QUALE(M), QUANDO,

QUATTUOR から，quale, quando, quattro が派生し，AQUA(M) からは acqua が派生した．

　もしその後に A 以外の母音が続いたときは，唇軟口蓋音は唇要素 [w] を失って単なる軟口蓋音 [k] になる．こうしてラテン語基語 QUĬD, QUŌMŎ(DO) ĔT, QUAERĔRE の場合は，1 次的唇軟口蓋音が単に軟口蓋音になり，che「ということ（関係代名詞）」，come「どのように」，chiedere「求める」といった語形を生んだ．

　一方，2 次的唇軟口蓋音は，その後に続く母音に関わらず，そのままの形で残った．すでに挙げた例 qui「ここ」，questo「この，これ」，quello「あれ」といった語にある 2 次的な [kw] には A とは異なる母音が続いているが，軟口蓋音になることなく（chi, chesto, chello とならずに），そのまま残った．しかし，これはフィレンツェ方言つまりイタリア語の場合である．いくつかの方言地域では，2 次的唇軟口蓋音も単なる軟口蓋音になった場合がある．南部方言の語 chesta 'questa'「これ」，chilli 'quelli'「あれら」や，ミラノ方言の chi 'qui'「ここ」は，そのことを示している．

　語内の唇軟口蓋有声音はどの場合でも保たれた．すでに挙げた anguilla「ウナギ」（[gw] に I が続いている場合），lingua「舌，言語」（[gw] に A が続いている場合）がその例である．語内の [gw] は，母音間の対応する無声音 [kw] が有声化することによって生じる場合もある（母音間の子音の有声化現象について本章 4-6 参照）．たとえば，ラテン語基語 AEQUĀLE(M)「等しい」から equale ができた．その後，無声唇軟口蓋音が有声化して eguale / iguale という語形となり，さらに母音の後方同化によって uguale となった．

4-5　母音間の有声両唇音の摩擦音化

　ラテン語における語頭の B や子音に続く B は，イタリア語でもそのまま保たれた（BASIŬ(M) > bacio「キス」，CARBŌNE(M) > carbone「石炭」）．B に R が続いた場合，B の強度が増した（FABRŬ(M) > fabbro「鍛冶屋」，FĔBRE(M) > febbre「熱」）．さらに母音間にある B は有声唇歯音 [v] となり，閉鎖音グループから摩擦音グループへ移動する（そのためこの変化を摩擦音化と呼ぶ）．

4 子音体系の現象

DĒBĒRE ＞ dovere「すべきである（動詞）」（強勢前の e が唇化して o となる）
FABA(M) ＞ fava「ソラマメ」
FABŬLA(M) ＞ favola「たとえ話」

注 両唇有声音が閉鎖音グループから摩擦音グループへ移行する現象は非常に古くに遡る．しかし俗ラテン時代の最初の数世紀では，両唇閉鎖音から生じた摩擦音は唇歯音 v ではなく両唇音であり，音声としての表記では［ß］で表わされる．この音はイタリア語にはないが，他の言語に存在する．スペイン語の caballo「馬」，cabeza「頭」，cabellos「髪の毛」といった語にある両唇摩擦音である．

この変化の過程はこう説明される．最初，ラテン語圏全域で，ラテン語の有声両唇閉鎖音 B が有声両唇摩擦音［ß］へと変化した．その後にロマーニア（ラテン語圏）のいくつかの地域（イタリア語ではトスカーナが含まれる）でさらに変化が起きた．話し手は調音点を変更して，両唇摩擦音を有声唇歯摩擦音 v へ変えた．この現象は，次のような移行で示すことができる．

DĒBĒRE   ＞ deßere ＞ devere ＞ dovere
FAVA(M)   ＞ faßa   ＞ fava
FABŬLA(M) ＞ faßola ＞ favola

実際には，本来の音は徐々に弱まり，場合によって v が消えることもあった．たとえば ere 動詞，ire 動詞の半過去では，ラテン語の有声両唇閉鎖音の摩擦音化によって有声唇歯音［v］が生じた語形（例としては，VĬDĒBAT, VĬDĒBANT ＞ vedeva, vedevano「見る」，*SĒNTĪBAT, *SĒNTĪBANT ＞ sentiva, sentivano「聞く」）と並んで，語形 -ea, -erano と，語形 -ia, -iano（例として，vedea, vedeano と sentia, sentiano）が生じ，詩の伝統言語の特徴となった．こうしたケースでは，母音間の有声唇歯音［v］が弱まってついには消失したのである．

注 母音間の B が保たれたのは，ラテン語用法（例：abile「能力のある」＜ (H)ABĪLE(M)，abito「服」＜ (H)ABĬTŬ(M)，subito「すぐ」＜ SŪBĬTO）と，ゲルマン語用法（例：roba「もの」＜ゲルマン語 RAUBA，rubare「盗む」＜ゲルマン語 RAUBŌN）の場合である．前者の場合で -B- が保たれたのは，やはりラテン語用法がこうした変化を受けなかったからだと説

明される．後者の場合は，明らかにゲルマン語から派生したこれらの語が俗ラテン語に入ってきたのが，すでに -B- の摩擦音化現象が止まっていた時期だったからである．

4-6 子音の有声音化

「有声音化」とは，調音が弱化する過程で無声音が対応する有声音へと変化することである．[p] > [b], [k] > [g], [t] > [d] となる.

イタリア北部を含めたラテン語圏の西側では，母音間または有声音間（つまり母音と R の間）に位置するラテン語の無声閉鎖音 P, C（母音 A, O, U が続く場合），T は，それぞれ対応する有声音 [b], [g], [d] へと変化した．特に両唇音の場合は，有声音化に続いて [v] への摩擦音化が起こった（本章 4-5）．

上記の北西部の言語・方言から例を挙げよう．

CAPĬLLŬ(M), CAPĬLLI「髪の毛」
     >スペイン語・ポルトガル語 cabello，フランス語 cheveu，リグーリア方言 cavèli，ロンバルディア方言 cavèi，ヴェネツィア方言 cavéi
AMĪCŬ(M)「友人」 >スペイン語・ポルトガル語・リグーリア方言 amigo
RŎTA(M)「車輪」 >ロンバルディア方言 röda，ヴェネツィア方言 roda，スペイン語 rueda

ここから分かるように，この現象に関して，イタリア北部方言はヨーロッパ西部の言語と同じ傾向を示す．一方イタリア中部（つまりトスカーナを除く中部地方）と南部では，母音間・有声音間で閉鎖音の有声音化が起きなかったため，aco「針」(< ACŬ(M))，laco「湖」(< LACŬ(M))，spica「穂」(< SPĪCA(M))，matre「母親」(< MATRE(M)) といった語形がある．トスカーナは，有声化が一般的だった地域と有声音化がなかった地域のちょうど中間に位置する．つまりトスカーナでは，母音間・有声音間の軟口蓋音 [k] の有声化は該当例の「およそ」半分で起きていて，両唇音 [p] の有声音化（それに続く摩擦音化）と，歯音 [t] の有声化は，該当する例の半分をやや下回る頻度である．イタリア語で，母音間・有声音間の無声閉鎖音を持つ語が，

有声閉鎖音（両唇音では有声摩擦音）を持つ語と入り混じっているのは，そのためである．
　それぞれについて例を挙げよう．

a1）両唇音が無声音のまま残った語

APE(M)　　　＞　ape「蜂」　　　　APRĪLE　　　　＞　aprile「4月」
CAPĬLLŬ(M)　＞　capello「髪の毛」　CAPRA(M)　　＞　capra「山羊」
SAPŌRE(M)　＞　sapore「味」　　　TĔPĬDŬ(M)　＞　tiepido「温い」

a2）両唇音が有声音化し，その後に摩擦音化した語

RĔCŬPĔRĀRE　＞　ricoverare「収容する」
RĪPA(M)　　　＞　riva「岸辺」
*EXSEPERĀRE　＞　sceverare「判別する」
EPĬSCŎPU(M)　＞　vescovo「司教」

b3）軟口蓋音が無声音のまま残った語

(DIES) DŎMĬNĬCA（'giorno del Signore'「神の日」）＞　domenica「日曜日」
AMĪCŬ(M)　　＞　amico「友人」　　DĪCO　　　　＞　dico「言う」
FŎCŬ(M)　　 ＞　fuoco「火」　　　SACRŬ(M)　　＞　sacro「聖なる」
SĒCŪRŬ(M)　＞　sicuro「確実な」

b2）軟口蓋音が有声音化した語

LACŬ(M)　＞　lago「湖」　　　　LACTŪCA(M)　＞　lattuga「レタス」
MACRŬ　　＞　magro「痩せた」　SPĪCA　　　　＞　spiga「穂」

c1）歯音が無声音のまま残った語

ACŪTŬ(M)　　＞　acuto「鋭い」　　MARĪTŬ(M)　＞　marito「夫」
MERCĀTŬ(M)　＞　mercato「市場」　NŬTRĪRE　　＞　nutrire「養う」
SPŪTŬ(M)　　＞　sputo「つば」

c2）歯音が有声音化した語

BŌTĔLLŬ(M)　　＞　budello「腸」　　MATRE(M)　＞　madre「母親」
QUATĔRNŬ(M)　＞　quaderno「冊子」　STRATA(M)　＞　strada「道」

　ラテン語の歯擦無声音も大部分が有声音化し，無声音のまま残った語は限られている．母音間の [s] が残ったのは，casa「家」，naso「鼻」，così「こ

んな」などの語のほか，接尾辞 -oso による curioso「興味深い」, famoso「有名な」, noioso「退屈な」などである．そのほかに [s] があるのは，ラテン語の s が母音間になかった場合（例：mese「月（1ヶ月）」< MĒNSE(M)）や，ラテン語の接尾辞 -ĒNSE(M) から派生した接尾辞 -ese の場合で，例として inglese「英語，イギリスの」, livornese「リヴォルノの」, milanese「ミラノの」(francese「フランス語，フランスの」は例外的に [z] で，[fran'tʃeze] となる) がある．

それ以外の該当する場合では，母音間の -s- は有声音になる．accusare「告発する」, avvisare「知らせる」, bisogno「必要」, caso「偶然」, cesoie「刈り込み鋏」, chiesa「教会」, isola「島」, misura「尺度」, osare「あえてする」, tesoro「宝物」, tosare「刈り込む」, usignolo「ナイチンゲール」, uso「使用」, vaso「花瓶」, visitare「訪れる」, viso「顔」などである．

また動詞活用形では，divisi「分けた（遠過去形）」, diviso「分けられた（過去分詞）」, fusi「溶かした（遠過去形）」, fuso「溶けた（過去分詞）」（さらに合成語 confusi「混乱した（遠過去形）」, confuso「混乱した（過去分詞）」, misi「置いた（遠過去形）」（その合成語：commisi「犯した（遠過去形）」, permisi「許した（遠過去形）」など), persuasi「説得した（遠過去形）」, persuaso「説得された」, uccisi「殺した（遠過去形）」, ucciso「殺された（過去分詞）」などではすべて有声音になる．

ラテン語圏の西側地域では，無声唇歯音 F も，母音間の子音の有声音化の影響を受け，[v] になった．

元来ラテン語では，母音間に位置する無声唇歯音 F は存在しなかった．ギリシャ語（例：固有名詞 Stephanus「ステファヌス」（人名））か，オスク・ウンブリア語（例：bufalus「水牛」や scrofa「雌豚」）からの借用語にあっただけである．これらの語は，フィレンツェ方言ではそのままだったが，北部方言では有声化した．例として Stephanus の人名に対応する表現を北部方言で見てみよう．古パドヴァ方言では Stievano, リグーリア方言では Stèva, ピエモンテ方言では Stèvu, ロンバルディア方言では Stèven, ロマーニャ方言では Stèvan である．

4 子音体系の現象

> **注** なぜトスカーナで有声音化が一般化しなかったのだろう.

この地域でも母音間の有声音化は一般的で，無声音が残ったのはラテン語用法であると説明する研究者がいる．

別の研究者たちは反対に，トスカーナでは本来無声音を保存する傾向があったと主張し，有声音化の例は北部方言から借用したものだと説明する．

前者の説明は納得しにくい．母音間の無声音が残った例は数多く，すべてをラテン語用法とするのは難しい．第一に，ラテン語用法であるはずのない農民の日常生活に結びついた語（bieta「ビート，甜菜」，capra「山羊」，lumaca「カタツムリ」，lupo「狼」，ortica「イラクサ」など）で，母音間の無声音が残っているからである．

母音間の無声音の有声音化がトスカーナにおいて固有のものではなく他所からもたらされたことを裏付けるのが，いわゆるトポーニモ（地名），特に小さな集落の名前である．そこには，母音間に閉鎖有声音ではなく無声音が見出される．例えば Catignano（*Cadignano ではない），Paterno（*Paderno ではない．北部の地名にこの語形 Paderno があるのは興味深い），Prato（*Prado ではない）である．限られた人数が居住する小集落の名前は，土地固有の発音を忠実に裏付ける証拠である．人が生活する村落の名前は，その起源以来ずっと共同体に根ざしている．それが外来の話し言葉から借用されたり，外部で使われた言語に影響を受けたりすることはありえない．

母音間の無声閉鎖音の有声音化が他所から輸入されたことが立証されたとして，その出所を明らかにしなければならない．有声音化した語が多数あるので，それぞれが北部のあちこちの話しことばから個別にトスカーナで借用されたとは説明しにくい．むしろ無声閉鎖音を有声音化した発音が，北部の発音を真似てトスカーナに流行したと考えるべきだろう．中世当初，多くの商人や事業家，職人がイタリア北部からトスカーナとその周辺地域へ下ってきたことで，その傾向が促進された．こうして，母音間の有声音の発音がより洗練されていると受け止められ，住民の広い層に受け入れられた．興味深いことに，母音間の有声音化率がもっとも高いのはトスカーナの西部地方であるが，ここにはイタリア北部に続く街道が走っていた．ピサやルッカでは有声音化した cavestro, duga, oga, pogo, regare といった語形が見られるが，フィレンツェ方言にはこれらはまったく見られず，capestro「縄」，duca「公爵」，oca「ガチョウ」，poco「わずかな」，recare「運ぶ」となる．

現代のイタリア全土の若者言葉で figo「うつくしい，気持ちいい，たのしい」という語が流行している現象も，ある程度の違いはあるが，こうした模倣によ

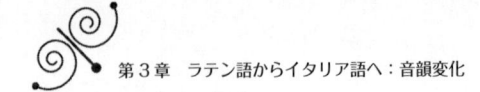

る有声音化現象の一例だと言える．この最近の例でも，明らかに北部方言（イタリア語 fico の代わりに figo）が傾向を生み出している．

4-7 子音＋半子音［j］の連音

前に述べたように，半子音［j］とは i に他の母音が続くことである．ラテン語の I（BASIŬ(M)「キス」，SĪMIA(M)「サル」，SĔNĪŌRE(M)「老人」）のほか，母音接続の Ĕ が閉口音化して生まれることがある（AREA(M)「広場」＞ *ARJA(M)）．ラテン語からイタリア語への推移の際に，［j］の前にある子音はすべて変化した．

一番多い変化は，子音の二重音化である．この現象は非常に古く，紀元後1世紀または2世紀に遡る多数のラテン語碑文で，他の母音に先行する I の前に二重子音が書かれている．そのほとんどが，AURELLIUS（本来の AURELIUS「アウレリウス」の代わりに），IULLIUS（IULIUS「ユリウス」ではなく），LICINNIUS（LICINIUS「リキニウス」ではなく）などの固有名である．

［j］に先立つ子音の二重化はすでに述べたように一番多い例だが，それだけではない．子音別にそれぞれの変化の様子を細かく見てみよう．

▶両唇音（唇歯音）P, B ＋半子音［j］

連音 -PJ- と -BJ-（そして -VJ-）．この場合，［j］によって，その前にある両唇音が二重音化した．

SAPIA(T)　　＞ sappia「知る」（接続法）
SĒPIA(M)　　＞ seppia「イカ」
(H)ABEA(T)　＞ *ABJA ＞ abbia「もつ」（接続法）
RABIA(M)　　＞ rabbia「怒り」

語内のラテン語 V は B と混同されたため（俗ラテン語ではどちらも有声両唇摩擦音［β］として発音された．本章4-5），連音 VJ は連音 BJ と同じ扱いをされて，［bbj］を生んだ．たとえば，CAVEA(M) からは *CAVJA（母音接続にある E が i に閉口音化し，［j］として発音された）が生じ，gabbia「檻」となった．

▶軟口蓋音 **K, G** ＋半子音 **[j]**

連音 **-KJ-** と **-GJ-**. 変化には 3 つの段階があった.
- 第 1 段階で，[j]（硬口蓋音）が軟口蓋無声音と軟口蓋有声音を侵食し，その発音の影響下に引き込んで，それぞれ有声硬口蓋破擦音と無声硬口蓋破擦音へと変化させた.
- 第 2 段階で，半子音によって，先行する破擦音が二重音化した.
- 第 3 段階で，[j] が同器官的音である硬口蓋音の前で消失した.

	第 1 段階		第 2 段階		第 3 段階
FACIO	['fakjo]	>	['fatʃjo]	>	['fattʃjo] > ['fattʃo] faccio「する」
RĒGIA(M)	['rɛgja]	>	['rɛdʒja]	>	['rɛddʒja] > ['rɛddʒa] règgia「王宮」

（閉じた e [e] となるはずの Ē が開いた e [ɛ] となったのは，[ɛ] をもつ reggere を生んだ RĚGERE「支配する」の影響による）〔間違いに注意 3〕.

▶歯音 **T, D** ＋半子音 **[j]**

連音 **-TJ-**. トスカーナでは，連音 TJ は 2 つの結果を生んだ.

a) いくつかの語では無声歯破擦音 [ts] となった. 連音 TJ が母音間の場合には二重音化し（ARĒTIŬ(M) > Arezzo「アレッツォ（地名）」, PLATEA(M) > *PLATJA > piazza「広場」, VĬTIŬ(M) > vezzo「悪癖」）, 子音と母音の間の場合は単一である（FŎRTIA > forza「力」）.

b) 他の語では有声硬口蓋歯擦音 [ʒ] となった. しかしこの音は，標準イタリア語の音素表に存在しない. 有声硬口蓋歯擦音 [ʒ] は，連音 TJ のガリア-ラテン語の名残である（つまり例としてはフランス語に見られる）. イタリアでこの音素が使われるのはフィレンツェとトスカーナに

間違いに注意 3

faccio「（わたしは）する」や reggia「王宮」のような語に見られる i について勘違いしてはならない. この i は半子音[j]の表記ではなく, 補助記号の i, つまり C と G の硬口蓋音（軟口蓋音ではなく）を書き表す方法に過ぎない（第 1 章 10 節）.

第3章 ラテン語からイタリア語へ：音韻変化

限られる（ragione「理性」，stagione「季節」などの典型的フィレンツェ方言，トスカーナ方言がその例である）．この音の表記として gi が使われたために，公式なイタリア語の発音では，同じ gi の表記で示される別の音つまり有声硬口蓋破擦音［dʒ］へと同化した．RATIŌNE(M) > ragione, STATIŌNE(M) > stagione, SĔRVĬTIŬ(M) > servigio「奉仕」（この強勢母音 Ĭ が［e］ではなく i になったのは，強勢母音 Ī のある SĔRVĪRE の影響である）．

いくつかの語では，同一のラテン語基語を受け継いだ2つの語形［dʒ］と［ts］ができた．PALATIŬ(M)「宮殿」からは palagio「宮殿」（古イタリア語本来の語形）と palazzo「宮殿」が，PRĔTIŬ(M)「値段」からは pregio「価値」と prezzo「値段」が生まれた〔間違いに注意④〕．

> **注** 時期的に後から形成されたいくつかの are 動詞では，子音が先立つ連音 -TJ- から，無声歯茎破擦音［ts］や有声硬口蓋歯擦音［ʒ］（あるいは有声硬口蓋破擦音［dʒ］）ではなく，無声硬口蓋破擦音［tʃ］が生じた．以下がその例である．
>
> *CUMIN(I)TIARE   > cominciare「始める」
> *EXQUARTIARE   > squarciare「切り裂く」
> *EXTRACTIARE   > stracciare「破く」
> *CAPTIARE   > cacciare「追い出す」

間違いに注意 ④

ここで取り上げたのは，いずれも民衆語に属する2種類の語形が同一のラテン語基語から生じた同語源異語である．ひとつのラテン語基語から教養語と民衆語のそれぞれで同語源異語が生じた以下のような事例と混同してはならない．

ラテン語基語	SĔRVĬTIŬ(M)「奉仕」	STATIŌNE(M)「立つこと，位置」	VĬTIŬ(M)「徳」
教養語	servizio「サービス」	stazione「駅」	vizio「悪徳」
民衆語	servigio「奉仕」	stagione「季節」	vezzo「悪癖」

```
*COMPTIARE      >  conciare「なめす」
*GUTTIARE       >  gocciare「滴をたらす」
```

連音 TJ の扱いが異なったのはなぜかについて，まだ研究者は解明していない．先行する子音の影響であるとする説明が成立しないのは，そうした子音がありながら歯茎破擦音［ts］になった語があるからである．

```
*ABANTIARE      >  avanzare「進む」
NŬPTIAS         >  nozze「結婚式」
*SCŎRTEA(M)     >  *SCORTJA  >  scorza「皮」
```

連音 -DJ-. 連音 -TJ- と同じように連音 -DJ- もトスカーナで 2 種類の語形を生んだ．

a) いくつかの語では有声歯茎破擦音［dz］となった．連音 DJ が母音間にある場合は二重音（MĔDIŬ(M) > mezzo「半分の，手段」，RŬDIŬ(M) > rozzo「粗野な」），連音 DJ が子音と母音の間にある場合は，単一音（*MANDIŬ(M) > manzo「去勢された雄牛」，PRANDIŬ(M) > pranzo「昼食」）である．

b) 他の（大多数の）語では，強い有声硬口蓋破擦音［dʒ］となった．MŎDIŬ(M) > moggio「ブッシェル（量単位）」，(H)ŎDIE > oggi「今日」，おそらく *PADIŬ(M)（ギリシャ語 paidìon「少年」から）> paggio「小姓」．

同じラテン語基語 RADIŬ(M) から，現代イタリア語では razzo「花火」（［ddz］）と raggio「光線」（［ddʒ］）の 2 つが由来している．〔間違いに注意⑤〕

▶ 鼻音＋半子音［j］

連音 -MJ-.［j］によって，先行する唇鼻音が重音化した．
```
SĪMIA(M)        >  scimmia「サル」
VĬNDĒMIA(M)     >  vendemmia「ぶどうの収穫」
```

連音 -NJ-. 変化の過程に 2 つの段階があった．

・第 1 段階では，［j］によって先行する鼻音が重音化し，NJ が NNJ となった．

第3章 ラテン語からイタリア語へ：音韻変化

・第2段階では，[j] が強い軟口蓋鼻音 NNJ を侵食し，発音に影響を与えて，強い軟口蓋鼻音 [ɲɲ] に変化させた．例を挙げる．

	第1段階	第2段階
IŪNIŬ(M) >	*JUNNJUM >	giugno「6月」
TĬNEA(M) > *TĬNJA >	*TĬNNJA >	tigna「たむし」

（注意：フィレンツェでは中間の語形 tégna から，強勢母音 [e] が母音上昇によって i へ移行し，tigna となった）

VĪNEA(M) > *VINJA >	*VINNJA >	vigna「ブドウ畑」

▶側音 L ＋半子音 [j]

連音 -LJ-．変化過程に2つの段階があった．

・第1段階では，[j] によって先行する側音が重音化し，LJ が LLJ となった．
・第2段階では，[j] が強い側音 LLJ を侵食し，発音に影響を与えて，強い硬口蓋側音 [ʎʎ] に変化させた．例を挙げる．

	第1段階	第2段階
FĪLIA(M) >	*FILLJA >	figlia「娘」
FŎLIA(M) >	*FOLLJA >	foglia「葉」
MŬLIE(R) >	*MOLLJE >	moglie「妻」

間違いに注意 5

razzo, raggio は，ラテン語基語からいずれも民衆語である2種類の語形が生じた同語源異語である．ラテン語基語から教養語と民衆語でそれぞれ同語源異語が生じた他のケースと混同してはならない．

ラテン語基語	MĔDIŬ(M)	PŎDIŬ(M)	RADIŬ(M)
教養語	medio「中間」	podio「演壇」	radio「ラジオ」
民衆語	mezzo「手段」	poggio「丘陵」	raggio「光線」
			razzo「花火」

4 子音体系の現象

▶ 震え音 R ＋半子音 [j]

連音 -RJ-. この扱いについては，トスカーナとイタリアの他の地域との間に明らかな差がある．

トスカーナでは R が欠落し，連音 RJ は J となった．以下の語形はこうして説明される．

AREA(M)   > *ARJA   > aia「麦打ち場」
CŎRIŬ(M)   > cuoio「革」
GLAREA(M)   > ghiaia「砂利」

fioraio「花屋」や frantoio「搾油場」といった2種類の接尾辞 -aio と -(t)oio は，ラテン語の接尾辞 -ARIŬM と -ŌRIŬM を継承した語形である．この場合でも連音 RJ の R は欠落した．

GRANĀRIŬ(M) > granaio「納屋」
NŌTARIŬ(M) > notaio「公証人」
LAVATŌRIŬ(M) > lavatoio「洗濯場」

しかしトスカーナ以外の方言の大半では，R は残り，欠落したのは j の方だった．こうした方言に由来して R から生まれた r をもつ語は，j を持つトスカーナ由来の対応語と併用されるか交替して，イタリア語へと受け入れられた．たとえば語形 mòro 'muoio'「（わたしは）死ぬ」は詩的伝統言語では普通だが，シチリアの語形である（シチリア方言が詩的言語に浸透している証拠である）．俗ラテン語基語 *MŎRIO はトスカーナでは muoio（開音節の強勢母音 Ŏ が二重母音化し，連音 RJ が j になった）となったが，他の地域では mòro（Ŏ が二重母音化せず，連音 RJ が r になる）となった．

mòro のほかにも，r を保持した非トスカーナ起源の語がイタリア語に受け入れられた例としては，接尾辞 -aro をもつ多数の語がある．北部起源（paninaro「パニナーロ」〔80年代のミラノのバール「パニーノ」の名から，そうした店にたむろする若者〕），ローマ起源（benzinaro「給油係」，borgataro「郊外生活者」，palazzinaro「悪徳建築業者」），南部起源（calamaro「ヤリイカ」，palombaro「潜水夫」）．特に興味深いのは calamaro である．これは，後期ラテン語 CALAMARIŬ(M) から派生したが，さらにそれは CALAMUS「文字

を書くための葦」に由来する．ラテン語基語 CALAMARIŬ(M) からトスカーナでは calamaio が生じ，インクを入れるビンを指すが，南部では calamaro「ヤリイカ」が生じた．この軟体動物がこう呼ばれたのは，危険が迫ると水を濁らせる黒い液体を吐き出すからである．現在では2つの言葉が別々の意味でイタリア語に共存している．

古くはトスカーナでも，-aio で終わる名詞の複数形は -ai ではなく -ari であった．

単数形	複数形
granaio	granari
notaio	notari

こうした複数変化は規則的だった．ラテン語の主格複数形 -ARII の語末の2つの I がひとつの I になったものである．

語末の2つの I がひとつになった後では R は欠落しなかった．欠落の原因でなった j がなくなったからである．

その後，単数形 -aio の類推で作られた複数形 -ai (fornai, notai) が，より古い変化形である -ari の語形にとってかわった．こうして現在の複数変化ができた．

単数形	複数形
granaio	granai
notaio	notai

語 denaro「金銭」では，これとは反対の方向（複数形から単数形へ）に類推が作用した．この語に r が保存されているのは，非トスカーナの傾向によるものではない．本来，DENĀRIU(M) から規則的に，単数形 denaio（正確には danaio であった．これは古いテキストで裏付けられる語形で，現在は合成語 salvadanaio「貯金箱」に残っている．ここには古トスカーナ方言特有の強勢前の変化 en > an が見られ，denaio > danaio となっている），複数形 denari が生まれた．その後 denaio は，複数形 denari から作られた denaro に場所を譲った．類推によるこうした拡張がなされたのは，中世の貨幣体系では，

単一の貨幣にはわずかな価値しかなく，単数形 denaio（danaio）がめったに使われなかったためである．un denaio（danaio）はほとんど使われることなく，つねに denari（danari）が使われていたために，複数形の語形が単数形に影響を与える結果となった．

▶歯擦音 S ＋半子音 [j]

連音 -SJ-．フィレンツェとトスカーナでは，連音 SJ は平行する2つの結果を生んだ．弱い無声硬口蓋歯擦音［ʃ］となった場合と，弱い有声硬口蓋歯擦音［ʒ］となった場合がある．

いくつか例を挙げる．

BASIŬ(M)	＞ ['baʃo]	「キス」
*BRŪSIARE	＞ [bru'ʃare]	「燃やす」
CAMĪSIA(M)	＞ [ka'miʃa]	「シャツ」

PHASIANŬ(M)	＞ [fa'ʒano]	「キジ」
(OC)CASIŌNE(M)	＞ [ka'ʒone]	「原因」
SEGŪSIŬ(M)	＞ [se'guʒo]	「猟犬」

無声硬口蓋歯擦音［ʃ］と有声硬口蓋歯擦音［ʒ］はトスカーナ特有の音で，標準イタリア語の発音には表わされない．そのため標準イタリア語では，無声前硬口蓋破擦音［tʃ］と有声前硬口蓋破擦音［dʒ］によって代用された．

連音 -SJ- の扱いの2つに分かれたことは，さらに視野を広げて，母音間子音の有声音化現象を視野に入れることで説明される．トスカーナでは，母音間の s が無声音のまま（naso ['naso]「鼻」）である場合と，有声音化（viso ['vizo]「顔」）する場合があった．同様に，母音と j の間の s が硬口蓋歯擦無声音［ʃ］になる場合と，硬口蓋歯擦有声音［ʒ］になる場合があった．ある語では，最初に s が有声音化し，その後，［z］+［j］が進化して硬口蓋歯擦有声音［ʒ］となった．また別の語では，最初に SJ が硬口蓋歯擦無声音［ʃ］に進化し，その後この音が有声化した．その2種類の過程を以下に示す．

過程1　SJ（有声音化）　　＞［zj］（硬口蓋音化）　　＞［dʒ］
過程2　SJ（硬口蓋音化）　＞［tʃ］（有声音化）　　　＞［dʒ］

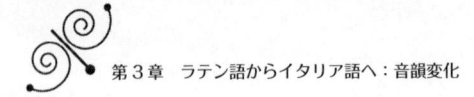

ラテン語基語		トスカーナでの結果と発音	イタリア語発音	イタリア語表記
BASIŬ(M)	>	['baʃo]	['batʃo]	bacio
*BRŪSIARE	>	[bru'ʃare]	[bru'tʃare]	bruciare
CAMĪSIA(M)	>	[ka'miʃa]	[ka'mitʃa]	camicia
PHASIANŬ(M)	>	[fa'ʒano]	[fa'dʒano]	fagiano
(OC)CASIŌNE(M)	>	[ka'ʒone]	[ka'dʒone]	cagione
SEGŪSIŬ(M)	>	[se'guʒo]	[se'gudʒo]	segugio

4-8　子音+l の連音

　子音+［l］の連音は，子音+［j］の連音へ変わった．連音が語頭または子音の後にある場合は，それ以上変化しなかった．母音間の位置の場合は，生じた［j］によって前に置かれた子音が二重音化した．それぞれいくつか例を挙げる．

PL

　　　語頭の位置　PLANŬ(M)　　＞　piano「平らな」
　　　子音の後　　AMPLŬ(M)　　＞　ampio「広い」
　　　母音間　　　CAP(Ŭ)LŬ(M)　＞　cappio「結び目」

BL

　　　語頭の位置　BLASIŬ(M)　　＞　Biagio「ビアージョ」（人名）
　　　子音の後　　該当例なし
　　　母音間　　　FĪB(Ŭ)LA(M)　＞　fibbia「締め金」

CL

　　　語頭の位置　CLAVE(M)　　　＞　chiave「鍵」
　　　子音の後　　CĬRC(Ŭ)LŬ(M)　＞　cerchio「円」
　　　母音間　　　SPĔC(Ŭ)LŬ(M)　＞　specchio「鏡」

GL

　　　語頭の位置　GLAREA　　　　＞　ghiaia「砂利」

4 子音体系の現象

子音の後　　ŬNG(Ŭ)LA(M)　＞　unghia「爪」
母音間　　　TĒG(Ŭ)LAM　＞　古イタリア語 tegghia
　　　　　　　　　　　　　　現代イタリア語 teglia「平鍋」

母音間の連音 -GL- の変化は特別な事例である．古フィレンツェ方言では，この連音は規則的に GJ へ変化し，その後，軟口蓋音が二重音化して，[ggj] となった．その例を挙げる．

*RAG(Ŭ)LĀRE　＞　ragghiare「(ロバが) 鳴く」
TĒG(Ŭ)LA(M)　＞　tegghia「平鍋」
VĬG(Ĭ)LĀRE　＞　vegghiare「眠らないでいる」

フィレンツェでは 16 世紀初めから上記の語形がそれぞれ ragliare, teglia, vegliare と変化し，イタリア語に受け継がれた．
どうしてこのような変化がおこったのだろうか．
15 世紀の農村のフィレンツェ方言では，連音 -LJ- に由来する強い硬口蓋側音 [ʎʎ] は，強い軟口蓋有声音である [ggj] の連音にとって代わられた．figlio「息子」, foglia「葉」, paglia「麦わら」(FĪLIŬ(M), FŎLIA(M), PALEA(M) の規則的な変化形である) の代わりに，農民フィレンツェ方言は figghio, fogghia, pagghia と話していた．フィレンツェ都市部ではこうした語形に対してすぐに規制がなされ，16 世紀初頭以後，[ʎʎ] の語形 figlio, foglia, paglia に修正された．ところが連音 [ggj] を [ʎʎ] で置き換える現象は，[ʎʎ] が方言のなかで [ggj] となった語だけではなく，[ggj] が連音 -GL- の通常の発展形である語つまり ragghiare (後に ragliare), tegghia (後に teglia), vegghiare (後に vegliare) にも生じた．つまり実際に修正すべき箇所だけではなく，修正すべきでない箇所でも話し手が修正を加えたのである．こうした類推拡張のメカニズムによって過度に修正がなされることを，**直し過ぎ ipercorrettismo** という．

4-9　子音＋l の連音の特別な例

▶ SL

この連音は古典ラテン語にはなかった．語頭の位置では，非ラテン語から

の借用語か中世ラテン語だけに限られる．例えば，slahta や slaiten といったゲルマン語法が，イタリア語に schiatta「血統」や schiattare「爆発する」を生んだ．また中世ラテン語の語 SLAVŬ(M) から，イタリア語 schiavo「奴隷」が生まれた．

語内の位置では，俗ラテン語固有の現象によって生じた．つまりシークエンス -SŬL- における強勢以後の Ŭ が語中音消失したことによる．たとえば，Ī(N)S(Ŭ)LA(M) から，イタリア語の Ischia「イスキア（地名）」が生じた．

連音 SL は母語にないために，話し手にとって発音が難しかった．発音しやすくするために，その内部に語中音添加として軟口蓋無声音 [k] が挿入された．その後，連音 CL が規則的に kj を生んだ．

SL	> -SKL-	> skj
Slahta	> *SKLA(H)TA	> schiatta
Slaiten	> *SKLAITEN	> schiattare
SLAVŬ(M)	> *SKLAVŬ	> schiavo
Ī(N)S(Ŭ)LA(M)	> *ĪSCLA(M)	> Ischia

▶TL

この連音も，語頭，語内のどちらの位置でも古典ラテン語に存在しなかった．俗ラテン語では，CAPĬT(Ŭ)LŬ(M), CAT(Ŭ)LŬM, VĔT(Ŭ)LŬ(M) のような語の中の -TŬL- において強勢以後，強勢間の Ŭ が語中音消失したことで（語内だけに）生じた．語中音消失によって派生した連音 -TL- は -CL- と混同され，同じ結果 [kkj] を生んだ．

CAPĬT(Ŭ)LŬ(M) > *CAPĬTLŬ（= CAPĬCLU）> capecchio「麻くず」
CAT(Ŭ)LŬ(M) > *CATLŬ（= *CACLU）> cacchio「（草木の）不毛の芽」
VĔT(Ŭ)LŬ(M) > *VĔTLŬ（= VECLU）> vecchio「老人」

連音 -TL- と -CL- の同化現象は，非常に古く，『プロブスの補遺』（第1章6節）で，よくある「誤り」として記録されているほどである．誤った語形の修正表を作った無名作者は，「正 vetulus：誤 veclus「老人」，正 vitulus：誤 viclus「子牛」，〔……〕正 capitulum：誤 capiclum「頭」」と書いている．

4 子音体系の現象

文法より実践 2

『デカメロン』に見る子音体系の現象

本章 3-9 で始めたキキビーオの物語を続ける．今回は，子音体系に関する現象を見てみよう．

〔1〕 Essendo poi davanti a Currado e a alcun suo forestiere messa la gru senza coscia, e Currado, maravigliandosene, fece chiamare Chichibio e domandollo che fosse divenuta l'altra coscia della gru. Al quale il vinizian bugiardo subitamente rispose: " Signor mio, le gru non hanno se non una coscia e una gamba".

〔2〕 Currado allora turbato disse: "Come diavol non hanno che una coscia e una gamba? Non vid'io mai più gru che questa?".

〔3〕 Chichibio seguitò: "Egli è, messer, com'io vi dico; e quando vi piaccia, io il vi farò veder ne' vivi".

〔4〕 Currado per amore de' forestieri che seco avea non volle dietro alle parole andare, ma disse: "Poi che tu di' di farmelo veder ne' vivi, cosa che io mai più non vidi né udi' dir che fosse, e io il voglio veder domattina e sarò contento; ma io ti giuro in sul corpo di Cristo che, se altramenti sarà, che io ti farò conciare in maniera, che tu con tuo danno ti ricorderai, sempre che tu ci viverai, del nome mio".

〔5〕 Finite adunque per quella sera le parole, la mattina seguente, come il giorno apparve, Currado, a cui non era per lo dormire l'ira cessata, tutto ancor gonfiato si levò e comandò che i cavalli gli fossero menati; e fatto montar Chichibio sopra un ronzino, verso una fiumana, alla riva della quale sempre soleva in sul far del dì vedersi delle gru, nel menò dicendo: "Tosto vedremo chi avrà iersera mentito, o tu o io".

〔6〕 Chichibio, vegggendo che ancora durava l'ira di Currado e che far gli conveniva pruova della sua bugia, non sappiendo come poterlasi fare cavalcava appresso a Currado con la maggior paura del mondo, e volentieri, se potuto avesse, si sarebbe fuggito; ma non potendo, ora innannzi e ora adietro e dallato si riguardava, e ciò che vedeva credeva che gru fossero che stessero in due piè.
(G. Boccaccio, *Decameron*, cit., pp. 732-734)

〔1〕その後，クッラードと客人の前に，脚の 1 本ない鶴が供されました．それに驚いたクッラードは，キキビーオを呼んで，鶴の 1 本の脚はどうなったのかと尋ね

第3章　ラテン語からイタリア語へ：音韻変化

ました．それに答えて嘘つきのヴェネツィア人はすかさず言いました．「ご主人さま，鶴というものは，脚も腿も1本しかないのでございます」．

〔2〕クッラードはむっとして言いました．「脚と腿が1本しかないとはどういうことだ．おれがこの鶴しか見たことがないとでもいうのか」．

〔3〕キキビーオは言い添えました．「ご主人さま，わたしが申し上げるとおりです．お好きなときに，実際にそのことをお見せいたしましょう」．

〔4〕同席していた客の手前，クッラードはそれ以上追及したくなかったので，こう言いました．「お前が，それを実際に見せてくれるというのなら，そんなことは聞いたことも見たこともないのだが，明日の朝それを見てみようではないか．それで満足しよう．ただしもしそうでなかったら，キリストの御身体にかけて，ひどいめに遭わせてやる．その傷で，おまえが生きている限りわたしの名前を忘れることができないくらいに」．

〔5〕その晩のやりとりがおわり，翌朝，日が昇ると，眠ってもまだ怒りが収まっていなかったクッラードは，依然かっかとして，馬を引き出すように命じました．そして，キキビーオをロバに乗せて，小川の辺に向かいました．朝方にはたいていその川辺には鶴が姿を現していました．そこへ行きながら，「まもなく，お前とおれのどちらが嘘をついたのかわかるだろう」と言いました．

〔6〕まだクッラードの怒りが続いていて，自分の嘘を証明してみせなければならないと分かったキキビーオは，どうやって切り抜けられるかわからず，クッラードの隣でロバにのりながら，とても怯えていました．もしできるなら，喜んで逃げ出していたでしょう．しかし逃げることもできず，前や後ろ，脇を見回して，なにをみても，2本脚で立っている鶴だと思いました．

a) che〔1〕「ということ（関係代名詞）」（< QUID），quale〔1〕「どの」（< QUALE(M)），come〔2〕「どんな」（< QUŌMODO ET），quando〔3〕「いつ」（< QUANDO），chi〔5〕「だれ」（< QUĪS）では，1次的無声唇軟口蓋音 [kw]（本章4-4）の規則的な変化が示されている．その後に A が続く場合（QUALE(M) や QUANDO のように）はそのまま保持され，A 以外の母音が続く時には（QUID，QUŌMODO, QUĪS のように）は，唇音の要素が失われる．一方，seguente〔5〕「次の」（< SEQUĔNTE(M)）で，無声唇軟口蓋音の軟口蓋要素が母音間で有声音化し，[kw] > [gw] となっている（本章4-4と4-6）．

b) coscia〔1〕「腿」（< CŎXA(M)）には，母音間の連音 [ks] から，強い硬口蓋歯擦音 [ʃʃ] への変化が見られる（本章4）．これは連音 [ks] の変化の可能性のひとつである．もうひとつは後方同化（x > ss）であることを思い出そう．後方同化の現象は danno〔4〕「損害」（< DAMNU(M)）に見られる．

c) chiamare〔1〕「呼ぶ」（< CLAMARE）では，語頭の連音 -CL- が，[kj] へと変化している（本章4-8）．同様に，piaccia〔3〕「好かれる（動詞）」（< PLACEAT ['plakeat]）では，語頭の連音 -PL- が，[pj] へと変化している．この語にはさらに 2 つの重要な現象があり，後者は子音体系に関係する．第 1 に，母音接続の E が I に閉口音化して連音 -KJ- を作ること，そして 2 番目は，この -KJ- が本章 4-7 で述べた過程を通じて [ttʃ] と変化したことである．

d) 3 つの語が子音＋半子音 [j] の連音の扱いを例証している．まず，語 conciare〔4〕（＜ COMPITARE）では，子音が先立つ -TJ- が無声前硬口蓋破擦音 [tʃ] を生んでいる．本章 4-7 参照．2 番目の語は，古イタリア語に通常に見られる vedo の異形 veggio（＜ VĪDEO）のジェルンディオ veggendo〔6〕「見ながら」である．ここでは，連音 -DJ-（母音接続の E が i に閉じて生じた．VĪDEO ＞ *VĪDJO）が，強い有声硬口蓋破擦音音 [dʒ] となった．3 番目は sappiendo〔6〕「知って」で，古イタリア語に通常見られる so の異形 sappio（＜ SAPIO）のジェルンディオである．ここでは，半子音 [j] によって，先行する両唇音が重音化している（本章 4-7）．

e) avea〔4〕（＜ (H)ABEBAT）と soleva〔5〕（＜ SOLEBAT）は，母音間の -B- について異なる扱いを示している．後者では，-B- が唇歯有声音 [v] に変わっている．前者では，弱化の過程が進んで [v] の消失に至っている．本章 4-5 参照．

f) 最後に，giuro〔4〕「誓う」（＜ IŪRO）は，語頭の半子音 [j] が有声前硬口蓋破擦音 [dʒ] となった過程を裏付けている．

5　一般的現象

ここで記述する 6 つの一般的な現象は，単独の音や，連続する音，母音，子音，さらには母音・子音のグループに関わるものである．取り上げる現象は，語頭音追加，語尾音追加，語中音追加，語頭音消失，語尾切断，語中音消失である．個別に検討しよう．

5-1　語頭音追加

語頭音追加 **prostesi** は，語の最初に音声要素を付け加えることである．in iscena「舞台で」，in istrada「道で」，per iscritto「文書で」などの表現に見られる（正確に言えば，過去に見られた）現象である．子音で終わる語（まさに前置詞 in や per のような語）の次に s ＋子音（slitta「ソリ」，spesa「買い物」，strada「道路」などの，いわゆる「不純な s」）が続く場合，話し手は 2

番目の語の最初にiを追加して，3つの子音の連続を避けることによって発音を楽にする．現象が「見られた」というのは，現代イタリア語では完全に消失したとまでいかなくとも，ほとんど廃れた現象で，in scena, in strada, per scritto と言ったり書いたりすることが普通だからである．

5-2 語尾音追加

語尾音追加 epitesi は，語の最後に音声要素を付け加えることである．古イタリア語では広く見られた現象で，特に，本来，子音で終わる語と，「トロンコ」つまり最終音節にアクセントがある語に見られた．

イタリア語は，他のロマンス語（たとえばスペイン語）と異なり，語末の子音を避ける傾向がある．そのために，母音や音節の語尾音追加が発達した．子音で終わり最後の音節に強勢のある独特な非ラテン語起源の固有名をイタリア語が取り込んだ際にそれが生じた．人名を例にとれば，David は Davidde「ダヴィッデ」に，Hector は Ettòrre「エットッレ」に，Minos は Minosse「ミノッセ」となった．

古イタリア語はトロンコを避けるためにも，語末母音に新たに母音（一般的には e，時には o）や音節（一般的には -ne）を追加する傾向があった．そのため，中世トスカーナの手稿には piùe (= più「より」), virtùe (= virtù「徳」), cosìe (= così「このように」), nòe (= no「いいえ」) のような語が見つかる．13世紀の詩人グイットーネ・ダレッツォには，sàe (= sa「知っている」), saròe (= sarò「であろう」), giàe (= già「すでに」) などが見あたる．ダンテもこれらや同種の他の語形を用いている．15世紀トスカーナの詩人ルイージ・プルチは，trovòe (= trovò「見つけた」), rovinòe (= rovinò「破壊した」) という語を使っている．これらの作家では，音節 ne が語尾に追加された語形もある．たとえば vane (= va「行く」, ダンテ), fane (= fa「する」, ダンテ), salìne (= salì「上った」, ダンテ), formòne (= formò「造った」, プルチ) などである．実際，中南部方言の古語・現代語に典型的な sine (= sì「はい」) と none (= no「いいえ」) の語形に見られる語尾音追加の音節も，これと同じである．

トロンコを避ける傾向が古イタリア語にあったのは，そうした語が少数

だった（結局，現在でも少数である）からである．その語形を聞き慣れない話し手は，語尾音追加によって「ピアーノ」（最後から2番目の音節に強勢のある語）に変えて，耳になじむようにした．古イタリア語（そして現代イタリア語）の大部分の語で，最後から2番目の音節に強勢がある．

古イタリア語における「オッシートノ」（最後の音節に強勢がある語）は，未来1人称・3人称単数形（例：parlerò「話すだろう」，leggerà「読むだろう」），are 動詞の遠過去3人称単数形（例：parlò「話した」），そして ere 動詞・ire 動詞・遠過去3人称単数形の一部（例：perdé「失った」，finì「終わった」）に限られていた．

トロンコが広がり始めたのは，ラテン語基語の -ATEM，-UTEM (BǑN(I)TĀTE(M), CĪV(I)TĀTE(M), SĚRVITŪTE(M), VĬRTŪTE(M)) から派生した bontade「善さ」，cittade「都市」，servitude「奉仕」，virtude「徳」のようなピアーノの語が，単純化による語尾切断（この現象は本章5-8で扱う）によって最終音節に強勢が置かれるようになったときである．

bonta(de)　＞　bontà
citta(de)　＞　città
servitu(de)　＞　servitu(de)　＞　servitù
vertu(de)　＞　vertù　＞　virtù

さらに何世紀もの間に，外国語に由来するトロンコがイタリア語に取り込まれた．いくつか例を挙げよう．bambù「竹（16世紀にイタリア語になったポルトガル語）」，biberòn「哺乳瓶」（19世紀〔フランス語〕），bidè「ビデ」（18世紀〔フランス語〕），caffè（16世紀〔トルコ語，フランス語〕），canapè「カナペ」（17世紀〔フランス語〕），caucciù「ゴム」（19世紀〔フランス語〕），fumé「灰褐色の」（20世紀〔フランス語〕），motèl「モーテル」（20世紀〔英語〕），ragù「ミート・ソース，ラグー」（12世紀〔フランス語〕），rondò「ロンド」（18世紀〔フランス語〕）．

5-3 語中音追加

語中音追加 epentesi とは，ある語の内部に音声要素を付け加えることである．イタリア語では，子音の語中音追加と，母音の語中音追加の両方がある．

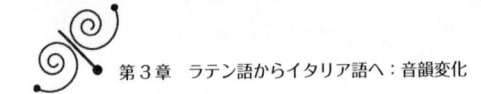

子音の語中音追加が起きたのは，本来2つの母音が連続していたが，子音の追加によってそれが分断された語である．基語の MANŬĀLE(M) から，最初は manoale が生じ，その後で v が語中音追加されて manovale「職人」となった．

ラテン語基語　　　　　　v の語中音追加
VĬDŬA(M)　　　> vedoa　> vedova「未亡人」
GENŬA(M)　　　> Genoa　> Genova「ジェノヴァ（地名）」
MANTŬA(M)　　> Mantoa　> Mantova「マントヴァ（地名）」
IO(H)ANNE(S)　> Gioanni > Giovanni「ジョヴァンニ（人名）」

古イタリア語では，有声唇歯音 [v] だけでなく有声軟口蓋音 [g] も語中音追加に利用された．aghirone (= 'airone'「アオサギ」) や Pagolo (= 'Paolo'「パオロ（人名）」) といった語形がそれを示している．

母音の語中追加に関してもっとも重要な点は，子音の連音 -SM- をもつ語の i の語中音追加である．この子音連音は発音が難しかったので，話し手は S と M の間に i を入れて分割した．こうしてラテン語基語 SPASMŬ(M) から spasimo「苦痛」(spasmo「痙攣」は教養語の同語源異語である) ができた．プロヴァンス語 blasmar から最初は biasmare が生じ，その後 i の語中音追加によって biasimare「非難する」が生じた．教会ラテン語 BAPT-ĬSMU(M) から最初は battesmo が出来，その後，i の語中音追加によって，battesimo「洗礼」ができた．一般的には接尾辞 -ĬSMU(M) は最初に -ésmo を作り，それから i の語中音追加によって -ésimo (cristianesimo「キリスト教文明」, monachesimo「修道生活」, protestantesimo「プロテスタンティズムなど」) が出来た．一方, buddismo「仏教」, giornalismo「ジャーナリズム」, marxismo「マルキシズム」などにある接尾辞 -ismo は -esmo / -esimo の教養語同語源異語である．

5-4　語頭音消失

語頭音消失 aferesi とは，語頭にある音素群が消えることである．指示形容詞 sto「この」, sta, sti, ste といった語形に見られる．これらは questo, questa, questi, queste の語形から，語頭の音節 que が語頭音消失すること

5 一般的現象

で派生した.

　語形 sto, sta, sti, ste はイタリア語の話しことばに特有な表現であるが，語頭音消失した女性形 sta は, stamattina「今朝」, stamani「今朝」, stasera「今晩，昨晩」, stanotte「今夜，昨夜」, stavolta「今回」のような語形で，書かれたイタリア語に古くから見られる. questa mattina「この朝」, questa mane「この朝」, questa sera「この晩」, questa notte「この夜」, questa volta「この回」といった時間を指示する表現において，指示形容詞 questo は，語頭の音節が語頭音消失することで，次に続く語と1つの語を形成している.

(que)sta mattina	>	sta mattina	>	stamattina
(que)sta mane	>	sta mane	>	stamani
(que)sta sera	>	sta sera	>	stasera
(que)sta notte	>	sta notte	>	stanotte
(que)sta volta	>	sta volta	>	stavolta

　連続する2つの語が結合してひとつの語になる現象を**語結合 univerbazione** と言う．書かれたことばにおいて語と語の間にある間隙が，話されたことばには存在しないことから説明される．例えば la casa「その家」と書くときは la と casa の間を分けて書くが，話すときには [la'kasa] と発音する．話しことばでは普通のこの現象が書きことばに反映すると，語結合となる．まさに stamattina, stamane, stasera, stanotte, stavolta に見られることである．つまり，語結合とは，話しことばでは当然の現象が書きことばに現れただけに過ぎない．単なる書記上の現象ではなく，語結合とはなにより音声現象である．2つの語が話しことばではひとつの語となり，その後で，こうした結合が書かれたことばの上に反映する．

　語頭音消失現象がはっきりと認められる例は少ないが，イタリア語のいくつかの語の形成に貢献した．例を挙げると，ラテン語，俗ラテン語基語 ĬLLĀC「そこに」, ĬLLĪC「そこに」, *ĬLLŪI「あれに」, *ĬLLAEI「あれに」から，語頭音節 ĬL- が語頭音消失することによって，場所の副詞 là「そこで」, lì「そこで」と，人称代名詞 lui「彼は」, lei「彼女は」を形成した．

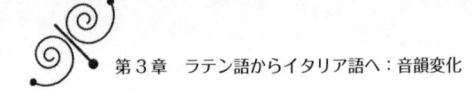

(ĬL)LĀC   >   là
(ĬL)LĪC   >   lì
*(ĬL)LŪI >   lui
*(ĬL)LAEI >   lei

定冠詞 lo, la, i, gli, le と指示代名詞・指示形容詞 questo, quello の語形も，語頭音消失（もちろん他の母音と子音の変化現象も関わっている）の結果である（第4章 7-2，7-3，7-10）．

5-5 冠詞分離

語頭音消失の現象と関係するのがいわゆる**冠詞分離 discrezione dell'articolo**（ラテン語 discerno「分ける，区分する」から派生した discrezione「分離」）である．その説明として，先に述べたことを思い出そう．つまり文法的・意味論的には別々の語が，話しことばの連続を行う際には結合して発音されることである．l や la で始まる語がある場合，話し手は，この語頭の音声を時には l'，時には la とし，つまり定冠詞の語形として解釈して，語の残りの部分から分離する．例えば民衆の話し言葉では，名詞 lasagna「ラザーニャ」は，しばしば la（定冠詞）と sagna（名詞）に分割されることがある．語 lasagna の語頭の音節が女性形定冠詞と解釈されて，語の他の部分から分けられ（「分離する」と言われる），語 lasagna は sagna となる．

イタリア語の歴史で冠詞の分離が起きた語がいくつかある．ラテン語基語 LABĔLLŬ(M)「たらい，湯船」から，lavello「洗面台」，avello「墓」ができた．一方，*LŬSCĬNIŎLŬ(M) からは usignolo「ナイチンゲール」ができた．他にも，ŎBSCŪRŬ(M) の語頭の o は定冠詞 lo の一部とみなされて，語本体から切り離された．

ŎBSCŪRŬ(M) > oscuro > (l)o scuro > scuro「暗い」

同様に，A で始まるいくつかの語では，この母音が女性定冠詞の末尾とみなされて，語の残りの部分から分離した．こうして，ラテン語では「砂」「砂の敷かれた円形劇場」という2つの異なる意味のあったラテン語 (H)ARĒNA(M) から，別々の語 arena「円形劇場」と rena「砂」ができた．

5 一般的現象

後者は，語頭の A が女性名詞の末尾とみなされて分離したことから生まれた．同じような例が，語 badessa「尼僧院長」に見られる．

ABBATĬSSA(M) ＞ abbadessa ＞ (l)a badessa ＞ badessa

また，語頭の n が不定冠詞 un の末尾とみなされて分離する場合もある．たとえば，語 arancio「オレンジ」は，ペルシア語 narang̊ の借用語で，語頭の n が不定冠詞 un の末尾と思われ，語本体から分離された．

5-6 冠詞凝固

分離と逆の現象が，**冠詞凝固 concrezione dell'articolo** である．話しことばの連鎖では冠詞と名詞は一体化するため，ときに冠詞が名詞の一部となる．中世ラテン語 ASTRĂCU(M) から派生した語 lastrico「石畳」に起きた現象である．l'astrico というシークエンスにおいて，名辞の前にあった冠詞が，凝固現象によって語の一部となった．

5-7 語中音消失

語中音消失 sincope は，語の内部の音声要素が欠落することである．欠落するのは弱い母音や音節である．語中音消失は，強勢のある音節では起こらず，かならず強勢のない音節で起きる．特にイタリア語の語の多くでは，強勢後の母音と強勢間の母音に関して，語中音消失が起きた．母音の語中音消失現象はとても古くから見られる．『プロブスの補遺』（第 1 章 6 節）の多くの語形が示すように，すでに当時から俗ラテン語でよくあることだった．

強勢後の母音の語中音消失（消失した母音を丸かっこで示した）は，話されたラテン語において，最後から 3 番目に強勢のある語で起こり，それがイタリア語へと推移した．

CAL(Ĭ)DŬ(M) ＞ caldo「熱い」 DŎM(Ĭ)NA(M) ＞ donna「女性」
FRĪG(Ĭ)DŬ(M) ＞ freddo「寒い」 SŎL(Ĭ)DŬ(M) ＞ soldo「金銭」
VĬR(Ĭ)DE(M) ＞ verde「緑」

（DOMNA のなかの -MN- と FRĪGDŬ のなかの -GD- は後方同化した．本章 4 節の冒頭で扱った現象である）．

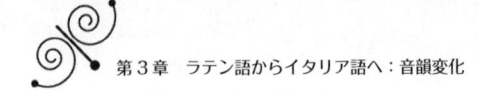

接尾辞 -ŬLUM, -ŬLAM の最初の Ŭ は，最後から2番目の規則（本章2節）に基づいてつねに強勢後の位置にあったので，同じような現象が起きた．
　LĒNTĪC(Ŭ)LA(M) > lenticchia「レンズ豆」　MAC(Ŭ)LA(M) > macchia「染み」
　ŎC(Ŭ)LŬ(M)　　> occhio「眼」
（LĒNTĪCLA, MACLA, ŎCLŬ のなかにある連音 -CL- は，まず [kj] になり，続いて [kkj] となった．本章4-8で扱った現象である）．

3つ以上の音節がある語（本章3-8で説明したように，そうした語だけに強勢間の母音がある）では，強勢間の母音の語中音消失が起きた．たとえば，CĔRĔBĔLLŪ(M) では音節 RĔ の Ĕ が，第1強勢と第2強勢の間に位置していて欠落が起こり，語形 cervello「脳」を作った．他の例を挙げる（消失した語中音を丸かっこで示した）．

BŎN(Ĭ)TĀTE(M)　　> 古イタリア語 bontade　> bontà「善さ」
VAN(Ĭ)TĀRE　　　> vantare「誇る」
VĔR(Ē)CŬNDIA(M) > vergogna「恥」

5-8　語尾音消失

語尾音消失 apocope（トロンカメント）とは，語末の音声要素が欠落することである．母音が欠落する場合，語尾母音消失と言う．

buono > buon「よい」
buon amico「よい友人」, buon giorno「よい日」, buon mercato「廉価」

　音節が欠落する場合，語尾音節消失と言う．

grande > gran「大きな」
gran caldo「ひどい暑さ」, gran cosa「偉大なこと」, gran sete「強い渇き」

イタリア語の歴史上昔も今も，語尾音消失はいろいろな語で生じた．いくつか例を挙げると，ラテン語基語 FACĬ(T) から古イタリア語 face が生じ，その後で語末音節が消失して fa「(彼は) する」となった．*PŎTET からは「文法より実践1」で見たように puote が生じ，語末音節消失によって può「(彼は) できる」となった．

5 一般的現象

伝統的散文，特に詩の文語では他にも語尾音節消失の例があり，以下のような語形が見つかる．diè（< die(de)）「与える」，fé（< fe(ce)「した」および < fe(de)「信頼」），me'（< me(glio)「よりよく」），piè（< pie(de)「足」, ve'（< ve(di)「見る」），vèr（< ver(so)「の方向へ」）．

もっとも重要なのは**単純化 aplologia** による語尾音消失で，bontà「よさ」，città「町」，virtù「徳」など，-tà と -tù で終わる語で起きる．

単純化とは，互いに類似しているか同一である音が消えることである．例として挙げた語でどうしてそれが起きたのだろうか．

問題の語は，-ATE(M) または -UTE(M) で終わるラテン語基語 BŎN(Ĭ)TĀTE(M), CĪV(Ĭ)TĀTE(M), VIRTŪTE(M) から派生している．最初の2つの場合は強勢間で語中母音消失が起こり bontate と cittate が生じた．3番目は virtute として継承された．その後，これらすべての語で，母音間の歯閉鎖音 t の有声音化が起こり（本章 4-6 で扱った現象），語末の音節 de が生じて bontade, cittade, virtude となった．

具体的なやり取りにおいて，これらの語に（もちろん他の多数の語も同じだが），di の古形変種である前置詞 de のような機能語が続くことがきわめて頻繁にあった．bontade de Marco「マルコのよさ」，cittade de Roma「ローマの町」，virtude de Cristo「キリストの徳」など．この場合，語末音節と前置詞で，2つの音節 de が連続することになる．話し言葉のなかでは，単純化による語尾音消失によって最初の -de をなくすことで，この繰り返しを避けた．つまり bonta(de) de Marco, citta(de) de Roma, virtu(de) de Cristo となり，こうして bontà, città, virtù が生まれたのである．

現代イタリア語では語末音節消失の例は数少ない．すでに述べた形容詞 grande（una gran fatica「ひどい疲れ」），代名詞 un poco（un po' di pane「少しのパン」），その他，形容詞 santo（san Giuseppe「聖ジュゼッペ」，san Carlo「聖カルロ」）．最初の2例では語末音節消失は任意だが，3番目の例では義務的である．さらに，語末音節消失は，語 frate「修道士」（その後に固有名が来る場合：fra Martino「マルティーノ修道士」），語 modo「方法」（前置詞句 a mo' di「～流に」の一部となる場合）にも見られる．po' と mo' は，語末音節消失がアポストロフィで示される数少ない例であることは重要である．

前置詞 di, a と定冠詞 il の縮約形 del と al，形容詞 bel「美しい」と quel「その」の例は，語末音節消失ではなく，語末母音消失の例とみなさなければならない．dello, allo, bello, quello のなかの音節 lo が欠落したというよりも，語末母音だけが消失し，その結果，イタリア語では許容されない語末の二重子音が単子音へと変化したと考えるべきだろう．

dello　＞　dell　＞　del
allo　　＞　all　　＞　al
bello　＞　bell　＞　bel
quello　＞　quell　＞　quel

語末母音消失は語末音節消失より頻繁に起き，次の3つの場合には必ずしなければならない．

1) 代名詞弱形が不定詞に続く場合（vedere + lo ＞ vederlo「それを見る」，dire + ci ＞ dirci「私たちに言う」）．
2) 尊敬・職業の称号である名詞に固有名が続く場合．il signor Barbieri「バルビエーリ氏」，il dottor Franceschi「フランチェスキ博士」，il professor Matucci「マトゥッチ教授」，l'ingegner Bottazzi「ボッタッツィ技師」（l'ingegnere Gargiulo「ガルジューロ技師」，il professore Tripodo「トリポード教授」といった完全な語形は，南部地域に特有である）．
3) 形容詞 buono「よい，おいしい」が修飾する名詞に先行する場合．del buon pane「おいしいパン」，un buon vino「おいしいブドウ酒」，un buon amico「よい友人」など．

注　これら以外では，語末母音消失はしてもしなくてもよい．andar via と andare via「立ち去る」，fil di ferro と filo di ferro「鉄線」，parlar bene と parlare bene「上手に話す」のどちらの表現を言っても書いてもかまわない．こうした任意の語末母音消失に関しては，重要な制約がある．具体的には，

a) 消失する母音の前は，側音・震え音・鼻音（l, r, m, n）でなければならない．vedere chiaro「はっきりと見る」が veder chiaro となることは可能だが，vedo chiaro「（わたしは）はっきりと見る」は *ved chiaro となることはできない．

b) 消失する母音は無強勢でなければならない．sarà buono「よいだろう」を *sar buono とすることはできない．
c) 非強勢の e と i が形態論的価値をもつとき，つまり男性女性複数の区別をするのに役立っている場合は，消失することはできない．buone madri「よい母親たち」，buoni padri「よい父親たち」は，それぞれ *buon madri, *buon padri とすることはできない．
d) 非強勢の a は欠落しない．ただし ora「今」とその合成語 allora「そのとき」，ancora「まだ」，固有名詞の前に置かれた suora「修道女」(suor Angela「修道女アンジェラ」，suor Paola「修道女パオラ」) は例外である．
e) 文の最後の語では語末音消失は起こらないが，詩の場合は特別で文末でも起きる．"mi balzarono incontro e mi guardar"「わたしに駆け寄り，わたしを見た」(G. Carducci).

ただし，こうした条件が満たされれば自動的に語尾音消失が起きるわけではない．far bene「よくする」と veder chiaro「はっきり見る」と言ったり書いたりすることはあるが，fare bene と vedere chiaro という表現もある．一方，a parer mio「わたしの意見では」，in cuor suo「心の中では」，amor proprio「自己愛」，quartier generale「司令部」，timor di Dio「神を畏敬する気持ち」などの固定化した慣用表現では，自動的に語尾音消失が起きる〔間違いに注意⑥参照〕．

5-9 音声統語的重子音化

音声統語的重子音化 raddoppiamento fonosintattico（あるいは単に統語的重子音化）は，典型的な統語的音声現象である．つまり，それがひとつの語の内部ではなく文のレベルで起きることを意味している．具体的に言えば，音声統語的重子音化は「文中における後方同化」と定義できる．通常，子音の後方同化は語の内部で起こる（ADVĔNTŬM > avvento「到来」, PĬCTŪRA > pittura「絵画」など）が，文の内部でも起きることがある．話される連鎖が生じる際に，文法的に区別された複数の語が続いて発音されるからである．音声統語的重子音化の場合，連続して発音されるのは，子音で終わる語とそれに続く子音で始まる語である．たとえば，AD VALLE(M)「谷に」とか，DĪC TU「言え」のように．こうした場合，最初の語の末尾の子音は欠落せず，続く語の最初の子音と同化し，その発音を強める．a valle は，avvento [av'vɛnto] のように，[av'valle] と発音され，di' tu は，pittura [pit'tura] のように，[dit'tu] と発音される．この後述べるいくつかの例を除けば，音声統語的重子音化が表記上示されることはない．

音声統語的重子音化が起こるのはどのような語の後だろうか．

a) いわゆる「強い」と言われる，強勢のある単音節語．強勢がつづりとしては示されない語形は次の通りである．

a「に（前置詞）」	blu「ブルーの」
che「であるところの（関係代名詞）」	chi「だれ（疑問詞）」
da「から（代名詞）」	do「与える」
e「そして（接続詞）」	fa「する」
fra「の間に（前置詞）」	uf「ああ（間投詞）」
ha「もつ」	ho「もつ」
ma「しかし（接続詞）」	me「わたしを（代名詞）」
qua「ここに（副詞）」	qui「ここに（副詞）」
re「国王」	sa「知っている」
se「もし（接続詞）」	so「知っている」
sta「ある」	sto「ある」
su「の上に（前置詞）」	tra「の間に（前置詞）」
tre「3」	tu「きみは（代名詞）」

間違いに注意 6

語尾音消失とエリジョン（母音省略）を混同しないことが大切である．エリジョンとは，次に続く語の語頭母音の前で，語末の非強勢母音が欠落することである．dallo alto > dall'alto「高所から」, quello albero > quell'albero「あの木」, una isola > un'isola「1つの島」といったように．エリジョンは語末音消失と異なり，子音で始まる語の前ではけっして起こらない．正書法の規則では，この違いを表すためにエリジョンにはかならずアポストロフィをつけるとされている．一方，語末音消失は，先に示した po' と mo' の場合のほかは，消失した母音の前にさらに母音がある場合に限って，アポストロフィで示される．これに該当するのは，命令法 da'「与えろ」(< dai), fa'「しろ」(< fai), sta'「いろ」(< stai), va'「行け」(< vai) や，今では使われなくなった語形である，前置詞と定冠詞の縮約形男性複数 a' (ai の語末音消失した語形)，de' (< dei), co' (< coi), ne' (< nei), pe' (< pei), と，指示形容詞 que' (< quei)「その」である．

5 一般的現象

va「行く」

また強勢がつづりとして示されるのは

dà「与える」　　è「である」　　　　là「そこに」　　lì「そこに」
né「～でもない」sé「自分自身（代名詞）」sì「はい」

などの語形である．

どちらの場合にしても，a casa「家で」, ma guarda「ほら見ろ」, dà tutto「すべて与えろ」といった文の発話は，[ak'kasa]，[mag'gwarda]，[dat'tutto] となる．

b) 音節数に関係なく，語末音節に強勢のある語．andò, portò, virtù など．(andò là「そこへ行った」, portò tutto「すべて運んだ」, virtù somma「至上の美徳」といった文の発話は，[an'dɔl'la]，[por'tɔt'tutto]，[vir'tus'somma] である)．

c) 複数音節で，最後から2番目の音節に強勢のある語の中で，以下の4つの単語．

come「どのように」　　　　dove「どこに」
sopra「の上に（前置詞）」　　qualche「いくらかの」
(come te「君のような」, dove va「どこへ行く」, sopra me「わたしの上に」, qualche libro「何冊かの本」のような文を発話すると，['komet'te]，['dovev'va]，['sopram'me]，['kwalkel'libro] となる)．

最初のグループ a) に属する単音節語のほとんどは，その起源となったラテン語基語で語末に子音があった．それによって，この現象が生じている．

a　(＜ AD)　　　　che (＜ QUǏD)　　da (＜ DĒ AB)
e　(＜ ĚT)　　　　fa (＜ *FAT)　　　fu (＜ FŬĬT)
ha (＜ *AT)　　　ma (＜ MǍGIS)　　qua (＜ ĚCCŬM HĀC)
qui (＜ ĚCCŬM HĪC)　re (＜ RĒX)　　　sa (＜ *SAT)
sta (＜ STAT)　　　tre (＜ TRĒS)　　　va (＜ *VAT)

語末に子音をもたない blu, do, fra, ho, me, se, sé, so, sto, su, tra, tu のような語の後の二重子音化は，類推のメカニズムから説明される．語末に子音のある語形とない語形を似ていると感じた話し手は，習慣的に，語末に子音の

なかった場合でも音声統語的重子音化を行ったのである．

最後に，come, dove, sopra, qualche の後の二重子音化は，これらの語がもつ語末の要素が，音声統語的重子音化を必要とする単音節語である（あるいはそのようなものと知覚される）ことで説明される．実際，come は，QUŌMŎ(DO) ET から派生している．一方，dove の語末の e と sopra の語末の a は，ĔT から派生した接続詞 e と，AD から派生した前置詞 a として（現実にはこれらの語形とは関係がないにもかかわらず）感じられた．実際には，dove は DĒ ŪBĬ から，sopra は SŬPRA から派生している．そして，qualche のなかには che の存在が感じられた．すでに見たように，che の後では音声統語的重子音化が起こるのが普通である．

触れたように，表記上では音声統語的重子音化は示されない．2番目の語の始めの子音は重子音に発音されるが，書くときは単一で書かれる．ただし重子音化が起きている語で語結合が起きた場合，表記も変化する．

appena（＝ a pena）「するとたん」　checché（＝ che che）「たとえ」
chissà（＝ chi sa）「さあ」　dappoco（＝ da poco）「無能な」
davvero（＝ da vero）「本当に」　eccome（＝ e come）「もちろん」
frattanto（＝ fra tanto）「その間」　giammai（＝ già mai）「けっして」
lassù（＝ là su）「あっちで」　macché（＝ ma che）「とんでもない」
seppure（＝ se pure）「たとえ」　soprattutto（＝ sopra tutto）「なにより」
tressette（＝ tre sette）「トレセッテ（カード遊び）」

音声統語的重子音化は，イタリアの中南部では一般的で，ほとんどどこでも見られる現象である．バーリでもフィレンツェでも，ローマでもナポリでも同様に起きる．フィレンツェとローマのわずかな発音の差異は，da と dopo と come の後の二重子音化に関するものである．da と dopo の後ではフィレンツェでは二重子音化するが，ローマでは二重子音化しない．come には，比較（come me「わたしのように」）と疑問（come va?「調子はどうですか」）の2種類の機能がある．フィレンツェでは，どちらの場合でも二重子音化する（['komem'me] と ['komev'va]）．一方ローマの発音では，音声統語的重子音化が起きるのは比較の場合だけである（['komem'me] に対し ['kome'va]）．

北部では音声統語的重子音化は起こらない．北部方言では，母音間の二重

子音が脱二重子音化して，単一子音となる傾向がある．bello「美しい」はbelo に，quello「あれ」は quelo に，penna「ペン」は pena になる．そうした脱二重子音化は，語内の母音間二重子音だけではなく，語間の母音間二重子音（ちょうど音声統語的重子音化に相当する）にも影響する．そのため，文 "A me non importa se vai a casa"．「君が家に帰ってもわたしはかまわない」を，中南部では "ammennonimportasevvaiaccasa" と発音し，北部では "amenonimportasevaiacasa" と発音する．

北部のイタリア人は，書かれた言語規則によって語の内部の単一子音の発音を修正できるが，文中の単子音を修正するのはそれほど簡単ではない．具体的に言えば，bello, quello, penna という語はかならず二重子音として表記されるので，その発音を習得することはできるが，音声統語的重子音化はつづりとしては表記されないため，[akʼkasa] という発音を習得できない．イタリア語では "A me non importa se vai a casa" と書くのであって，"A mme nnon importa se vvai a ccasa" とは書かれないのである．

第4章
ラテン語からイタリア語へ
：形態的変化

第4章　ラテン語からイタリア語へ：形態的変化

*

音声の変化を学んだ後で，本章ではラテン語からイタリア語への推移の際に生じた形態的変化を考察する．イタリア語の名詞の性数の歴史的起源，語の論理機能の変化，冠詞・形容詞・代名詞の形成，動詞体系の変容を分析しよう．

1　名詞の数

ラテン語にはイタリア語と同じく単数と複数の2つの数があり，それぞれ特徴的な語尾変化で識別される．

	単数	複数	
ラテン語	ros*a*	ros*ae*	「バラ」
イタリア語	ros*a*	ros*e*	
ラテン語	numer*us*	numer*i*	「数」
イタリア語	numer*o*	numer*i*	

ラテン語からイタリア語への推移の際に，数の体系に関して目立った変化はなく，単数から複数への移行，あるいはその逆の移行は，本章5節で述べるいくつかの例外にとどまった．

2　名詞の性　中性の消失

イタリア語と異なり，ラテン語には3つの性があった．男性，女性，そ

して中性である．単純に図式化すれば，生物は男性もしくは女性（例：lupus, 'lupo'「狼」は男性，puella 'fanciulla'「少女」は女性）で，非生物は中性（例：donum 'dono'「贈り物」は中性）である．しかしラテン語の歴史をたどれば，古くからこの規則に反する語は多数あった．さらに多くの語の性が不安定だった．いくつかの語は，男性形の語尾 (-us) でも中性形の語尾 (-um) でも使われた．aevus / aevum 'età'「年齢」，balneus / balneum 'bagno'「風呂」，caseus / caseum 'formaggio'「チーズ」，collus / collum 'collo'「首」，uterus / uterum 'utero'「子宮」などである．また，単数形では男性である名詞（たとえば iocus 'gioco'「遊び」，locus 'luogo'「場所」）が，複数では，男性（ioci, loci）や中性（ioca, loca）となったりした．

　ラテン語からロマンス諸語へ推移した際に，中性は消失し，そのジャンルに属していた語は男性として扱われた．そうなったのは，中性名辞の大部分の語尾が，男性名辞と同一化し混同しやすいものだったからである．donum ('dono'「贈り物」)，tempus ('tempo'「時間」)，cornu ('corno'「角」) などの中性名詞は，filius, lupus ('figlio'「息子」'lupo'「狼」．対格にすると filium と lupum）のような男性名詞と同化し，同じ扱いを受けた．性に関しては，イタリア語では dono, tempo, corno, と figlio, lupo を区別せず，すべて -o で終わる男性名詞とみなしている．

　いずれにしても中性はイタリア語から完全に消え去ったのではなく，その名残がある．特に，単数形が -o で終わる男性名詞で，2つの複数形がみられる場合がある（次頁の表を参照）．

　こうした二重の複数形はどのように説明されるのだろうか．右側に示されるように，ラテン語では複数形の語尾 -a をもつ中性名詞であった．ラテン語からイタリア語に推移する際に，これらの語はすべて男性名詞となり，規則的に男性複数の語尾 -i をもつようになる．語尾 -a の複数形は，ラテン語の中性複数形の名残で，それが女性として扱われるのは（le braccia, le budella, le calcagna），-a が女性特有の語尾であるからである（意味によって異なる複数形を用いるのが一般的であるが，i ginocchi / le ginocchia, i vestigi / le vestigia など，両方の複数形が同じ意味で用いられる場合もある）．

　古イタリア語では，名詞複数形に中性形が残っている例が，現代イタ

第4章 ラテン語からイタリア語へ：形態的変化

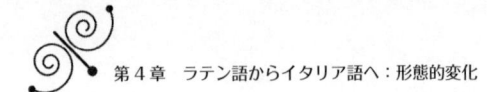

名詞	複数形（男性複数）	複数形（女性複数）	ラテン語（単）	ラテン語（複）
il braccio	i bracci「腕木，腕状の物」	le braccia「腕」	brachium	brachia
il budello	i budelli「細い管，チューブ」	le budella「腸」	botellum	botella
il calcagno	i calcagni「踵」	le calcagna「踵（成句で）」	calcaneum	calcanea
il cervello	i cervelli「脳」	le cervella「脳の中身（成句で）」	cerebellum	cerebella
il corno	i corni「ホルン，先端部」	le corna「動物の角（ツノ）」	cornu	cornua
il cuoio	i cuoi「革，皮革」	le cuoia「(人間の)皮，皮膚（成句で）」	corium	coria
il filo	i fili「糸，線」	le fila「策略，筋道」	filum	fila
il fondamento	i fondamenti「根拠，根底」	le fondamenta「(建物の)土台」	fundamentum	fundamenta
il ginocchio	i ginocchi「膝」	le ginocchia「膝」	genuculum	genucula
il lenzuolo	i lenzuoli「(個々の)シーツ」	le lenzuola「(上下1組の)シーツ」	linteolum	linteola
il membro	i membri「メンバー，要素」	le membra「四肢，手足」	membrum	membra
il muro	i muri「壁，障害」	le mura「町を囲む城壁」	murum	mura
l'osso	gli ossi「個々の骨，骨状のもの」	le ossa「1組の骨格」	ossum	ossa
il vestigio	i vestigi「足跡，名残」	le vestigia「足跡，名残」	veitigium	vestigia

ア語よりもはるかに多い．中世，16世紀の文章では，le castella「城」，le coltella「ナイフ」，le martella「ハンマー」といった -ella を語尾とする女性複数形が見つかる．中世のテキストには，le corpora「体」〔corpo の複数〕，le luogora「場所」〔luogo の複数〕，le pratora「草地」〔prato の複数〕のような -ora を語尾とする女性複数形がある．これらは，語尾 -a をもつラテン語中性複数形が一般的に残っていたことを示している．

3 格変化の消失

　ラテン語を多少でも学んだ人が，イタリア語との違いを尋ねられたら，イタリア語と違ってラテン語には格と格変化があると答えるだろう．

　格と格変化は，単独または複数の語が文の内部で果たす論理的機能と意味内容を識別するために，ラテン語が使っていた手段である．イタリア語で，この役割を果たしているのは，文の内部でひとつまたは複数の語が置かれる

3 格変化の消失

位置や，名詞・代名詞に先行しうるさまざまな前置詞と冠詞の対置である．

Ha comprato il libro	di a da con per	*un amico.*	友達	の に から と共に のために	その本を買った

　語列 un amico「友達」の機能（結果としてその文全体の意味）は，先行する前置詞によって変化する．di un amico「友達の」は論理分析において**限定補語**と呼ばれるものを表現し，a un amico「友達に」は**間接補語**，da un amico「友達から」は**出所補語**，con un amico「友達と共に」は**同伴補語**，per un amico「友達のために」は**関与補語**を表わす．

　さらに語 amico の位置を変えて，その前に前置詞ではなく冠詞だけを付けて，Un amico ha compraro il libro.「友達がその本を買った」と言えば，語列 un amico の論理的機能は主語となり，その文がもつ意味も変化するだろう．

　こうしたことから，イタリア語において，ある語や複数の語が文の内部で果たしている論理的機能を区別するのは，位置と，冠詞，前置詞の用法であることが示される．

　ラテン語において，ある語の論理的機能を区別する役目をもっていたのは，位置（自由だった）でも冠詞（存在しなかった）でも前置詞でもなかった．その役目を果たしたのは，格つまりある語が統語的に異なる機能を表現するために変化する種々の語形であった．具体的には，6つの格があった．**主格 nominativo**，**属格 genitivo**，**与格 dativo**，**対格 accusativo**，**呼格 vocativo**，**奪格 ablativo** で，それぞれにひとつまたは複数の論理機能があった．できるかぎり単純に図式化すれば，以下のように格体系を表現できる．

　ある格を他の格と区別して認識できるのは，名詞や形容詞がおこなうさまざまな語尾変化のおかげである．実際に，それぞれの名詞や形容詞は，固定した部分（伝統的に「語根」と呼ばれる）と，変化する部分「屈折語尾・語尾

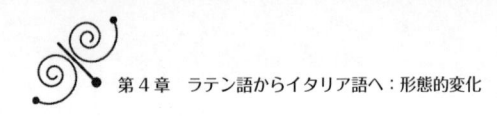

第 4 章 ラテン語からイタリア語へ：形態的変化

変化」の 2 つの部分に分けられる．論理的機能に応じて屈折語尾が変化する．

一例を挙げよう．文中で，語 ancilla（＝「下女」）の屈折語尾のそれぞれが異なる論理機能を表示し，文の異なる意味を決定している．

- **主格**　主語の論理機能を表示する．
- **属格**　限定補語の論理機能を表示する．
- **与格**　間接補語の論理機能を表示する．
- **対格**　直接補語の論理機能を表示する．
- **呼格**　呼称に使用される．
- **奪格**　種々の補語（手段・原因・由来など）の論理機能を表示し，しばしば前置詞に先行される．

語 ancilla（＝「下女」）の語尾変化		
格	単数	
主格	ancillă（主語）	： *Ancilla* currit. → *La serva* corre.「下女が走る」
属格	ancillae（限定）	： Filium *ancillae* video. → Vedo il figlio *della serva*.「私は下女の息子を見る」
与格	ancillae（間接補語）	： Praemium *ancillae* do. → Do una ricompensa *alla serva*.「私は下女に褒美を与える」
対格	ancillam（直接補語）	： Ancillam saluto. → Saluto *la serva*.「私は下女に挨拶する」
呼格	ancillă（呼称）	： *Ancilla*, aquam funde ! → *Serva*, versa l'acuqa !「下女よ，水を注げ！」
奪格	ancillā（他の補語）	： Cum *ancilla* ambulat. → Cammina *con la serva*.「彼（彼女）は下女と歩く」
格	複数	
主格	ancillae（主語）	： *Ancillae* currunt. → *Le serve* corrono.「下女たちが走る」

属格	ancillarum	（限定）	: Filios *ancillarum* video.
			→ Vedo i figli *delle serve*.「私は下女たちの子供を見る」
与格	ancillis	（間接補語）	: Praemium *ancillis* do.
			→ Do una ricompensa *alle serve*.「私は下女たちに褒美を与える」
対格	ancillas	（直接補語）	: *Ancillas* saluto.
			→ Saluto *le serve*.「私は下女たちに挨拶する」
呼格	ancillae	（呼称）	: *Ancillae*, aquam fundite !
			→ *Serve*, versate l'acqua !「下女たちよ，水を注げ！」
奪格	ancillis	（他の補語）	: Cum *ancillis* ambulat.
			→ Cammina *con le serve*.「彼（彼女）は下女たちと歩く」

_____ = 語幹
_____ = 屈折語尾

古典期以前から，ラテン語の複雑な格体系を単純化する傾向は強かった．

> 注　たとえば，当初から，話し手は，多くの名詞で同一の語尾となる（ancilla もその一例である）主格と呼格を混同した．さらに数種類の補語は，語の語尾変化だけではなく，その語に先行する前置詞によっても表現された．たとえば「場所の状態を表わす補語」は，奪格だけではなく，in に続く奪格によって表わされることが多く，また，「場所への移動を表わす補語」は，対格だけではなく，in に続く対格を用いて表されることが多かった．

Vivo in urbe（in＋奪格）→ Vivo in città「わたしは町に住んでいる」
Eo in urbem（in＋対格）→ Vado in città「わたしは町に行く」

時間が経つに連れ，2つの現象が平行して固定化した．一方では，単純格の代わりに，前置詞を伴う構文が使われるようになった．また他方で，数種類の格（属格，与格，奪格）が果たしていた役割が対格に移され，単純形または前置詞を伴った対格は一種の「万能格」となった．

たとえばスコラ学的ラテン語では，今日では「間接補語」とされる論理機能が，与格によって表示される傾向がみられた．

Do	praemium	*ancillae*.	「下女に褒美を与える」
Do	una ricompensa	*alla serva*.	「下女に褒美を与える」

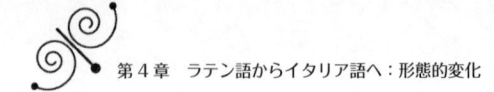

しかし後期ラテン語では，同じ論理機能を，本来は「場所への運動」を表現するために使われていた「前置詞 ad ＋対格」で表現する構文が広まった．

| Do | praemium | *ad ancillam.* | 「下女に褒美を与える」 |
| Do | una ricompensa | *alla serva.* | 「下女に褒美を与える」 |

実際には，古ラテン語にこの構文がまったくなかったわけではなく，喜劇作家プラウトゥスの文章に登場する．彼の戯曲に"Ad carnifcem dabo"（＝Consegnerò al boia「死刑執行人に引き渡そう」）という文がある．ここでは，間接補語が a＋対格で表わされている．

イタリア語などのロマンス諸語は，前置詞を用いる構文を取り入れ，ラテン語の与格を継承しなかった．

すべての補語を表わす格となった対格は，主格の代わりもするようになる．いくつかの例外を除いて，イタリア語のすべての語は，対格から派生した（ラテン語対格からイタリア語の語への歴史音声的推移は，この後の本章 6 節で詳しく取り扱う）．

4 屈折語尾体系の単純化

ラテン語の名詞は，さまざまな格を区別する際に，すべてが同じ語尾変化をしていたわけではない．屈折語尾体系，つまり名詞の変化モデルは 5 種類あった．

第 1 変化：
- 主格が -a で，属格が -ae となる男性名詞と女性名詞．例：poeta, poetae（男性）「詩人」，ancilla, ancillae（女性）「下女」．

第 2 変化：
- 主格が -us で，属格が -i となる男性名詞と女性名詞．例：lupus, lupi（男性）「狼」，fagus, fagi（女性）「ブナ」（イタリア語 faggio は男性）．
- 主格が um で属格が -i となる中性名詞．例：donum, doni（中性）「贈り物」．
- 主格が -er で属格が -i となる男性名詞．例：puer, pueri（男性）「少年」．

第 3 変化：
- 主格ではさまざまな形をとり，属格で -is となる男性名詞，女性名詞，中

性名詞．例：mons, montis（男性）「山」, mater, matris（女性）「母親」, tempus, temporis（中性）「時間」．

第4変化：
- 主格が -us となり，属格が -us となる男性名詞と女性名詞．例：currus, currus（男性）「牛車」, quercus, quercus（女性）「カシ」．
- 主格が -u となり，属格が -us となる中性名詞．例：cornu, cornus（中性）「角」．

第5変化：
- 主格が -es となり，属格が -ei となるほぼすべての女性名詞．例：res, rei（女性）「もの」．

語尾変化の種類を表わすのに，主格だけでなく属格も必要なのは，主格語尾だけでは名詞がどの変化に属するかわからないからである．

たとえば，第2変化と第4変化に属する名詞の主格の語尾は同一である．主格だけでは，どちらに属するかを決めることができない．

さらに，第3変化に属する名詞の主格語尾はさまざまで，あらかじめ見当をつけられない．

5つの変化モデルでそれぞれ異なった語尾変化をもっているのが属格である．属格は，名詞がどの変化に属するかを決定する唯一の格なので，必ず示さなければならない．

第4と第5の変化に属するラテン語の数はそれほど多くはない．ここに属していた数少ない名詞は，第1と第2の変化に合流した．特に，第4の変化に属していた名詞（主格が -us または -u で終わるもの）は第2変化名詞に合流し，第5変化名詞（主格が -es で，ほとんどが女性）は，やはりほとんどが女性名詞である第1変化名詞へ合流した．

LUPU, LUPI	（第2変化）	> -o で終わるイタリア語名詞	lupo「狼」
FRUCTUS, FRUCTUS	（第4変化）		frutto「果実」
ROSA, ROSAE	（第1変化）	> -a で終わるイタリア語名詞	rosa「バラ」
RABIES, RABIEI	（第5変化）		rabbia「怒り」

名詞がある変化から別の変化へと変わることを**語形変異 metaplasmo** という．

第4章 ラテン語からイタリア語へ：形態的変化

ラテン語の語尾変化

参照のため，最初の3つの変化に属する名詞の語尾変化を挙げておこう．

第1変化

Poeta-ae 男性 'poeta'「詩人」　　**Ancilla-ae** 女性 'serva'「女中」

	単数	複数	単数	複数
主格	poeta	poetae	ancilla	ancillae
属格	poetae	poetarum	ancillae	ancillarum
与格	poetae	poetis	ancillae	ancillis
対格	poetam	poetas	ancillam	ancillas
呼格	poeta	poetae	ancilla	ancillae
奪格	poeta	poetis	ancilla	ancillis

第2変化

Lupus-i 男性 'lupo'「狼」　　**Pinus-i** 女性 'pino'「松」

	単数	複数	単数	複数
主格	lupus	lupi	pinus	pini
属格	lupi	luporum	pini	pinorum
与格	lupo	lupis	pino	pinis
対格	lupum	lupos	pinum	pinos
呼格	lupe	lupi	pine	pini
奪格	lupo	lupis	pino	pinis

Donum-i 中性 'dono'「贈り物」　　**Liber-bri** 男性 'libro'「本」

	単数	複数	単数	複数
主格	donum	dona	liber	libri
属格	doni	donorum	libri	librorum

	単数	複数	単数	複数
与格	dono	donis	libro	libris
対格	donum	dona	librum	libros
呼格	donum	dona	liber	libri
奪格	dono	donis	libro	libris

第3変化

Consul-is 男性 'console'「領事」

	単数	複数
主格	consul	consules
属格	consulis	consulum
与格	consuli	consulibus
対格	consulem	consules
呼格	consul	consules
奪格	consule	consulibus

Mater-tris 女性 'madre'「母親」

	単数	複数
主格	mater	matres
属格	matris	matrum
与格	matri	matribus
対格	matrem	matres
呼格	mater	matres
奪格	matre	matribus

Flumen-inis 中性 'fiume'「川」

	単数	複数
主格	flumen	flumina
属格	fluminis	fluminum
与格	flumini	fluminibus
対格	flumen	flumina
呼格	flumen	flumina
奪格	flumine	fluminibus

第4章　ラテン語からイタリア語へ：形態的変化

5　性と数の語形変異

屈折語尾に関する語形変異ばかりではなく，**性**（名詞の性が変わる場合），**数**（名詞の数が変わる場合）でも**語形変異**が生じる.

性の語形変異の例は（すでに述べたような中性から男性への変化のほか），ラテン語 ARBOREM（中性）からイタリア語 albero「木」（男性）への推移，あるいは，ラテン語 GLANDEM（男性）からイタリア語 ghianda「ドングリ」（女性名詞．男性名詞 glande「亀頭」は医学用語）への推移に見られる.

そのほか，ラテン語の性と数に関する変化には以下のようなものがある.

・-a となる中性複数は女性単数とみなされた．たとえばラテン語 FŎLIA（これは中性名詞 FŎLIUM 'foglio'「葉」の複数形で，「葉（複数）」を意味していた）からイタリア語の女性単数 foglia「葉」が生まれた．MIRABĬLIA（これは形容詞 MIRABĬLIS, -E「賞賛すべき」の中性複数，つまり「賞賛すべきもの」を意味していた）から，イタリア語の女性単数 meraviglia「驚き」ができた．ラテン語 PĔCORA（中性名詞 PĔCUS「獣」の複数形で，「獣たち，畜類」を意味していた）から，イタリア語の女性単数 pecora「羊」ができた（第3章3-2）.

男性と女性に関して.

・第2変化に属する樹木の名前（fagus, fraxinus, pinus など）はラテン語では女性だったが，イタリア語では男性 il faggio「ブナ」，il frassino「トネリコ」，il pino「松」になった.

・第4変化に属する名詞 acus は女性だったが，イタリア語では男性 l'ago「針」となった.

6　対格からのイタリア語名詞の派生

イタリア語の名詞が派生した格が対格であったことは，歴史統語的な観点からだけではなく歴史音声的にも証明される.

ここではラテン語の第4変化，第5変化の名詞については特に取り上げな

い．先に述べたように，これらはそれぞれ，第2変化，第1変化に合流してしまったからである．

　この2つの変化（第1，第2変化）に属する名詞の場合，どの格からイタリア語の名詞が派生したのかを特定することができない．rosa「バラ」のように -aで終わるイタリア語の名詞は，第1変化の主格-呼格（ROSĂ）からでも，対格（ROSĂM：語末の -M の脱落はラテン語の話しことばに古くからある現象である），奪格（ROSĀ）からでもありえた．同様に，lupo「狼」のように -oで終わるイタリア語の名詞は，第2変化名詞の主格（LUPŬS），対格（LUPŬM），奪格（LUPŌ）のどれからも派生した可能性がある．

　しかし第3変化の男性名詞，女性名詞の屈折語尾を見ると，イタリア語名詞が主格-呼格から派生した可能性を除外できる．実際，salute のような名詞は，それに対応する第3変化名詞の主格-呼格（SALŪS）からは派生することがなく，対格（SALŪTEM）か奪格（SALŪTE）からしか派生できない．

　しかし，第3変化の中性名詞の屈折語尾を見ると，奪格は除外できる．実際，fiume「川」のような語は，対応するラテン語である中性名詞 FLŪMEN，FLŪMĬNIS の奪格からではなく，対格（FLŪMEN）からしか生じない（この奪格 FLŪMĬNE からできたとすれば，イタリア語に *fiumene そして *fiumine が生まれていたはずである）．中性名詞では対格が主格-呼格と同じであるのは事実だが，すでに見たように，主格-呼格からイタリア語名詞が生まれた可能性は排除される．

　イタリア語の名詞はラテン語の対格から派生するという規則に，いくつか例外がある．
- 代名詞 loro「かれらは」と coloro「…するところの人々」は，それぞれ，(IL)LŌRŬ(M) と (EC)CŬ(M)(IL)LŌRŬ(M) から派生している．illorum は，ラテン語の指示代名詞 ille（='quello'「それ」）の複数属格である．
- 都市名フィレンツェ Firenze は，FLORĔNTIA の場所の属格である FLORĔNTIAE から派生している．（ローマ人はいくつかの町の名前について，場所の状態を指し示すのに地名の属格を用いていた．FLORĔNTIAE = 'a

Firenze', 'in Firenze'「フィレンツェに」「フィレンツェへ」, ROMAE = 'in Roma', 'a Roma'「ローマに」「ローマへ」).

- 7つの語（uomo「人間」, moglie「妻」, re「国王」, sarto「仕立屋」, ladro「泥棒」, drago「竜」, fiasco「フィアスコ（瓶）」）は，ラテン語の対格ではなく，ラテン語（あるいは後期ラテン語の）の主格から派生している．uomo は HŎMO から，moglie は MŬLIER から（一方，対格 MŬLIERE(M) からは mogliera「妻」が生まれた．また，古典ラテン語で mulier は「女」を意味し，「妻」の意味は俗ラテン語のものだったことも考慮すべきである）．re は RĒX から，sarto は SARTOR（対格 SARTŌRE(M)は古イタリア語 sartore「仕立屋」を生み，そこから sartoria「仕立屋の店」が派生した）から派生した．ladro は LATRŌ から，drago は DRACŌ から，fiasco はゴート起源の語 FLASKŌ から派生した．これらの3つの語が主格から派生したことについては特別な説明がある．それぞれの対格 LATRŌNE(M), DRACŌNE(M), FLASKŌNE(M) の規則的な継承形つまり ladrone, dragone, fiascone にあった特徴的な語尾 -one が ladro, drago, fiasco の拡大語尾と感じられた．そのため，これらの形が ladrone, dragone, fiascone と入れかわったのである．

単数形に関しては，対格が出発点になったことが確実であるのに対し，複数形の形成を再構築するのはより複雑である．

- 単数形で -o，複数形で -i となる男性名詞（il lupo / i lupi「狼」のタイプ）．これらの名詞（第2変化に由来する）の複数形語尾は，第2変化の複数主格語尾 -i を継承している．

LUPUS「狼」男性，第2変化

単数	複数
LUPŬ(M) 対格 > lupo	LUPĪ 主格 > lupi

- 単数形で -a，複数形で -e となる女性名詞（la rosa / le rose「バラ」のタイプ）．一番はっきりした説明は，この語尾 -e は複数形主格語尾 -ae から派生したもので，AE が Ē に単一母音化したのだと説明すること

6 対格からのイタリア語名詞の派生

だろう．しかしこの再建は，中世のラテン語文書に豊富に見られる俗語表現のなかに，第1変化名詞の複数対格の語形として capres「山羊」, operes「作品」, tabules「板」(capra, opera, tabula の規則的な複数対格である capras, operas, tabulas ではなく) が存在する事実によって否定される．この俗語用法の -es は，複数対格の語尾 -AS の語末の S によってラテン語の A が「硬口蓋音化」して E に変わる過程の中間段階を示している（第3章4-1）．

CAPRAS ＞ CAPRES「山羊」

-S 音は，舌を硬口蓋前部に寄せて発音するために，その発音の影響下に A をひきつけ，［e］に変化させる．実際，［e］は［a］に比べて舌が硬口蓋に近い形で発音される．a を e に硬口蓋音化した後，語末の -S は欠落し（語の末尾の子音にはよく見られた扱いである），この結果，-a で終わる女性名詞特有の語尾 -e ができた．

CAPRES ＞ capre

ROSA「バラ」女性，第1変化
単数 複数
ROSA(M)　対格＞ rosa　　　ROSAS　対格＞ ROSES ＞ rose

・単数形では -e，複数形で -i となる男性名詞と女性名詞（il cane / i cani「犬」, la parte / le parti「部分」）．これらの名詞（第3変化に由来する）の複数形語尾は，第3変化名詞の複数対格（あるいは，同形である主格語尾の可能性もある）-ES を継承している．

CANIS「犬」男性，第3変化
単数 複数
CANE(M)　対格＞ cane　　　CANĒS　主格・対格＞ cani

PARS「部分」女性，第3変化
単数 複数
PARTE(M)　対格＞ parte　　　PARTĒS　主格・対格＞ parti

第4章 ラテン語からイタリア語へ：形態的変化

-ĒS から i への移行はどのように説明されるだろうか.

語末の -S が，ラテン語の Ē (本来 [e] となるはずだった) を「口蓋化」して，[i] に変えた．-a で終わる女性名詞の複数形 -e を作ったのと同じことである．-S がその発音の影響化に -E を引き込んで，より硬口蓋音である [i] へと変化させた（第3章 4-1）.

15, 16世紀のフィレンツェ，トスカーナ作家の文章には，しばしば -e となる女性単数形（la parte のタイプ）が，複数形で -i にならず -e となる (le parti ではなく le parte) ことがよく見られる．あきらかに，話し手は，-e で終わる女性名詞に対しても，-a で終わる女性名詞の複数形の語尾を拡張していたのである．その類推のメカニズムはつぎのように表示できる.

la casa : le case = la parte : le parte

7 冠詞の形成

定冠詞 (il, lo, la; i, gli, le) と不定冠詞 (un, uno, una) は，ラテン語と比較した点で，イタリア語がロマンス諸語と共有する新しい文法事項である.

実際，ラテン語に冠詞は存在しなかった.

この後すぐ見るように，イタリア語の定冠詞はラテン語 ille, illa, illud を継承しており，不定冠詞は unus, una, unum を継承している.

これらの語形はいずれも冠詞ではなかった．具体的には，ille は指示代名詞または指示形容詞であり，話し手と聞き手から物理的，心理的に遠くにある人，物を指示していた（イタリア語の指示代名詞 quello「あの」のように）

"*Illa* tempora recordor"（= "Ricordo *quei* tempi"）「あの頃を覚えている」.

一方，unus は，数字の「ひとつの」の意味を持つ形容詞であった.

"*Unus* e viginti milites servati sunt"（= "Si salvarono *ventuno* soldati"）「21人の兵士が救われた」

あるいは「たったひとつ」の意味もあった

"*Una* legio strenue pugnavit"（= "*Una sola* legione combatté con coraggio"）「たった1つの軍団だけが勇気をもって戦った」

7 冠詞の形成

1世紀に生きたラテン語文法修辞学者クィンティリアーヌスはこう記している．"Noster sermo articulos non desiderat"「われわれの言語に冠詞は必要ない」．しかし時に会話体のラテン語（アルカイック期や古典期のラテン語も含めて）では，unus が，イタリア語で用いられる不定冠詞とあまり変わらない意味で使われることがあった．さらに後期ラテン語では，ille はイタリア語の定冠詞とそれほど変わらない意味で使われていた．

まず，イタリア語の不定冠詞に近い意味で unus が使われている例を取り上げよう．これは，プラウトゥスの喜劇の文章だけではなく，キケロの文章（もちろん，古典ラテン語の父である彼が口語的文章を書いた場合に限られることは言うまでもない）にもある．プラウトゥスの一節に次の文例がある．

"Est huic *unus* servus indolentissimus"（= "Costui ha *un* servo molto indolente"）「この男は，非常に不精な奴隷を1人抱えている」

キケロの文章には，次の表現がみられる．

"Sicut *unus* pater familias his de rebus loquor"（= "Parlo di queste cose così come［ne parlerebbe］ *un* padre di famiglia"）「家族の父親がしゃべるように，わたしはこれらのことについて語っている」

とある．

後者の場合，明らかに unus に数字の「1」の意味はない．家族内の父親は1人に決まっているからである．したがってこの例は，不定詞（「ある，だれか」の意味での uno）の意味をもつ unus を思わせる．ある程度，イタリア語の不定冠詞の前触れである．

定冠詞の意味に近い ille の用法を考えよう．これは中世ラテン語のさまざまなテキストに見つかる．たとえば，6世紀の食事学の本には，次の例がある．

"Fava integra melius congrua est quam *illa* fava fresa"（= "La fava intera è più adatta del*la* fava sgusciata"）「空豆まるごとのほうが，殻を剥いた空豆よりも適している」

fava に先行する *illa* は，本来の指示的価値（='quella'「あの」）よりも，

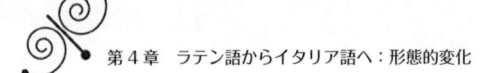

第4章 ラテン語からイタリア語へ：形態的変化

近代の定冠詞がもつ価値（その結果，イタリア語の伝統にしたがって前置詞との結合形 della となる）に近いように見える．

ラテン語の指示詞とイタリア語の定冠詞の中間の語形（この中間の語形を研究者は**擬似冠詞** articoloide と呼んでいる）のもっと意味深い例は，なかでも旧約・新約聖書の古いラテン語訳に見られる．「イタラ訳」Itala または「古ラテン語訳」Vetus Latina の名で知られる聖書訳（2世紀）で，「ウルガータ訳」Vulgata と呼ばれる聖ヒエロニムスの翻訳（4世紀）より古い時代のものである．

イタラ訳は，聖書と福音書のギリシャ語版を基にして，民衆的要素の強いラテン語で編纂されている．キリスト教の聖典は本来，ヘブライ語（旧約），アラム語，ギリシャ語（福音書と使徒言行録）で書かれていた．しかし西洋で聖書のテキストはギリシャ語で流布した．2世紀まで，ローマを含めて西洋のキリスト教共同体の言語はギリシャ語であった．

ラテン語と違って，ギリシャ語とヘブライ語には定冠詞がある．聖典を翻訳する際にこの文法事項を無視できない．ほかでもない神の言葉の問題なのである．そこで，本来のテキスト（ギリシャ語である以上，定冠詞があった）をできるだけ尊重するために，聖書と福音書のラテン語訳ではギリシャ語の定冠詞の訳語として指示代名詞 ille が使われた．この点で多くの研究者から指摘されるのが，ヨハネの福音書の一節である．ギリシャ語の該当箇所はこうである．

Éleghen tôis dódeka mathetâis. つまり "Disse ai dodici discepoli"「12人の使徒に言った」

ここには定冠詞 tôis が与格形で存在しており，イタリア語では前置詞との結合形 ai で翻訳される．この文をギリシャ語からラテン語へ翻訳すれば，冠詞は無視されて "Dixit duodecim discipulis" となるはずである．しかしイタラ訳でこの問題の文は "Dixit illis duodecim discipulis" と訳されている．聖なるテキストに可能な限り忠実であろうとした**翻訳者**は，ギリシャ語の定冠詞 tôis を無視せずラテン語の指示形容詞 illis でもって置き換えたのである．

時間が経つにつれて中間的語形である擬似冠詞が徐々に増え，本当の冠詞

へと変化する．この過程は「サリカ法典」Lex Salica（フランク族サリーの法典）のパロディの一文に見られる．8世紀に遡るこの文章では擬似冠詞と定冠詞の両方が登場する．

　　ad *illo* botiliario frangant *lo* cabo（= "*al* cantiniere rompano *il* capo"）「酒蔵の管理人は頭を割られてしまうがよい」．

次に，イタリア語のさまざまな冠詞を生んだ音声変化を検討する．

7-1　不定冠詞

不定冠詞の語形についていえば，男性形 uno は，ラテン語の男性対格 ŪNŬ(M)（un は uno の語尾欠落した変種である）であり，女性形 una は，ラテン語女性対格 ŪNA(M) の継承である．

男性形　　　　　　　女性形
ŪNŬ(M) > uno　　　ŪNA(M) > una

定冠詞の語形に関する議論はさらに複雑になる．

7-2　定冠詞男性形

歴史と形成をたどる前に，現代イタリア語における男性定冠詞の語形は，単数形 il と lo，複数形 i と gli であることを確認しておこう．知られているように，どちらを選ぶかは「続く語の」最初の音によって異なる．特別な場合を除き，以下のように例示される．

il / i が用いられるケース

続く語の語頭	単数形	複数形
z, x 以外の単子音	il laccio「罠」	i dadi「さいころ」
s 以外の子音 + l/r	il tratto「投げること」	i blindati「装甲車」

lo / gli が用いられるケース

続く語の語頭	単数形	複数形
「不純の s」(s + 子音)	lo spiedo「串」	gli scacchi「チェス」
sc 硬口蓋音 [ʃ]	lo scemo「愚か者」	gli scioperi「ストライキ」

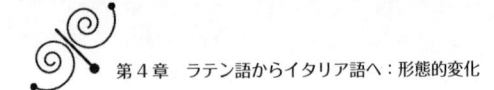

gn 硬口蓋音 [ɲ]	lo gnomo「地の精」	gli gnocchi「ニョッキ」
x	lo xenofilo「外国好き」	gli xilofoni「木琴」
z	lo zio「叔父」	gli zaini「リュックサック」
母音	l'albero「木」	gli amici「友達」

（lo は母音の前でエリジョンして語形 l' となる）

古イタリア語では，男性定冠詞の語形が部分的に異なっていただけでなく，用法そのものが異なっていた．

第一に，初期の言語には男性単数形の2種類の語形は存在せず，lo だけが用いられていた．これは，指示代名詞・形容詞 ille「その人」単数対格であるラテン語基語 ĬLLŬM の語頭音節 ĬL が語頭音消失し，語末の -M が欠落して，Ŭ が規則的に [o] へ移行したことによって生じた．

(ĬL)LŬ(M) > lo

その後で語形 il が生じたが，独立して生まれたのではなく語形 lo のいわば「肋骨から」出てきた．

前述したように本来は lo が唯一の男性形の語形だった．現代イタリア語とは違って，その後に続く語の語頭の音は関係しなかった．il frate「修道士」ではなく lo frate, il pane「パン」ではなく lo pane と言っていた．

早くから，冠詞「の前に」位置する語の語末の音が重要になった．冠詞に先立つ語の語末が子音であれば，語形 lo はきちんと発音された．しかし，冠詞に先立つ語の語末が母音であった場合，lo はすぐに l だけになった．次の対比が示している．

mirar lo sole ≠ mirare l sole「太陽を仰ぐ」

ここで取り上げられている他の現象同様，この現象は話されたことばのなかで起きたことを思い出さなければならない．明らかに話しことばでは，語や文は素早く，詰った形で発音される．話し手が音列を「飲み込む」というこの発音を，言語学者は「アレグロ」現象と名づけている．"Ti piace questo disco? - Insomma"「このレコードは好きかい．まあね」というやり取りは，慌てた発音ではこうなる．"Piace 'sto disco? - 'nsomma".

7 冠詞の形成

　古イタリア語の時代にも同様のことが起きた．定冠詞 lo の前に，母音で終わる語があるとき，話し手は冠詞 lo を「飲み込んで」しまい，冠詞の発音を l だけにしてしまった．

　　bere lo vino ＞ bere l vino「ワインを飲む」
　　dire lo vero ＞ dire l vero「真実を言う」
　　fare lo pane ＞ fare l pane「パンを作る」

　その後，l の前に母音が追加された．単独で発音可能にするための母音で，**補助母音**とよばれる．他の語との連続としてではなく，子音を単独で発音するために支柱となる母音のことである．

　中世のさまざまな方言で，補助母音はそれぞれに異なっていた．北部のいくつかの俗語では［a］または［u］だったので，定冠詞の語形 al と ul が生じた．トスカーナでは補助母音は［e］または［i］であったので，el と il のような定冠詞の語形が生じた．

　ここまでの説明から分かるように，古イタリア語での定冠詞男性形の語形は，定冠詞に先行する語の語末によって決定された（現代イタリア語で，il と lo/l' の選択が，次に続く語の語頭に左右されるのとは異なっている）．

　特に古イタリア語では，(a) 文の先頭と，(b) 子音で終わる語の次では lo が使われ，(c) 母音で終わる語の次には il が使われていた．これに関してダンテの『神曲・地獄編』の次の例を見ることができる．

　a) *Lo* buon maestro disse: Figlio, or vedi.（Inf. VII 115）「善き師は言われた『息子よ，今目にしているのは』」
　b) Non isperate mai veder *lo* cielo.（Inf. III 85）「天を見ることをけっして期待してはならぬ」
　c) Poi ch'ei posato un poco *il* corpo lasso.（Inf. I 28）「わたしは疲れた体をしばらく休めて」

　この配置規則は，19世紀に最初に特定したドイツ人研究者の名前をとって「グレーバー Gröber の法則」と言語学者たちから呼ばれている．今

ではこの法則は有効ではないが，古い用法の名残は，per lo più（あるいは perlopiù）「せいぜい」や per lo meno（あるいは perlomeno）「少なくとも」などの化石化した語形に現れている．見てわかるように，ここでは，定冠詞 lo が子音で終わる語 per の後に続いている．

すでに述べたように，トスカーナでの補助母音は [e] や [i] だったので，el と il という語形が生じた．

しかし 13 世紀から 14 世紀のフィレンツェ方言では，lo と共起する定冠詞は必ず il であった．元来の補助母音が [e] であっても，統語的強勢前の現象によって [i] へと閉じることになったからである（第 3 章 3-5）．

$$\text{補助母音} + [\text{l}] < \begin{matrix} [\text{e}] = \text{el} > \text{統語的強勢前} > \text{il} \\ [\text{i}] = \text{il} \end{matrix}$$

この情況は 14 世紀末まで変わらなかった．その後，フィレンツェで話される俗語では，トスカーナ西部（特にピサ，ルッカ）方言から派生した定冠詞の語形 el（複数形 e）が定着するようになった．この el/e という語形は，より古い il/i と完全に入れ替わることはなかったが，フィレンツェ方言にかなり強い影響を残し，15 世紀，とくに 16 世紀フィレンツェの作家の多くに見られる．かれらは伝統的フィレンツェ方言を優先するより，当時話されていたことばを使うことを選んだ．その一例であるニコロ・マキャヴェッリの文章には，定冠詞の近代的語形 (el/e) と伝統的語形 (il/i) が共存している．

次に定冠詞の男性複数形に移ろう．現代イタリア語に現れる 2 つの語形 i（il の複数形）と，gli（lo の複数形）にも複雑な音声の歴史がある．

定冠詞男性複数形の語形は，古フィレンツェ方言でも他の中世方言でも li であった．li comandamenti「戒律」，li officii「世話」，li onori「儀礼」など．これは lo の複数形であり，ille の複数主格であるラテン語基語 ĬLLĪ から，語頭の ĬL が語頭音消失を受け，語末の Ī が i へ移行することで規則的に生じた．

(ĬL)LĪ > li

7 冠詞の形成

　この古い定冠詞複数形の名残は，（しばしばアクセント付きの lì という間違った形で）官僚・行政文書の日付表現に現れる（Roma, li 12 settembre 2000...「2000年9月12日ローマ」）．1より大きな数字の前に複数定冠詞を付けるという古代の慣習（今日では，il 12 settembre 2000〔2000年9月12日〕のように単数形定冠詞 il をつける）に従ったものだ（本当を言えばその必要はない．意味を失った死んだ語形を残す理由があるだろうか）．

　古イタリア語へ話を戻そう．定冠詞 li が母音で始まる語に先行するとき，音声統語的に（つまり文中の具体的な発音として）L+J の連音が生まれる．li onori「儀礼」のシークエンスで発音される連音 LJ は，FĪLIA(M)「娘」，FŎLIA(M)「葉」，MŬLIE(R)「妻」に見られるものとまったく同じである（第3章4-7）．そのため，この場合でも連音 LJ が硬口蓋側音 [ʎ] を生んだ．

li onori ＞ gli onori

　語形 i は，gli が単純な硬口蓋母音 i に簡略化することで生じた．

gli ＞ i

　gli が i へ変化する簡略化現象は，トスカーナの他の方言にも見られる．古形 cavai「馬（複数）」と capei「髪（複数）」は，cavagli と capegli（これらも古語では普通の語形である）から簡略化したものであるし，現代の語形 bei と quei（bei colori「美しい色（複数）」，quei colori「あの色（複数）」）は，begli, quegli の簡略化した形である．またこれらの語末形 -gli (cavagli, capegli, begli, quegli) も，連音 LJ から派生している．語末 -lli の i に，母音で始まる語が続いた場合に，これが半子音 [j] だと感じられて，音声統語的に連音 LJ が生じたのである．

cavalli alati「翼のある馬（駿馬）」
　＝［ka'vallja'lati］　　　　＞［ka'vaʎʎa'lati］　　　＝ cavagli alati
　　　　　　　　　　　　　　　　　　　　　　　　　　　cavagli ＞（簡略化）cavai

capelli al vento「風になびく髪」
　＝［ka'pelljal'vɛnto］　　　＞［ka'peʎʎal'vɛnto］　　＝ capegli al vento
　　　　　　　　　　　　　　　　　　　　　　　　　　　capegli ＞（簡略化）capei

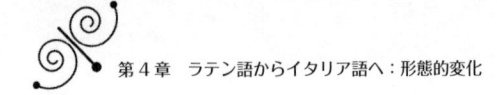

belli amici「良き友人たち」
= ['bɛllja'mitʃi]   > ['bɛʎʎa'mitʃi]   = begli amici
                                                      begli ＞（簡略化）bei

quelli amici「あの友人たち」
= ['kwellja'mitʃi]   > ['kweʎʎa'mitʃi]   = quegli amici
                                                      quegli ＞（簡略化）quei

7-3　定冠詞女性形

定冠詞女性形が形成された過程はより簡単である．

単数形にとって出発点になったのは指示詞 ille「あの」の女性単数対格すなわち ĬLLAM で，それが例によって語頭音消失によって語頭の音節 ĬL が消失し，語末の -M が欠落した．

(ĬL)LA(M) ＞ la

複数形の場合，出発点となった基礎は，指示詞 ille「あれら」の女性複数対格すなわち ĬLLAS であり，語頭の音節 ĬL が語頭音消失によって欠落し，語末の -S が欠落する前に A を [e] に口蓋化した（本章 6 節で描写した -a で終わる女性名詞複数形の形成の過程である）．

(ĬL)LAS ＞ le

8　人称代名詞

イタリア語の人称代名詞体系は，それが派生したラテン語の体系と非常に近い．1 人称単数と 2 人称単数の語形は，屈折語尾の名残も残していて，ラテン語のように統語機能に応じて変化する．io「わたしは」と tu「きみは」は主語を表示するが，me「わたしを」と te「きみを」は補語を表示する．

io が派生した *ĔŌ は 1 人称代名詞主格 Ĕ(G)Ō の簡略形である．

me, tu, te はそれぞれ，ラテン語の MĒ（1 人称代名詞の対格–奪格），TŪ（2 人称代名詞の主格形），TĒ（2 人称代名詞の対格–奪格）を継承した語形である．

8 人称代名詞

　1人称複数と2人称複数の代名詞は noi「わたしたちは」と voi「きみたちは」であるが，ラテン語基語 NŌS と VŌS から派生している．これらは，単一音節語によくあるように，語末の -S が口蓋化し，i になった（第3章4-1）．

　*ĔŌ ＞ èo ＞ éo ＞ io
　MĒ ＞ me
　TŪ ＞ tu
　TĒ ＞ te
　NŌS ＞ noi
　VŌS ＞ voi

　3人称単数と3人称複数の代名詞に関する議論はより複雑である．ラテン語にはこれらに相当する独立した語形がなく，is「この人」, ille「その人」, 強意代名詞 ipse「自身」などの指示詞を適用することでその不足を補っていた．イタリア語は，これらの語を使いながら，人称代名詞独自の機能を付与していった．

　歴史を詳しく検討しよう．

　古フィレンツェ語（13世紀初頭から15世紀初めまで）では，3人称単数・複数の主語代名詞として数多くの形があった．もっとも広く使われたのは以下の語形である．

　3人称単数男性形：egli, elli, esso
　3人称単数女性形：ella, essa
　3人称複数男性形：essi, egli, elli, eglino
　3人称複数女性形：esse, esse, elleno

　その他にもあまり使われない語形であったが，ei とその語尾消失形 e'（3人称単数・複数男性），la（3人称単数女性），le（3人称複数女性）もあった．現代イタリア語の主語代名詞である lui（3人称単数男性），lei（3人称単数女性），loro（3人称複数男性・女性）の語形も使われていたが，主語として使われることはほとんどなく，大抵補語として用いられた．

　これらの代名詞の大部分は，明らかに指示詞 ille と ipse から派生した．

第 4 章 ラテン語からイタリア語へ：形態的変化

ラテン語基語からイタリア語の語形へ推移した過程を分析しよう．

3人称男性形の主語代名詞の語形のほとんどの基礎に，ラテン語－俗語 ĬLLĪ がある．これは6世紀以降の中世ラテン語で見られるが，関係代名詞 QUĪ に真似て ĬLLE を変化させた結果である．ĬLLE QUĪ ('colui che', 'colui il quale'「～する人，者」) という表現が頻繁に使われたために，ĬLLE の語末が QUĪ の語末の影響を受けて，ĬLLE から ĬLLĪ へと変化したからである．この語形 ĬLLĪ から最初に elli タイプが生じた．

ĬLLĪ > elli

ĬLLĪ が母音で始まる語に先行したとき半子音 [j]，統語的音声として（つまり実際の文中での発音上）ĬLLĪ の語末の i が J として感じられた．そのため連音 -LLJ- を作り，そこから強い硬口蓋側音 [ʎʎ] が生まれた（第3章 4-7）．

ĬLLĪ AMA(T) > elli ama > egli ama「彼は愛する」

その後，語形 egli が子音の前でも一般化した．続いて，強い硬口蓋側音 [ʎʎ] が i に簡略化し，egli から ei が生じた．e' は，ei が語尾音消失した変種である．

egli > ei
ei > e'

ella / elle, la / le と，esso / esse, essi / esse は以下のように派生した．

ille の女性単数対格	ĬLLA(M)	>	ella
ille の女性複数対格	ĬLLAS	>	elle
	(ĬL)LA(M)	>	la
	(ĬL)LAS	>	le
ipse の男性単数対格	ĬPSŬ(M)	>	esso
ipse の女性単数対格	ĬPSA(M)	>	essa
ipse の男性複数主格	ĬPSĪ	>	essi
ipse の女性複数対格	ĬPSAS	>	esse

3人称複数の語形 eglino は，類推による再構成の結果である．3人称単数の語形 egli をモデルとして，それに動詞活用の典型的3人称複数形の語尾 -no（dicono（直説法現在）「言う」，sentivano（直説法半過去）「聞いていた」，gridino（接続法現在）「叫ぶ」）を付加して話し手が作り出した．その後，eglino に従って女性形 elleno が作られた．

　lui, lei, loro の歴史は，部分的に異なる．
　lui は，ラテン語 – 俗語の基礎 ĬLLŪI（関係代名詞 QUĪ の単数与格形 CŪI = 'a cui, al quale' を基に話し手が作った語形）から，語頭音節 ĬL- の語頭音消失による欠落によって生じた．
　lei は，ラテン語 – 俗語 ĬLLAEI（男性形 ĬLLŪI を基にした語形）から，語頭音節 ĬL- の語頭音消失による欠落によって生じた（第3章5-4）．
　loro は，ille の男性複数属格形 ĬLLŌRŪ(M)（= 'di quelli'）「それらの」から，語頭音節 ĬL- の語頭音消失による欠落によって生じた．
　先に述べたように，古フィレンツェ方言では語形 lui, lei, loro が主語として使われることはほとんどなかった．主語としてこれらの語形が使われた例がダンテ，ペトラルカ，ボッカッチョの文章にあまりなかったため，文法家から排除され，14世紀フィレンツェ文学の規範に忠実な作家たちはこの語形を避けてきた．それにも関わらず，徐々にこれらの語形は，話しことばや会話体の文章（たとえば家族の会話を再現した喜劇）で確立されていった．19世紀と20世紀にかけて話しことばのイタリア語が広がるにつれて，ますます規範は曖昧になった．現在のイタリア語では普通である主語としての lui, lei, loro は，長い間文法家からは批判されてきた．今でも，主語としては egli, ella, esso, essa のほうが正しいのだとして，lui, lei, loro を使わないようにと言うイタリア語教師もいる．教育の上では，学校の試験で書く文章や試問の際に，学生が，"*Lui* era persuaso che..."「彼は～と思い込んでいた」という文を避けて，"*Egli* era persuaso che ..." という文を選ぶ傾向がある．もちろんこれは純粋主義的伝統の名残で，現代イタリア語の教育・学習・使用にとっては無意味である．

　3人称単数複数代名詞の一覧表には語形 sé も加わる．これは再帰的補語，

つまり主語を指示する補語を表わす．"Gianni parla di sé"「ジャンニは自分について話す」，"Claudio e Maria parlano di sé"「クラウディオとマリアは自分たちについて話す」．sé はラテン語 SĒ，つまり再帰代名詞「彼自身」の3人称単数複数形対格-奪格形を受け継いでいる．

ここまで挙げた代名詞の語形は，強勢形（強形）つまりアクセントのある語形である．イタリア語には非強勢形（弱形），アクセントのない語形もある．これらは補語の機能があるが，非強勢であるために動詞に寄りかかって発音される．mi parla「わたしに話す」，ti vede「きみを見る」，guarda*lo*「彼を見ろ」，ascolta*ci*「私たち（のことば）を聞け」のように．動詞に寄り添って発音されるこれらの代名詞非強勢形（弱形）は，接語 clitici（ギリシャ語の動詞 clino「寄りかかる」から）とも呼ばれ，動詞の前にあれば〔後ろに接する〕**後接語 proclitico**，動詞の後ろにあれば〔前に接する〕**前接語 enclitico** とされる．

人称別に代名詞非強勢形（弱形）の一覧表を挙げる．

1人称単数： mi 　「わたしを，に」
2人称単数： ti 　「君を，に」
3人称単数： gli / le「彼に／彼女に」（間接補語男性形／女性形）
　　　　　　lo / la「彼を／彼女を」（直接補語男性形／女性形）
　　　　　　si 　（再帰補語）
1人称複数： ci 　「わたしたちを，に」
2人称複数： vi 　「君たちを，に」
3人称複数： li / le「彼らを／彼女らを」（直接補語男性形／女性形）
　　　　　　si 　（再帰補語）

mi, ti, si は，統語的強勢前の位置にある代名詞 me, te, sé の e が閉口音化して生じた（me, te, sé は強勢形であっても，音声的な自立性に乏しい．実際の文中の発音では，後に続く動詞に寄りかかって発音されるため，アクセントは弱くなって消失した．その結果 me, te, sé の e は強勢前の位置になり，やはり i へと閉口音化した）．

MĒ VĬDĒT ＞ me vede ＞ mi vede「わたしを見る」
TĒ VĬDĒT ＞ te vede ＞ ti vede「君を見る」

SĒ VĬDĒT ＞ se vede ＞ si vede「自分を見る」

gli, lo, la, li, le は，指示代名詞 ille「それ」の語尾変化形から派生した．

		単数		複数	
男性	対格 (ĬL)LŬ(M)	＞ lo「彼を」	主格 (ĬL)LĪ	＞ li「彼らを」
	与格 (ĬL)LĪ	＞ li＞ gli「彼に」	与格 (ĬL)LĪS	＞ gli「彼らに」
女性	対格 (ĬL)LA(M)	＞ la「彼女を」	対格 (ĬL)LAS	＞ le「彼女らを」
	与格 (古典語 ILLĪ)	＞ *ILLAE ＞ le「彼女に」	与格 (ĬL)LĪS	＞ gli「彼女らに」

 ci と vi は，それぞれ 1 人称複数，2 人称複数の代名詞である以外に，場所を指す副詞（ci siamo「ここに私たちはいる」，vi andò「そこへ行った」）でもある．これらが派生したラテン語基語は，場所の副詞であった．
 とくに ci は，(ĔC)CE HĪC(＝'ecco qui'「ほらここに」) が，ĔCCE のなかの語頭の音節が語頭音消失し，語末の -E が母音省略したことで生じた．vi は，(Ī)BĬ(＝'là'「そこ」) から派生し，語頭の母音の語頭音消失，摩擦音化 B ＞ V，Ī が閉口音 [e] へ移行して，さらに統語的強勢前にある [e] が [i] へ閉口音化したことによって生じた．

(ĔC)CE HĪC ＞ ci
(Ī)BĬ   ＞ ve ＞ vi

 2 つの副詞の語形（qui「ここ」，lì「そこ」）と代名詞の語形（ci＝noi「わたしたちを」, a noi「わたしたちに」; vi＝voi「君たちを」, a voi「君たちに」）の関連は，次のような語形の意味類型の等価に基づく意味論レベルで生じた．

Vedi qui「（君は）ここを見る」　　＝ Vedi noi「（君は）わたしたちを見る」
　　　　　　　　　　　　　　　　＝ Ci vede
Vedo lì「（わたしは）そこを見る」　＝ Vedo voi「（わたしは）君たちを見る」
　　　　　　　　　　　　　　　　＝ Vi vedo

 3 人称複数形の間接補語に関しては，代名詞 gli（＜ (ĬL)LĪS）がほとんど loro（＜(IL)LŌRŬM）・例: dico loro「わたしは彼らに言う」，parlo loro「わたしは彼

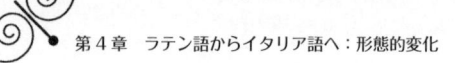

らに話す」など）によって置き換えられた．

　それから，代名詞非強勢形（弱形）として，語形 ne がある．これは，「前置詞 di, da＋3 人称単数／複数形代名詞」からなる間接補語の役割を果たす．すなわち，di lui, di lei, di loro（「中性的」な di ciò），da lui, da lei, da loro（「中性的」な da ciò）である．

　この代名詞の語形は，「この場所から」「その場所から」を意味したラテン語の副詞 ĬNDE の継承である．現代イタリア語でも古い機能が残っていて，ne は代名詞である他に，「やってくる場所」を指す副詞である（ne＝da qui「ここから」，da lì「そこから」など）．

　ĬNDE から，語頭の Ĭ が消失し，あまりないことだが，連音 -ND- が鼻音 N だけとなった．

　(Ĭ)NDE ＞ *N(D)E ＞ ne

　俗ラテン語の動詞 *MANDICĀRE（つまり 'mangiare'「食べる」，古典ラテン語では MANDUCĀRE）の語内でも，ND から N への変化が見られる．この動詞から生じたのが古イタリア語 manicare（ここから manicaretto「高級料理，珍品」が生じた．第 1 章 2 節）である．

　(Ĭ)NDE の変化の説明として，このような語は音声統語的に見て，次に続く動詞に寄り添って置かれたために強勢前の位置になる傾向があったとされる．つまり *NDE VĔNIS のような語のシークエンスにおいて，語形 *NDE は VĔNIS に対して強勢前の位置にあり，さらに音声的強度を失って ne へと簡略化されたのである．

　(Ĭ)NDE VĔNIS ＞ *N(D)E VĔNIS ＞ ne vieni「そこから（君は）来る」

9　所有形容詞と所有代名詞

　イタリア語の所有形容詞と所有代名詞の一覧表である．

9 所有形容詞と所有代名詞

	男性		女性	
	単数	複数	単数	複数
1人称単数「わたしの」	mio	miei	mia	mie
2人称単数「きみの」	tuo	tuoi	tua	tue
3人称単数「彼・彼女の」	suo	suoi	sua	sue
1人称複数「わたしたちの」	nostro	nostri	nostra	nostre
2人称複数「きみたちの」	vostro	vostri	vostra	vostre
3人称複数「彼ら・彼女らの」	loro	loro	loro	loro

こうした語形はどこから由来したのだろうか.

mio, mia, mie は，ラテン語基語 MEUS「私の」の男性単数対格 MĔŬ(M)，女性単数対格 MĔA(M)，女性複数対格 MĔAS から派生し，3つの場合とも，ラテン語の強勢母音 Ĕ が母音接続で規則的に閉口音化した. miei は，男性複数主格 MĔI から派生し，強勢母音 Ĕ が [jε] へと二重母音化した.

tuo, tua tue と suo, sua, sue は，ラテン語基語 TUUS「君の」の対格 TŬŬ(M), TŬA(M), TŬAS と SUUS「彼, 彼女の」の対格 SŬŬ(M), SŬA(M), SŬAS から派生した. これらの語形はまず tóo, tóa, tóe と sóo, sóa, sóe という語形を生んだ. その後，母音接続で閉口音 o [o] がさらに閉じて u [u] となった.

男性複数の語形 tuoi と suoi の説明はそれほど簡単でない. ラテン語基語の男性複数主格 TŬI と SŬI からは，tuoi と suoi ではなく，閉口音 o [o] をもつ toi と soi が生じたはずだからだ. tuoi と suoi の二重母音は，Ŏ をもつ基語 (*TŎI, *SŎI > tuoi, suoi) を仮定しなければならない. おそらくこの二重母音は，1人称の男性複数形 miei にある二重母音 ie に倣って再編されたのだろう.

nostro (nostra, nostri, nostre) は，古典ラテン語 NOSTER「私たちの」の対格 NŎSTRŬ(M) (NŎSTRA(M), NŎSTRI, NŎSTRAS) から派生した.

vostro (vostra, vostri, vostre) は，VŎSTRŬ(M) (VŎSTRA(M), VŎSTRI, VŎSTRAS) から派生した.

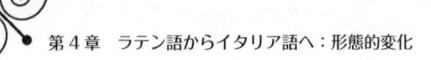

第 4 章 ラテン語からイタリア語へ：形態的変化

vostrum は，会話体ラテン語の語形である voster の単数対格である．実際に古典ラテン語には e を用いる vester があった．noster の影響による voster はプラウトゥスの喜劇にすでに見られ，後期ラテン語で確立される．

最後に，loro はラテン語の指示詞 ille の複数属格 (IL)LŌRŬ(M)（文字通りは 'di quelli'「それらの」：本章 6 節）から派生した．

10 指示形容詞と指示代名詞

古典ラテン語には，指示形容詞と指示代名詞（場所や時間のなかに人や物を配置するのに使われる語形（"Prendi *questo* libro"「その本をとってちょうだい」，"Ti ricordi *quell*'estate?"「あの夏を覚えていますか」）にいくつかの種類があった．

hic「この」，iste「その」，ille「あの」は，イタリア語文法で伝統的に questo（話し手の近くにある人や物を指す），codesto（聞き手の近くにある人や物を指す），quello（話し手からも聞き手からも離れた人や物を指す）に対応する意味を持っていた．

> **注** さらに，
> ・is「これ，彼」は，すでに文章中に登場した要素を指示参照するのに使われていた．
>
> Mihi venit obviam servus tuus; *is* mihi litteras dedit（= "Mi venne incontro il tuo servo; *egli*〔あるいは lui, colui, costui など〕mi diede una lettera"）「君の召使が私の所に着た．彼が〔その男が〕わたしに手紙を渡した」
>
> ・idem はイタリア語の 'stesso' に相当し，「すでに言及された物か人」を代用した．
>
> Ille vir fortis est; *idem* vir etiam bonus.（= "Quell'uomo è forte; *quello stesso* uomo（è）anche buono"）「あの男は強い．その同じ人物は良い人でもある」
>
> ・ipse はイタリア語の 'stesso'「同じ，そのもの」に相当し，「まさに彼自身が」といった強調の意味で使われた．
>
> Rex *ipse* in dextero cornu strenue pugnabat.（= "Il re *stesso*（= proprio lui, lui in persona）combatteva coraggiosamente all'ala destra"）「王自身（みずから，他でもないその人が）右翼で勇敢に戦った」

古典ラテン語に比べて，俗ラテン語の指示詞体系は簡略化され，変化した．

簡略化はいくつかの語形が消失したためで，変化はいくつかの指示詞が他の指示詞の機能を果たすようになったからである．

まず，音的にもっとも弱かった指示詞 hic と is が消失した．is と共にその複合形である idem も消えた．

hic はイタリア語の語 ciò「そのこと」と接続詞 però「しかし」に残っている．具体的には，ciò は ecce（「ほら，見ろ」副詞）＋ hoc（「これ，このもの」hic の中性形）から派生し，però は，per（='per' 前置詞）＋ hoc から派生した．

(ĔC)C(E) HŎC ＞ ciò　（ĔCCE の語末母音が母音省略した）
PĔR HŎC　　＞ però (però は今日では反意の意味「しかし」で使われているが，以前には，'perciò', 'per questo'「それゆえ，このために」の意味をもっていた)

is は，古イタリア語の指示詞 desso ('proprio quello', 'proprio lui' 人を指す「まさにあの者，あの人」) に残っていた．これは，id（「それ，そのこと」is の中性形）＋ipsum (ipse 'stesso' の対格) から派生したものである．

(Ĭ)D ĬPSŬ(M) ＞ desso

ipse は強調の 'stesso'「そのもの」の意味ではなく，他の意味で使われるようになった．
・擬似冠詞または冠詞そのものとして．
　本章 7 節で挙げた「サリカ法典」のパロディに次の文がある．
　"Et *ipsa* cuppa frangat la tota（= "E *la* coppa, la rompano tutta"）「その盃をすっかり割る」．
　この ipsa は明らかに冠詞として機能している．サルデーニャ方言には，ロマンス諸語のなかでほぼ唯一，(ĬP)SŬ(M) と (ĬP)SA(M) から派生した定冠詞 so, sa がある．
・人称代名詞として．
　3 人称単数・複数の代名詞の語形 esso, essa, essi, esse は，それぞれ ipse の対格である．ĬPSŬ(M), ĬPSA(M), ĬPSĪ, ĬPSAS から派生している．

hic「この」，iste「その」，ille「あの」によるラテン語の 3 分法の体系はイタリア語に引き継がれたが，大部分は異なる語形の上に移された．

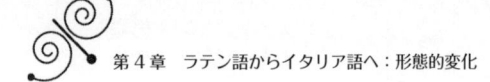

第4章 ラテン語からイタリア語へ：形態的変化

話しことばのラテン語では，指示詞は単独で使われず，生き生きとした現実化表現の副詞 ĔCCŬM（「ほら，おい」その場の文脈への明らかな言及）によって強められていた．また指示詞に副詞 ĔCC(E)（意味的には ĔCCŬM と同じ）が先行して複合した語形 eccillu, eccista が，紀元前1世紀以来，民衆ラテン語に見られる．

ĔCCŬM によって強められた3つの指示表現の語形がある．

ĔCCŬ(M) ĬSTŬ(M)　　　（ĬSTŬM ：ISTE の男性単数対格「それを」）
ĔCCŬ(M) TĬBĬ ĬSTŬ(M)（TĬBĬ ：TŪ の男性単数与格「君に」）
ĔCCŬ(M) ĬLLŬ(M)　　　（ĬLLŬM ：ILLE の男性単数対格「あれを」）

ĔCCŬ(M) ĬSTŬ(M) から questo「この」が，ĔCCŬ(M) TĬBĬ ĬSTŬ(M)（字義的には 'ecco a te codesto'「ほらこれをきみに」）から codesto「その」が，そして ĔCCŬ(M) ĬLLŬ(M) から quello「あの」が生まれた．

questo と quello の変遷はよく似ているので，合わせて説明する．

ĔCCŬ(M) では，語頭音節の ĔC が消失し，Ŭ から [o] へ移行し，語末の -M が欠落した．ĬSTŬ(M) と ĬLLŬ(M) では，強勢母音 Ĭ が [e] へ，Ŭ が [o] へ移行し，語末の -M が欠落した．その後，母音接続の o が u へと閉口音化し，表記 qu で表現される唇軟口蓋音 [kw] を生じさせる結果となった．

ĔCCŬ(M)Ĭ STŬ(M) ＞ coesto ＞ questo
ĔCCŬ(M) ĬLLŬ(M) ＞ coello ＞ quello

そして codesto は，つぎのように形成された．

(ĔC) CŬ(M) TĬBĬ ĬSTŬ(M) ＞ cote (v) esto ＞ cotesto

古イタリア語では語形 cotesto はまったく普通だった．codesto は歯閉鎖音が母音間で有声化した変種である．

すでに述べたように，伝統的文法では，questo は話し手に近い人や物を指示し，codesto は聞き手の近くにある人や物を，quello は話し手からも聞き手からも離れた人や物を指示するとされている．実際には，現代イタリ

10 指示形容詞と指示代名詞

ア語には codesto の用法はなく，3分法体系（questo / codesto / quello「この／その／あの」）から，「近い／遠い」を基に簡略化した2分法体系（questo / quello「この／あの」）を使うようになった．

伝統的3分法体系は，codesto が頻繁に使われるトスカーナ地方ではまだ充分生きている．また，codesto が特有の役目を果たす官庁語にも残っている．公共機関に書簡を送る際には，その機関を指示詞 codesto を使って指示できる．

Si prega *codesto* ufficio ...「貴局に〜を要請する」．

実際読まれる時に，役所は書き手から見て遠く，読む役人から見て近くにある．したがってこの codesto の用法は，お役所言葉がいつも要求する（いつも正しいというわけではないが）例の正確さに適っているといえる．

イタリア語には questo, codesto, quello の他にも指示形容詞・指示代名詞がある．特に重要なのは，stesso「その同じ」と medesimo「同一の」である．これらには，同定機能と強調機能がある．同定機能は，同一または対応関係を指示する．

Abbiamo la *stessa* insegnante d'inglese.「わたしたちは同じ英語教師に習っている」．
Gianni e Marco hanno il *medesimo* problema.「ジャンニとマルコは同じ問題を抱えている」

強調機能は，他の人や物と対比してある人や物を強調する．

Il risultato è giusto. Lo hanno riconosciuto gli stessi tifosi (= perfino i tifosi) della squadra sconfitta「結果は当然だ．負けたチームのファン自身（ファンでさえ）それを認めた」

stesso は指示詞 iste と ipse の結合形から派生した．

(Ĭ)ST(ŬM) ĬPSŬ(M) > stesso

(Ĭ)ST(ŬM) において，語頭の Ĭ が語頭音消失し，いつものように語末の -M が欠落した．さらに次に続く語 ĬPSŬ(M) の語頭の Ĭ の前で，Ŭ の母

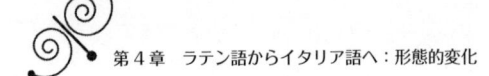

音省略が起きた．そして ĬPSŬ(M) では，強勢母音 Ĭ が閉母音 e [e] に，子音の連音 -PS- が後方同化によって強い歯擦音 [ss] に，Ŭ は閉母音 o [o] になって，語末の -M が欠落した．

一方，medesimo は，強調の要素 met（= 'proprio'「まさにその」），ipsum の最上級 ipsissimum の結合から派生した．

*METĬP(SIS)SĪMŬ(M) > *METĪPSĪMŬ(M)

古典ラテン語では，-MET は 'proprio'「まさに，その」を意味する強意の接尾辞だった．通常，接尾辞として強調する語に付加された．ego + met → egomet「まさにわたしが」，nos + met → nosmet 'proprio noi'「まさにわれわれが」．しかし，俗ラテン語 *METĬP(SIS)SĪMŬ(M) では，MET が接尾辞ではなく接頭辞として使われていて，ĬP(SIS)SĪMŬ(M) の後ろではなく，前に位置する．母音間の歯音が有声化している（-T- > d）点から見て，イタリア語の medesimo はフランス語用法で，古フランス語 medesme の同化だと考えられる．

関係代名詞

イタリア語には2種類の関係代名詞がある．性数変化するタイプ（il quale, la quale; i quali, le quali）と，変化しないタイプ（che / cui）である．

性数変化するタイプは，疑問形容詞 qualis の語形を継承している．その単数対格 QUALE(M) から quale，複数主格-対格 QUALES から quali が生じた．どちらの場合も A の前の1次的唇軟口蓋音 [kw] が保存された（第3章4-4）．

変化しないタイプのほうがより頻度が高く重要であるが，これは語形 che（主語または直接補語として機能する）と，語形 cui（前置詞を伴うかあるいは単独で，それ以外の補語として機能する）の2種類がある．

2つの点を指摘しておきたい．

a）古イタリア語，近代イタリア語では，間接補語としても che を用いる．

> Frequenta cattive compagnie, *del che* non mi meraviglio.
> 「彼は悪い仲間と交際しているが，そのことでわたしは驚かない」
> La vado a trovare ogni volta *che*（= in cui）posso.
> 「わたしは可能な限り毎回彼女に会いに行く」

b）古イタリア語，詩語では，直接補語としても cui を用いていた．

> sì ch'io veggia la porta di san Pietro / e color *cui* tu fai cotanto mesti.（Inferno I 134-135）
> 「サン・ピエトロの門と，苦しんでいるとあなたが言う者たちをわたしが目にするように」

　cui は，ラテン語関係代名詞 qui, quae, quod の与格である CŪI から直接派生した．一方，che は，ラテン語の疑問・中性不定代名詞 QUǏD（= 'che cosa?', 'qualcosa'）から，唇軟口蓋音が単なる軟口蓋音に簡略化し，強勢母音 Ǐ が平行母音 e [e] に移行し，語末の -D による音声統語的重子音化（第3章5-9）によって生じた．

　che が，QUǏD ではなくラテン語の関係代名詞男性対格 QUĒ(M) から派生したと唱える学者もいる．

　この主張は歴史的音声学の観点からは正しいが，歴史的形態統語論から考えると成立しそうにない．実際，俗ラテン語では，QUǏD は古典ラテン語で使用された範囲を大きく拡張して，他にも多くの言葉，たとえば原因の接続詞 QUIA や，原因－主張の接続詞 QUOD，比較の接続詞 QUAM といった語の代用を果たしていたからである．

　現代イタリア語では，QUǏD から派生した che の諸機能のなかに，ラテン語が QUIA, QUID, QUAM に与えていた機能がある．

原因　Sbrigati, *che* è tardi.「遅いから，急げ」
主張　Dico *che* hai ragione.「君が正しいと言おう」
比較　Più largo *che* lungo.「長いというより幅広い」

　QUIA と QUOD の継承形 ca と co は，南部方言に（前者は広範囲に，後者はわずかに）残っている．多数の機能をまとめた QUǏD が，関係代名詞と

第 4 章　ラテン語からイタリア語へ：形態的変化

しての機能も担うようになったと考えてよいだろう．

12　不定形容詞と不定代名詞

　イタリア語の不定形容詞・代名詞の重要なもののいくつかの形成を説明しよう．qualche（形容詞「いくらかの」），qualcuno「だれか」，qualcosa「なにか」（代名詞），alcuno「いくつかの，いくつか」（形容詞と代名詞），certo「ある」（形容詞と代名詞），tale「そんな」（形容詞と代名詞），altro「他の」（形容詞と代名詞），ogni「それぞれの」（形容詞），ognuno「各人」（代名詞），tutto「すべての，すべて」（形容詞と代名詞）．

　qualche はラテン語から直接派生したのではなく，イタリア語の qual che sia という表現において sia が欠落し，qual と che が語統合（第 3 章 5-4）して生じた．

　同様に，qualcuno と qualcosa は，それぞれ qualche uno（qualche の語末の -e の母音省略と語統合），qualche cosa（che の語末音消失と語統合）から派生した．

　alcuno は，*AL(I)CŪNŬ(M) から派生したが，この語形は，古典ラテン語 ALIQUEM UNUM の俗ラテン語での発展形である．*AL(I)CŪNŬ(M) では，第 2 強勢と第 1 強勢の間で，強勢間の I が語中母音消失したことに注意．

　certo は，CĔRTU(M) から派生したが，本来の意味よりも幅広くなった．ラテン語の certus には 'sicuro', 'risoluto'「確かな」「決定した」の意味しかなかった．現代イタリア語の certo は「確かな」の意味の他に，「ある種の」の意味を持っている．

　tale は，TALE(M) から派生した．

　altro は，ALT(E)RŬ(M) から，強勢後の E が語中母音消失して派生した．古典ラテン語では 'altro'「別の」の意味を，異なる 2 つの不定形容詞詞が表現していたことは知っておかねばならない．alter（2 つのものの間での 'altro'「片方」を意味した）と，alius（2 つ以上のなかでの 'altro'「別の」を意味した）である．俗ラテン語は，2 つの意味を前者の語形にまとめてしまったので，後者の継承語はない．

'tutto'「すべて」の意味についても，古典ラテン語では 2 種類の不定形容詞を用いていた．数に関する「すべての」を意味する omnis と，量に関する「すべての」を意味する totus である．

  Omnes milites perierunt.（= "Morirono *tutti* i soldati"）「すべての兵士が死んだ」
  Hostes *tota* castra deleverunt.（= "I nemici distrussero *tutto*〔*tutto quanto, tutto intero*〕l'accampamento"）「敵軍は野営地すべて〔全体，あるだけ〕を破壊した」

ロマンス諸語のなかで omnis と totus の両方の継承語があるのはイタリア語だけである．

omnis の対格 ŌMNE(M) から派生した ogni は，数に関する「すべての」の意味を表現する．ŌMNE(M) から ogni への音声的変遷は，まず，子音の連音 -MN- が後方同化によって nn となり，ŌMNE(M) から onne となった．

ŌMNE(M) > onne

音声統語的にみると onne の -e は，母音で始まる語が後に続く場合に母音接続となったため，閉口音化し i となった．他の母音が後に続くためにそれが半子音［j］としての価値を持った．こうしてできた連音［nj］が，硬口蓋鼻音［ɲ］を生んだ．

onne anno［'onne 'anno］>［'onnj 'anno］>［'o ɲɲ i 'anno］ogni anno

語形 tutto の基礎には，ラテン語不定代名詞 TŌTŬ(M) がある．強い歯音になったのは，後期ラテン語に広まり文法学者が記録している変種 TŌTTUS によるものである．強勢母音 u は，語形 NŪLLUS「誰も（〜ない）」と交配した可能性がある．実際，強勢母音 Ō をもつ TŌTTŬ(M) からは，tutto ではなく *totto が派生していたはずだからだ．

13　動詞

ラテン語からイタリア語への推移の際に，動詞体系は大きく変わった．重

第 4 章　ラテン語からイタリア語へ：形態的変化

要なのは以下の点である．
  a) 動詞の活用変化の簡略化
  b) 複合時制の形成
  c) 異なる未来時制の形成
  d) ラテン語になかった条件法の形成
  e) 迂言法による受動態の形成

13-1　動詞活用の簡略化

　ラテン語の動詞の活用変化は 4 種類あり，不定詞の語尾によって区別された．-ĀRE で終わる動詞は（たとえば AMĀRE「愛する」）第 1 変化動詞に，不定詞が -ĒRE で終わる動詞（たとえば TĬMĒRE「恐れる」）は第 2 変化動詞に，不定詞が -ĔRE で終わる動詞（たとえば LEGĔRE「読む」）は第 3 変化動詞に，不定詞が -ĪRE で終わる動詞（たとえば FĪNĪRE「終わる」）は第 4 変化動詞に属していた．

　ラテン語に比べてイタリア語の動詞は 3 種類の変化しかないが，同様に不定詞の語尾によって，are 動詞，ere 動詞，ire 動詞に分類される．

　この違いは，イタリア語へ推移した際に，ラテン語の -ĒRE 動詞，-ĔRE 動詞が同じ ere 動詞になったことで説明される．実際，ere 動詞には，temere（< TĬMĒRE）のタイプも，leggere（< LEGĔRE）のタイプも入っている．イタリア語には Ē と Ĕ の区別がないので，いっしょになるのは当然だった．

ラテン語		イタリア語	
第 1 変化動詞	AMĀRE	amare —— are 動詞	
第 2 変化動詞	TĬMĒRE	temere	⎫
第 3 変化動詞	LEGĔRE	leggere	⎬ ere 動詞
第 4 変化動詞	FĪNĪRE	finire —— ire 動詞	

> 注　話しことばのラテン語ではいくつかの動詞で E の量が変化し，その結果，ラテン語では動詞変化が変わり，イタリア語ではアクセントの移動が生じた．

たとえば第 2 変化動詞のいくつかは第 3 変化に移った (MORDĒRE「嚙む」, RIDĒRE「笑う」, RESPONDĒRE「答える」> MORDĔRE, RIDĔRE, RESPONDĔRE). こうして, アクセントは最後から 2 番目から, 3 番目へと移った (mordére, ridére, respondére > mòrdere, rìdere, rispóndere). 反対に, 第 3 変化動詞のいくつかが第 2 変化へ移った (CADĔRE「落ちる」, SAPĔRE「知る」> CADĒRE, SAPĒRE) となり, アクセントは最後から 3 番目から 2 番目へ移った (càdere, sàpere > cadére, sapére).

イタリア語の 3 つの動詞変化のうち, are 動詞と ire 動詞だけが現在でも「生産的」である. つまり, 新しい動詞ができる (または他言語由来の動詞がイタリア語になる) 場合, are 動詞か, あるいは (今ではめったにないが) ire 動詞であり, けっして ere 動詞にならない. 現代イタリア語で最近確認された動詞としては cliccare (「(マウスを) クリックする」) や meilare (「電子メールを送る」) があり, 少し以前のイタリア語では, 19 世紀末に確認された gestire (「管理する」, gestione「管理」から派生した) や, 13 世紀末に確認された guarire (「治癒する」ゲルマン語の動詞 warjan 'difendere'「守る」の転用) である.

13-2 直説法現在の形成

イタリア語の直説法現在の形成は, ある程度変化はしたが, ラテン語の直説法現在の語尾をほぼ継承している.

1 人称単数形では一般的に活用語尾は -o である (amare「愛する」→ amo, leggere「読む」→ leggo, sentire「聞く」→ sento) が, これは, ラテン語の 4 種類の動詞すべての特徴であった (AMARE「愛する」→ AMO, TĬMĒRE「恐れる」→ TĬMĔO, SCRĪBĔRE「書く」→ SCRĪBO, SĔNTĪRE「聞く」→ SĔNTIO).

1 人称単数形

AMARE	AMO	>	amo
TĬMĒRE	TĬMĔO	>	temo
SCRĪBĔRE	SCRĪBO	>	scrivo
SĔNTĪRE	SĔNTIO	>	sento

2 人称単数形では一般的に活用語尾は -i である (amare → ami, leggere →

leggi, sentire → senti）。ラテン語では 2 人称の語尾は -S（AMARE → AMAS, TĬMĒRE → TĬMĒS, SCRĪBĔRE → SCRĪBĬS, SĔNTĪRE → SĔNTIS）だった。第 1 変化・第 2 変化・第 3 変化の動詞から派生した動詞の場合は，この -S は欠落する前に，先行する母音を硬口蓋音化して -i へと変えた。第 4 変化動詞から派生した動詞の場合はそのまま欠落した。AMAS → ami, TĬMĒS → temi, SCRĪBĬS → scrivi, SĔNTIS → senti。第 1 変化動詞では，硬口蓋音化の最初の段階では -e の語尾が生じ，古イタリア語で確認される（tu ame, tu cante, tu gride など）が，その後閉じて -i となった。

2 人称単数形

AMARE	AMAS	> ame	> ami
TĬMĒRE	TĬMĒS	>	temi
SCRĪBĔRE	SCRĪBĬS	>	scrivi
SĔNTĪRE	SĔNTIS	>	senti

3 人称単数形では，ラテン語の語末の -T が欠落し，イタリア語 are 動詞では語尾 -a（AMA(T) > ama）を，ere 動詞では語尾 -e を（TĬMĒ(T) > teme, SCRĪBĬ(T) > scrive），ire 動詞でも類推によって語尾 -e（SĔNTI(T) > sente）を生んだ。

3 人称単数形

AMARE	AMA(T)	>	ama
TĬMĒRE	TĬMĒ(T)	>	teme
SCRĪBERE	SCRĪBĬ(T)	>	scrive
SĔNTĪRE	SĔNTI(T)	>	sente

1 人称複数の語尾は，3 つの変化動詞とも -iamo である。amiamo, temiamo, sentiamo。しかしもともとは違っていた。ラテン語基語である -AMŬS, -EMŬS, -IMŬS から，-amo, -emo, -imo が生まれた。parlamo, tememo, sentimo といった語形は，古イタリア語では通常のものであり，いまでも方言のなかに残っている。イタリア語で，-iamo というタイプが使われていることは，そのフィレンツェ的特質の明らかな証拠である。実際，フィ

レンツェでだけ，-amo, -emo, -imo といった語尾活用が，13世紀後半から唯一の活用語尾 -iamo に取って代わられた．この -iamo という語形は，ラテン語の第2・第4変化動詞の接続法現在の活用語尾から派生した（TIMEAMŬS > temiamo, SENTIAMŬS > sentiamo）．

1人称複数形

AMARE	AMĀMŬS	>	amamo	>	amiamo
TĬMĒRE	TĬMĒMŬS	>	tememo	>	temiamo
SĔNTĪRE	SĔNTĪMŬS	>	sentimo	>	sentiamo

2人称複数での活用語尾 -ate, -ete, -ite は，ラテン語基語の語尾 -ĀTĬ(S), -ĒTĬS, -ĪTĬS を規則的に継承している．

2人称複数形

AMARE	AMĀTĬ(S)	>	amate
TĬMĒRE	TĬMĒTĬ(S)	>	temete
SĔNTĪRE	SĔNTĪTĬ(S)	>	sentite

3人称複数の特徴である語尾 -ono（amano, temono, sentono）は，類似による拡張の結果である．信憑性のある歴史的再建によれば，直説法現在の3人称複数形のラテン語基語 AMANT, TĬMĒNT, SĔNT(Ĭ)ŬNT から，まず語末の -NT が欠落して，語形 ama, teme, sento が生じた．3人称複数形が，3人称単数形や1人称単数形と混同されないように話し手は語尾 -no を発達させて，これが後に3人称複数形特有の語尾として感じられるようになった．amano, temeno（その後，n に隣接したために e が o に同化して temono となる），sentono など．

3人称複数形

AMARE	AMANT	>	ama	>	amano	
TĬMĒRE	TĬMĒNT	>	teme	>	temeno	>	temono
SĔNTĪRE	SĔNT(Ĭ)ŬNT	>	sento	>	sentono	>	sentono

本来，語末 -n への語尾音 o の添加は，語形 SŬM（> *SŬN 'sono'．動詞

ESSE 'essere'「～である」の現在形1人称単数形)に生じて, son から sono となった. ESSE の現在形活用のなかで *SŬN (1人称単数形) は SŬN(T) (3人称複数形) と混同されがちだったが, これもやはり同様の変化を遂げて sono となった.

この動詞語形 sono から, 語尾 -no の特徴は, 類推によって直説法現在すべての変化の3人称複数形に拡張された. それは直説法現在だけではない. amano, temono, sentono の他に, amavano, temevano, sentivano, amarono, temerono, sentirono など半過去, 遠過去でもそうである.

13-3　遠過去の形成

イタリア語の遠過去は, ラテン語の直説法完了から派生している.

古代ローマの言語ではこの時制には2種類の基本的価値があった. まず, 過去に発生し完結した事実を指示した.

Consul proelium commisit (= "Il console attaccò battaglia")「執政官は戦闘を開始した」(過去に始まり, 現在に影響を与えることなく完了した行為)

あるいは, 過去に起きたことの現在における結果も指示した.

Iam edi (= "Ho già mangiato"[perciò non ho fame])「もう食べた(だからお腹は空いていない)」(現在に影響する行為)

イタリア語ではこれらの役割は, 3種類の時制で表現される. 近過去 (ho detto「私は言った」), 遠過去 (dissi) そして前過去 (ebbi detto) である. だが最後に挙げた前過去は, 古語でも近代語でもめったに使われない.

ラテン語の完了形は意味論的に複雑な語であるだけでなく, 形態論的に見ても複雑である.

動詞体系のなかで, 完了形語幹は現在形語幹と異なる.

第1変化, 第4変化の規則動詞では, 完了形語幹は現在形語幹に [w] を付加して作られる (注意すべきは, 古典ラテン語では AMAVIT, FINIVIT のようなタイプの表記は, [a'mawit], [fi'niwit] という半子音 u [w] を伴う発音に対応していたことである).

現在形語幹		完了形語幹
AM̲AT	→	AM̲ĀVIT「愛する→愛した」
F̲ĪNIT	→	F̲INĪVIT「終わる→終わった」

第2変化動詞のいくつかと，第3変化動詞の多くでは，現在形と完了形の違いが語幹の子音に関係した．

現在形語幹		完了形語幹
RĪD̲ET	→	RĪS̲IT「笑う→笑った」
MĬTT̲IT	→	MĪS̲IT「置く→置いた」

あるいは，母音の量や音色（timbro）が関係した．

現在形語幹		完了形語幹
VĔNIT	→	VĒNIT「来る→来た」
CĂPIT	→	CĒPIT「つかむ→つかんだ」

あるいは，母音の変化と，語頭に「倍加」の語（例の太字部分）の付加でその違いを示すこともあった．

現在形語幹		完了形語幹
CĂDIT	→	**CĔ**CĬDIT「倒れる→倒れた」

　ラテン語の完了形からイタリア語の遠過去への推移の際に，完了形の特徴の多くは残ったが，置換または消失した場合もあった．
　ラテン語の完了形は多岐に渡るので，そこから派生した遠過去の類型すべてを取り上げるのは不可能である．なかでも特に重要な例に限定して音声と文法の歴史をたどることにする．
　すでに述べたように，第1変化動詞と第2変化動詞はそれぞれ -ĀVI と -ĪVI で終わる完了形をもっていた．個々の動詞の変化はつぎのようである．

1人称単数：AMĀ(V)Ī ＞ amai「わたしは愛した」
　　　　　FINĪ(V)Ī ＞ finii 「わたしは終えた」

　第4変化動詞の完了形では，母音間の -v- の欠落（繰り返しになるが，こ

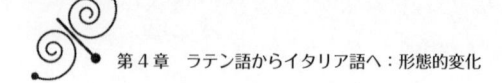

第4章 ラテン語からイタリア語へ：形態的変化

れは音声としては半子音［w］u であった）がすでに後期ラテン語に見られた．俗ラテン語では，類推によって，第1変化動詞の完了形1人称へ拡張された．

2人称単数：AMĀ(VI)STI ＞ amasti「君は愛した」
　　　　　FINĪ(VI)STI ＞ finisti 「君は終えた」

　イタリア語の語形は，ラテン語基語に比べて，音節 VI の語中音消失とアクセントの前方移動を示している（amavìsti から amàsti へ）．

3人称単数：AMĀV(I)T ＞ AMAUT ＞ amò　　「彼／彼女は愛した」
　　　　　FINĪV(I)T ＞ FINĪUT ＞ finìo ＞ finì「彼／彼女は終えた」

　語末の I が欠落したことで，第1変化動詞の完了形において，2次的二重母音 AU（表記上の V は発音上の u に対応することに注意）が生じ，それが［ɔ］に単一母音化したことによって，語末に強勢を置く特徴 amò が生まれた．第4変化動詞の完了形では，同様に I が欠落し，非強勢の U が［o］へ移ったことで，-io で終わる語形が生じた．その後，第1変化動詞に対応する形との類似から語末の o が欠落した．

1人称複数：AMĀV(I)MŬS ＞ amammo「わたしたちは愛する」
　　　　　FINĪV(I)MŬS ＞ finimmo「わたしたちは終えた」

　I が語中音消失で欠落した．子音の連音 -VM- は，後方同化によって -mm- へ移行した．

2人称複数：AMĀ(VI)STĬS ＞ amaste「君たちは愛した」
　　　　　FINĪ(VI)STĬS ＞ finiste「君たちは終えた」

　イタリア語の語形は，ラテン語基語に比べて，音節 VI の語中音消失と強勢の前方移動を示している（amavìstis から amàste へ）．

3人称複数：AMĀ(VE)RŬ(NT) ＞ amaro ＞ amarono「彼ら／彼女らは愛した」
　　　　　FINĪ(VE)RŬ(NT) ＞ finiro ＞ finirono「彼ら／彼女らは終えた」

　古典ラテン語の AMAVÈRUNT, FINIVÈRUNT の発音と並んで，早

13 動詞

くから会話体ラテン語では強勢が前方移動した発音 AMÀVERUNT, FINÌVERUNT があった．この強勢の前方移動した語形において，音節 VE が語中音消失し -NT が欠落した結果，amaro, finiro という類型が生じた．これが初期イタリア語に見られる遠過去3人称複数形の最初の語形である．

その後（正確に言えば13世紀末以降），この -aro, -iro という語形に音節 -no が補完された．他の3人称複数の語尾（amano, sentono など）からの類推によって，話し手が付け加えたものである．

もっとも古い語形 amaro, finiro は，主に詩の言葉として使われ続けた．19世紀になってもジョズエ・カルドゥッチの詩に abbandonaro「見捨てた」，fermaro「止めた」, guardaro「見た」, addormiro「眠った」, partiro「出発した」といった語形がある．これは明らかに古イタリア語の遺産である．

第2変化動詞のいくつか（たとえば cedere「譲る」, temere「恐れる」など）では，-ei, -esti, -é, -emmo, -este, -erono という遠過去の語形ができた．そうした例は，amai や finii のタイプの第1，第4変化動詞の遠過去との類推によって広がった．-ĒVI で終わる完了形をもち，ei 形の遠過去が当然前提される第2変化動詞の少数の動詞（DELĔO「抹消する」, FLĔO「泣く」, COMPLĔO「完成する」などその他少数の動詞）よりも第1，第4変化の動詞の方が圧倒的に多数だった．

遠過去 -ei タイプのこれらの動詞のいくつかは，1人称単数，3人称単数，3人称複数で，それぞれ -etti, -ette, -ettero という語形を示した．遠過去 -ei タイプのこれらの動詞のいくつかは，一人称単数，三人称単数，三人称複数で，それぞれ -etti, -ette, -ettero という語形を示した．そのため assistei と assistetti, cedi と cedetti, credei と credetti, temei と temetti, vendei と vendetti という2つの語形がある．

遠過去1人称単数		不定詞
assistei	assistetti	assistere「出席する」
cedi	cedetti	cedere「譲る」
credei	credetti	credere「信じる」
temei	temetti	temere「恐れる」
vendei	vendetti	vendere「売る」

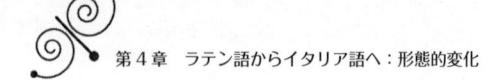

これらの -etti の語形は，俗ラテン語基礎 *STĔTUI から派生した stare「ある，いる」の遠過去 1 人称単数 stetti を手本として 13 世紀から広まった．

活用語尾に強勢のある amai, temei, finii という種類の遠過去は，「弱形」と呼ばれる．それらは 3 つの人称（1 人称単数，3 人称単数，3 人称複数）で語根に強勢をもつ「強形」の遠過去と共存する．また過去分詞も，活用語尾に強勢があれば「弱形」（amàto < AMĀTU(M)）であり，語根に強勢のある「強形」（détto < DĬCTU(M)）と区別される．こうした「強形」は，ラテン語（あるいはラテン語−俗語）の第 1，第 2，第 3 変化動詞で，語根に強勢が置かれていた完了形の規則的な継承である．いくつかその例を挙げる．

dare「与える」
1 人称単数　　DĔDĪ > detti
3 人称単数　　DĔDĬT > diede
3 人称複数　　DĔDĒRŬNT（DĔDĒRŬNT の強勢前方移動の語形）> diedero

stare「いる」
1 人称単数　　*STĔTUĪ > stetti
3 人称単数　　*STĔTUĬT > stette
3 人称複数　　*STĔTUĒRŬNT（*STĔTUĒRŬNT の強勢前方移動の語形）> stettero

avere「持つ」
1 人称単数　　*HĔBUĪ > ebbi
3 人称単数　　*HĔBUĬT > ebbe
3 人称複数　　*HĔBUĒRŬNT（*HĔBUĒRŬNT の強勢前方移動の語形）> ebbero

piacere「好まれる」
1 人称単数　　PLACUĪ > piacqui
3 人称単数　　PLACUĬT > piacque
3 人称複数　　PLACUĒRŬNT（PLACUĒRŬNT の強勢前方移動の語形）> piacquero

13 動詞

tacere「黙る」
1 人称単数　　TACUĪ > tacqui
3 人称単数　　TACUĬT > tacque
3 人称複数　　TACUĒRŬNT（TACUĒRŬNT の強勢前方移動の語形）>
　　　　　　　tacquero

volere「欲する」
1 人称単数　　VŎLUĪ > volli
3 人称単数　　VŎLUĬT > volle
3 人称複数　　VŎLUĒRŬNT（VŎLUĒRŬNT の強勢前方移動の語形）>
　　　　　　　vollero

fare「する」
1 人称単数　　FĒCĪ > feci
3 人称単数　　FĒCĬT > fece
3 人称複数　　FĒCĒRŬNT（FĒCĒRŬNT の強勢前方移動の語形）> fecero

vedere「見る」
1 人称単数　　VĪDĪ > vidi
3 人称単数　　VĪDĬT > vide
3 人称複数　　VĪDĒRŬNT（VĪDĒRŬNT の強勢前方移動の語形）> videro

dire「言う」
1 人称単数　　DĪXĪ > dissi
3 人称単数　　DĪXĬT > disse
3 人称複数　　DĪXĒRŬNT（DĪXĒRŬNT の強勢前方移動の語形）> dissero

scrivere「書く」
1 人称単数　　SCRĪPSĪ > scrissi
3 人称単数　　SCRĪPSĬT > scrisse
3 人称複数　　SCRĪPSĒRŬNT（SCRĪPSĒRŬNT の強勢前方移動の語形）>
　　　　　　　scrissero

　*STĚTUI は俗ラテン語の語形で，古典ラテン語では動詞 STARE の完了形は STETI であった．
　また *STĚTUI は，類推により，俗ラテン語HABĒRE の完了形 *HĚBUĪ

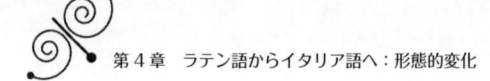

を生んだ（古典ラテン語の語形は HABUI である）．さらにイタリア語で stetti をモデルにして，detti ができた．この語形は語源的語形 diedi と共存している．

*STĚTUĪ, *HĚBUĪ, VŎLUĪ における [w] は，先行する子音の二重化を引き起こした（> stetti, ebbi, volli）．PLACUĪ, TACUĪ では，先行する軟口蓋音 [k] と一緒になって強い無声唇軟口蓋音 [kkw] を生んだ．

DĪXĪ, SCRĪPSĪ から遠過去 dissi と scrissi ができた．どちらの場合でも，強い歯擦音 [ss] は後方同化の結果である．書記素 x が子音連音 [ks] を指すことを考えればよい，この場合でも SCRĪPSĪ の [ps] の場合でも，歯擦音がそれに先行する子音をひきつけて強い歯擦音 [ss] を生んだ．

dissi と scrissi は，いわゆる遠過去「シグマ完了形」と呼ばれる範疇に属している．こう呼ばれるのは，語末の -si の特徴を持つからである（ギリシャ語で歯擦音を表示する文字 Σ「シグマ」に由来する）．

このグループに属する遠過去のうち，いくつかは語源的（つまりラテン語基語から派生している）であるが，多くの場合，類推によるもの（つまり本来 -si で終わる完了形の影響を受けて，俗ラテン語で形成された形）である．

語源的シグマ完了形の例は，すでに挙げた dissi と scrissi の他に以下のようなものがある．

遠過去1人称単数	不定詞
arsi（<ĀRSĪ）	ardere「燃やす」
misi（<MĪSĪ）	mettere「置く」
risi（<RĪSĪ）	ridere「笑う」
giunsi（<IŬNXĪ）	giungere「達する」
piansi（<PLANXĪ）	piangere「泣く」
rimasi（<RĚMANSĪ）	rimanere「留まる」
trassi（<TRAXĪ）	trarre「引っ張る」

類推的シグマ完了形は，accesi, offesi, risposi, apersi, mossi などの多くがある．

遠過去1人称単数	不定詞
accesi (<*ACCĒNSĪ)	accendere「点ける」
offesi (<*OFFĒNSĪ)	offendere「傷つける」
risposi (<*RESPŌNSĪ)	rispondere「答える」
apersi	aprire「開ける」
mossi	muovere「動かす」

accesi, offesi, risposi は，古典ラテン語の完了形 ACCENDI, OFFENDI, RESPONDI から派生したのではなく，それぞれのスピーヌム（動詞状名詞）をモデルにできた俗ラテン語の *ACCĒNSĪ, *OFFĒNSĪ, *RESPŌNSĪ から派生している．apersi と mossi は古典ラテン語の APĚRUĪ, MŌVĪ からではなく，arsi, misi, risi などの遠過去をモデルにして作られた．

13-4 複合時制の形成

ラテン語の能動態の活用は，「単純」な「総合的」語形で作られた．つまり単独の要素からなり，動詞語幹に時制・法・人称を区別する語尾が結合したものである．

例として，いくつかの能動態の動詞活用を列挙し，対応するイタリア語を並べよう．

直説法未完了	AMABAM	amavo	「愛した」
接続法現在	AMEM	ami	「愛する」
直説法過去完了	AMAVERAM	avevo amato	「愛した」
接続法完了	AMAVERIM	abbia amato	「愛した」
直説法現在	VENIO	vengo	「来る」
直説法未来完了	VENERO	sarò venuto	「来ているだろう」
接続法過去完了	VENISSEM	fossi venuto	「来ていただろう」

ここで見られるように，直説法過去完了，接続法完了，直説法未来完了，接続法過去完了はラテン語では総合形であるのに対して，対応するイタリア語では「複合時制」，つまり補助動詞（avere または essere）と「過去分詞」の結合からできている．例として動詞 amare「愛する」を用いてイタリア語動詞体系における複合時制を例示する．

第 4 章　ラテン語からイタリア語へ：形態的変化

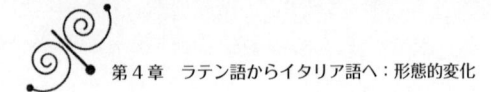

直説法	近過去 (ho amato)	大過去 (avevo amato)	
	前過去 (ebbi amato)	前未来 (avrò amato)	
接続法	過去　(abbia amato)	大過去 (avessi amato)	
条件法	過去　(avrei amato)		
不定法	過去　(avere amato)		
ジェルンディオ	複合形 (avendo amato)		

　古典ラテン語の能動詞体系にはこのような複合形の動詞形はなかったが，話されたラテン語では広く使われていた．

> **注**　動詞 habere（＝ avere）の活用形と完了分詞（イタリア語の過去分詞に対応するラテン語）からなる迂言的動詞表現，たとえば cognitum habeo, deliberatum habeo は，前古典時代から用例がみつかっている．しかし，今日の複合時制のような意味はなかった．動詞 habere は，補助動詞としてではなく，物理的，精神的な「所有」や「保持」の意味をもった独立した動詞として使われて，それに従う完了分詞は述部としての機能をもっていた（つまり動詞の意味を補完していた）．"*Cognitum habeo* Marcum"，"*Deliberatum habeo* pactum" は，"Ho conosciuto Marco" や "Ho deciso un accordo"「わたしはマルコと知り合いになった」「わたしは合意を取り決めた」の意味ではなく，"Do per conosciuto Marco"，"Mantengo come deciso un accordo"「わたしはマルコを知り合いとしている」「わたしは合意が決定されたものとしている」という意味であった．プラウトゥスの喜劇にある文 "Hasce aedes *conductas habet*" は，"*Tiene affittata* questa casa"「この家を貸してある」と訳すべきであって，うっかりそう思いたくなるように，"*Ha affittato* questa casa"「この家を貸した」とすべきではない．この迂言法が，イタリア語の複合時制と同じような意味と役割をもつようになった．その変化が初めて見られるのは紀元前 1 世紀のことである．すでにキケロの書簡の "Si *habes* iam *statutum* quid tibi agendum putes" は，"Se *hai già stabilito* che cosa pensi di dover fare"「もしあなたがなにをすべきかすでに考えが決まっていたら」と訳される．中世ラテン語ではそうした意味がしだいに増えてくる．トゥールのグレゴリウス（紀元 6 世紀）の文章には，"Episcopum *invitatum habes*" つまり "*Hai invitato* il vescovo"「あなたは司教を招待した」がある．

　動詞 habere の直説法現在と完了分詞の結合から，イタリア語の直説法近

過去が生まれた．他の複合時制は，動詞 avere の他の活用形と過去分詞の結合から派生する．

同じような仕組みを基にして，補助動詞 essere を使った複合時制（sono venuto, ero venuto, sarò venuto など）ができた．この補助動詞 essere は受動態にも使われる．

13-5　迂言的受動態の形成

ラテン語の受動態活用は，「単純な」「総合的」動詞形（受動態の特別な語尾を持つ）を用いる場合と，「迂言的」（迂言 perifrasi とは「2つ以上の語からなる」という意味）「分析的」動詞形を用いる場合があった．後者は，完了分詞と動詞 sum 'essere'「である」の結合からなる．例としてラテン語の受動態活用を挙げて，対応するイタリア語を並べよう．

直説法未完了	AMABAR	ero amato	「わたしは愛された」
接続法現在	AMER	sia amato	「わたしは愛される」
直説法過去完了	AMATUS ERAM	ero stato amato	「わたしは愛された」
接続法完了	AMATUS SIM	sia stato amato	「わたしは愛された」

これらの例からはっきりするように，ラテン語からイタリア語へ推移する際に，動詞語幹に受動態語尾が結合する単純形が，補助動詞 essere と過去分詞を用いる分析的語形へと置き換えられた．

ラテン語からイタリア語へ推移する際に，動詞 avere の活用形は，複合時制だけでなく，未来形と条件法という2種類の単純時制の形成に関わった．

13-6　未来形の形成

古典ラテン語の直説法未来形は，直説法の他の時制と同じようにできていた．動詞語幹に活用に応じて変化する活用語尾が付加される．1人称単数の活用をまとめると次の表になる．

> **注** これらの語形は統一されていない．見て分かるように，第1，第2変化動詞の未来形は，第3，第4変化動詞の未来形とかなり異なっている．

第 4 章　ラテン語からイタリア語へ：形態的変化

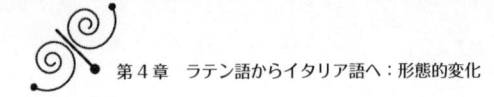

	第 1 変化動詞	第 2 変化動詞	第 3 変化動詞	第 4 変化動詞
ラテン語	LAUDABO	TIMEBO	LEGAM	FINIAM
イタリア語	loderò	temerò	leggerò	finirò
	「褒めよう」	「恐れよう」	「読もう」	「終わろう」

> **注** さらに問題だったのは，他の時制，法と混同する可能性があったことである．たとえば第 1，第 2 変化動詞の未来形（amabo, amabis, amabit; timebo, timebi, timebis, timebit など）は，直説法未完了時制（amabam, amabas, amabat など，timebam, timebas, timebat など）と間違いやすく，第 3，第 4 変化動詞の未来形（legam, finiam）は，接続法現在（legam, finiam）と混同しやすかった．

　ラテン語には，分析的未来時制に対応するいくつかの迂言法があった．そのなかで，不定法に動詞 HABEO の現在形を続ける表現が広まった．この表現における動詞 HABEO には 'ho da', 'devo'「～するべき」の意味があり，あたかも運命づけられて，自動的に未来に投影される物事を指示するものであった．

　　FINIRE HABEO = ho da finire = finirò「私は終るべき，終るはずである」=「私は終るだろう」

　こうした迂言法がイタリア語の未来形の基礎になった．不定詞に，HABEO の現在形の簡略形（俗ラテン語では通常の形）*AO, *AS, *AT, *(AB)EMUS, *(AB)ETIS, *A(BE)NT が続く形である．

are 動詞			lodare「たたえる」
1 人称単数	LAUDAR(E) *AO	> lodarò	> loderò
			(強勢前の ar > er：第 3 章 3-8)
2 人称単数	LAUDAR(E) *AS	> lodarai	> loderai
3 人称単数	LAUDAR(E) *AT	> lodarà	> loderà
1 人称複数	LAUDAR(E) *(AB)ĒMUS	> lodaremo	> loderemo
2 人称複数	LAUDAR(E) *(AB)ĒTIS	> lodarete	> loderete
3 人称複数	LAUDAR(E) *A(BĒ)NT	> lodaranno	> loderanno

ere 動詞		temere「恐れる」
1人称単数	TĬMĒR(E) *AO	> temerò
2人称単数	TĬMĒR(E) *AS	> temerai
3人称単数	TĬMĒR(E) *AT	> temerà
1人称複数	TĬMĒR(E) *(AB)ĒMUS	> temeremo
2人称複数	TĬMĒR(E) *(AB)ĒTIS	> temerete
3人称複数	TĬMĒR(E) *A(BĒ)NT	> temeranno

ire 動詞		finire「終わる」
1人称単数	FĪNĪR(E) *AO	> finirò
2人称単数	FĪNĪR(E) *AS	> finirai
3人称単数	FĪNĪR(E) *AT	> finirà
1人称複数	FĪNĪR(E) *(AB)ĒMUS	> finiremo
2人称複数	FĪNĪR(E) *(AB)ĒTIS	> finirete
3人称複数	FĪNĪR(E) *A(BĒ)NT	> finiranno

13-7　条件法の形成

　イタリア語における条件法には，主に2つの基本的役割がある．可能（"Se potessi, verrei"「もしできるなら，来るだろう」）または非現実（"Se avessi potuto, sarei venuto"「もしできたら，来ていたのだが」）であるとみなされる仮定の下での帰結を表現すること，そして過去を基準とする未来（"Disse che lo avrebbe fatto"「それをするだろうと言った」）である．ラテン語にはこうした意味を表現するためには別の手段と形式が用いられ，条件法はなかった．条件法はロマンス語の新しい発明である．

　条件法も，未来形と同じように，不定詞と動詞 HABĒRE の活用形からなる俗ラテン語の迂言法から生まれた．

　フィレンツェ方言（つまりイタリア語）では，使われた活用形は HABĒRE の俗ラテン語の完了形 *HĔBUI だった（古典ラテン語は HABUI である．*HĔBUI の Ĕ は，HABĒRE と同じように広く使われていた動詞 STARE の完了形 STĔTUI の影響による）．

　*HĔBUI は，中央の音節が語中音消失したことで -ei に簡略化し，こうして1人称単数の活用語尾ができた．

第 4 章 ラテン語からイタリア語へ：形態的変化

条件法のその他 5 つの活用語尾（-esti, -ebbe, -emmo, -este, -ebbero）は，*HĔBUI の他の人称形（*HĔBUISTI, *HĔBUIT, *HĔBUIMUS, *HĔBUISTIS, *HĔBUERUNT）の簡略形か変化形から派生した．以下，1 人称単数形を示す．

are 動詞：LAUDAR(E)　*(H)Ĕ(BU)I　> lodarei > loderei
　　　　　（強勢前の ar > er：第 3 章 3-8）
ere 動詞：TĬMĒR(E)　*(H)Ĕ(BU)I　> temerei
ire 動詞：FĪNĪR(E)　*(H)Ĕ(BU)I　> finirei

今日ほとんど使われないが，イタリア南部とシチリア方言には条件法の別の語形がある．amàra（= amerei），cantàra（= canterei）という種類で，ラテン語の直説法完了過去から直接派生している．

amare「愛する」1 人称単数　AMA(VĔ)RA(M)　> amàra
cantare「歌う」1 人称単数　CANTA(VĔ)RA(M)　> cantàra

これと同じように生じたのが，動詞 SŬM の完了過去 FŬ(Ĕ)RA(T) からできた 3 人称単数の語形 fora（= sarebbe）である．

いわゆる「シチリア派」（13 世紀前半，イタリア王であり皇帝であったホーエンシュタウフェン家のフェデリコ 2 世の宮廷で生まれた）の詩人の作品には，この fora のタイプがよく登場する．そこからイタリア詩の伝統に定着した．

シチリア詩人の言葉には，条件法の別の語形が見られる．

条件法 3 人称単数形　　　　不定詞
avrìa　　（= avrebbe）　　avere「持つ」
crederìa　（= crederebbe）　credere「信じる」
dovrìa　　（= dovrebbe）　dovere「すべきである」
penserìa　（= penserebbe）　pensare「考える」
sarìa　　（= sarebbe）　　essere「である」

このタイプはシチリア方言固有ではない．おそらくシチリア詩人が学んだ吟遊詩人の言語，プロヴァンス語に由来すると考えられる．この条件法も，フィレンツェ方言と同様に，不定法に HABĒRE の未完了 HABĒBAM をつけた迂言法の結果である．

13 動詞

HABĒBAM からどのようにこの条件法の語尾 -ia へ移ったのだろうか．元来の語形 HABĒBAM が極端に簡略化され，強勢母音と活用語尾の母音だけが残った（ĒとA→ĒA）．シチリア方言では強勢母音 Ē は i となった（第3章1節）ため，語尾 -ia が生まれたのである．

AMAR(E) (HAB)E(B)A(M) > amarìa

古いシチリア詩の範例を通じて，この -ia となる条件法の語形はイタリア詩の伝統言語に広がり定着した．13世紀末から19世紀末まで（ダンテもカルドゥッチもペトラルカもレオパルディも），作品でこの -ia の「シチリア風」条件法を使わなかった詩人はいない．

文法より実践 3　『デカメロン』に見る形態的現象

形態論に関する現象を取り上げながら，キキビーオの小話の読解を締めくくろう．

〔1〕Ma già vicini al fiume pervenuti, gli venner prima che a alcun vedute sopra la riva di quello ben dodici gru, le quali tutte in un piè dimoravano, sì come quando dormono soglion fare; per che egli, prestamente mostratele a Currado, disse: "Assai bene potete, messer, vedere che iersera vi dissi il vero, che le gru non hanno se non una coscia e un piè, se voi riguardate a quelle che colà stanno".

〔2〕Currado vedendole disse: "Aspettati, che io ti mostrerò che elle n'hanno due", e fattosi alquanto più a quelle vicino, gridò: "Ho, ho!", per lo qual grido le gru, mandato l'altro piè giù, tutte dopo alquanti passi cominciarono a fuggire; laonde Currado rivolto a Chichibio disse: "Che ti par, ghiottone? parti che elle n'abbian due?".

〔3〕Chichibio quasi sbigottito, non sappiendo egli stesso donde si venisse, rispose: "Messer, sì, ma voi non gridaste 'ho, ho!' a quella d'iersera; ché se così gridato aveste ella avrebbe così l'altra coscia e l'altro piè fuor mandata, come hanno fatto queste".

〔4〕A Currado piacque tanto questa risposta, che tutta la sua ira si convertì in festa e riso, e disse: "Chichibio, tu hai ragione: ben lo doveva fare".

〔5〕Così adunque con la sua pronta e solazzevol risposta Chichibio cessò la mala ventura e pacificossi col suo signore.

第 4 章　ラテン語からイタリア語へ：形態的変化

(da G. Boccaccio, Decameron, cit., pp. 734-735)

　〔1〕しかし，川のそばにやってきたとき，その岸にほかのものよりも先に，12 羽の鶴が見えました．鶴たちは，寝ているときによくするように，片足で眠っていました．そこで，彼はすぐにクッラードにそれを示して言いました．「ご主人さま，昨晩わたしが真実を言ったとおわかりになるでしょう．鶴は 1 本の脚と腿しかないのです．あそこにいる鶴を見てください」．
　〔2〕クッラードはそれを見て言いました．「待て，脚が 2 本あることを見せてやろう」そして，その鶴に近寄って叫びました．「ホー，ホー！」その叫び声に，鶴はもう一方の脚を下ろして何歩か歩くと，逃げ出しました．そこで，クッラードはキキビーオに向かって言いました．「どうだ，食いしん坊．2 本あるように見えるか？」
　〔3〕キキビーオは怯えて，そんな頓智がどこから出て来たのか自分でもわからないままに，答えました．「ご主人様，確かにそのとおりで．でも，昨晩の鶴には『ホーホー！』と叫ばれませんでした．もし，そう叫んでおられたら，この鶴と同じように，もう 1 本の脚と腿を出したことでしょう」．
　〔4〕この答えがクッラードは気に入ったので，その怒りは陽気な笑いに変わり，言いました．「キキビーオよ，おまえのいうとおりだ．そうすべきであった」．
　〔5〕こうして，そのすばやい機転の利いた返答によってキキビーオは窮地を逃れて，主人と仲直りをしました．

a) 男性単数定冠詞（本章 7-2）はすでに近代イタリア語と同じように使われている（il vero〔1〕，l'altro piè〔2〕と〔3〕）が，古形が残っているのが per lo qual grido〔2〕に見られる．
b) 主語人称代名詞（本章 8 節）は，14 世紀フィレンツェ方言で規範となり，その後規範文法によって規定されるようになった．たとえば egli（3 人称単数男性形〔1〕と〔3〕），elle（3 人称複数女性形〔2〕）である．
c) 指示詞 quello〔1〕, quelle〔2〕, quella〔3〕, queste〔3〕, questa〔4〕は，本章 10 節で説明した基準に従って使われている．さらに別の指示詞 stesso〔3〕が，代名詞 egli の強調（この機能も本章 10 節で記述した）として使われている．
d) 動詞形態論としては，直説法現在形 dormono〔1〕（< DŎRM(I)ŬNT）, hanno〔1〕（< *ANT）, stanno〔1〕（< STANT）において，3 人称複数形特有の類推的語尾 -no が指摘できる．その歴史については本章 13-2 で触れた．
e) disse〔1〕と〔2〕（< DĪXĬT）と rispose〔3〕（< RESPŌNSĬT）は，本章 13-3 で説明した遠過去のシグマ完了形の例である．
f) disse と rispose は，piacque〔4〕（< PLACUĬT）と同様，遠過去強形に属し，語根に強勢がある（本章 13-3）．同じグループに属するのは vennero の語

尾音が消失した変種 venner で（第3章5-8），古典ラテン語 VĒNĒRŬNT ではなく，その強勢が前方移動した俗ラテン語*VĒNUĔRŬNT から派生している．*VĒNĔRĔNT から [w] の前の鼻音 n が二重化した後で，半子音 [w] が欠落し，語末の鼻音 n と歯音 t が欠落した．

g) 一方，cominciarono〔2〕（< CŬMĬN(I)TIĀ(VE)RUNT で，類推による語末音節 -no の付加が指摘できる〔2〕）と cessò〔5〕（< CĔSSAVIT）は，遠過去の弱形に属し，語尾活用にアクセントがある（本章13-3）．

h) mostrerò〔2〕（<MO(N)STRAR(E) *AO）と avrebbe〔3〕（<(H)ABĒR(E) *(H)Ĕ(BU)ĬT）は，ラテン語と比較したイタリア語の動詞体系の2つの新しい点である．前者は未来形の形成（本章13-6）であり，後者は条件法の形成である（本章13-7）．

i) avrebbe は複合時制 avrebbe mandata〔3〕（mandare の条件法過去）の補助動詞でもあり，複合時制もイタリア語の新しい要素である（本章13-4）．この文章にはその他2つの複合時制がある．gridare の接続法大過去 gridato aveste〔3〕（= aveste gridato）と，fare の近過去 hanno fatto〔3〕である．

l) 最後に語形 doveva〔4〕（< DEBĒBA(M)）の分析をしよう．dovere の直説法半過去1人称単数で，活用語尾 -a が見られる．直説法半過去1人称に -a があるのは，対応するラテン語の規則的な継承であることを示している．未完了 DEBĒBA(M) から (io) doveva が生じた．同様に，未完了 amabam から (io) amava，VIVEVA(M) から (io) viveva が生じた．この半過去 -a の語形は14世紀フィレンツェ方言で通常の形であり，16世紀以降のすべての文法家が記録している．しかし15世紀から，トスカーナでもイタリアの他の地域でも1人称単数の語尾 -o を持つ新しいタイプの半過去（dovevo, amavo, vivevo）が肩を並べるようになった．直説法現在1人称単数の影響によるもので，devo, amo, vivo と言っていたことから，dovevo, amavo, vivevo となった．近代的語形 -o が，古い語形 -a に完全に入れ替わったのは，19世紀後半のことである．

第5章
ラテン語からイタリア語へ
：統語的変化

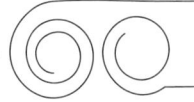

第 5 章　ラテン語からイタリア語へ：統語的変化

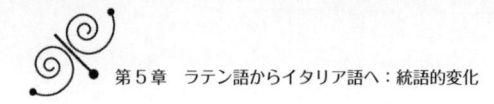

*

　ラテン語からイタリア語への派生関係を知る上で，いくつかの統語的変化にも注目しなければならない．この章では，イタリア語の文における通常の語順──主語・動詞・目的語の並び──の起源，近代・古イタリア語における代名詞による主語の存在と人称代名詞の使用を分析し，さらに補語節を導く che の機能を検討しよう．

1　文中の語順　SOV から SVO へ

　すでに述べたように（第 4 章 3 節）ラテン語では格体系によって語の論理的役割と意味内容を区別していたのに対して，イタリア語では，文において語の占める位置が部分的にその弁別の役割を果たしている．したがって，ラテン語の文で語順は相対的に自由であるが，イタリア語の文では語順が制限されると言える．

　主語 soggetto（S），動詞 verbo（V），直接補語 oggetto（O）からなるイタリア語の文の通常の語順は，SVO（主語─動詞─直接補語）で表わされる．

　　Claudio saluta Marcello.　「クラウディオがマルチェッロに挨拶する」

　イタリア語の文では通常，この語順が義務的である．特別な抑揚などの他の弁別要素がないかぎり，この語順によって主語と直接補語が区別されるからである．先の例文の場合，主語と直接補語がどちらも同じ人称と数であるため，両者を識別し，挨拶するのはマルチェッロではなくクラウディオであると理解するには，語の位置によるしかない．

　一方，古典ラテン語では，屈折語尾が，語の性数だけでなく文中で果たす

1 文中の語順　SOVからSVOへ

役割も区別した．たとえば語 Claudius と Marcellus の語尾 -s が主語としての役割を，語尾 -m が直接補語としての役割をそれぞれ弁別した．したがって理論的には，ラテン語では以下のどれも同じことであった．

Claudius salutat Marcellum.
Marcellum Claudius salutat.　　「クラウディオがマルチェッロに挨拶する」
Marcellum salutat Claudius.
Claudius Marcellum salutat.

しかし著作家が語順 SOV（Claudius Marcellum salutat.）を好んだ一方，後期ラテン語では語順 SVO が確立し，イタリア語へ引き継がれた．たとえば，キケロの古典ラテン語は語順 SOV で飾り付けられていた

Ego(S) vero - inquit - et *ista*(O), quae dicis, *video*(V) qualia sint et *Hortensium*(O) magnum oratorem semper *putavi*(V).
「わたしは本当に―と言った―あなたの言うことの重要さをよく承知しており，つねにホルテンシウスを偉大な雄弁家とみなしてきた」

それに対して話しことばに近いウルガータ訳の後期ラテン語では，イタリア語と同じように主語が動詞の前に置かれ，さらに動詞は他の補語よりも前に置かれていた．

Homo(S) quidam descendebat(V) ab Hieriusalem in Hiericho et *incidit*(V) in latrones, qui etiam *despoliaverunt*(V) eum(O) et plagis inpositis *abierunt*(V), semivivo relicto.
「ある人がイエルサレムからエリコへ下る途中，強盗たちに襲われた．彼らは彼の衣服を剥ぎとり，きずつけ，半殺しにして去って行った」（ルカによる福音書第10章30節）．

イタリア語の起源以来，SVO モデルが自然な語順だったのは確かだが，ジョヴァンニ・ボッカッチョ，ヴィットリオ・アルフィエーリ，ピエトロ・ベンボ，アレッサンドロ・ヴェッリといった多くの文学者がラテン語を真似て語順 SOV を使っていたこともまた事実である．

I tutori del fanciullo insieme con la madre di lui bene e lealmente le sue cose guidarono.「少年の庇護者はその母と共に，資産を巧みに誠実に運用した」（G. ボッカッチョ）

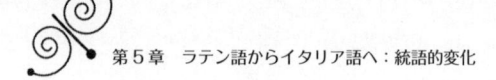

第5章　ラテン語からイタリア語へ：統語的変化

Ed ella tutti rimproverava.「彼女はすべての人を非難した」(A. ヴェッリ)

詩ではこの傾向が散文より強かった．詩人にとって，日常の伝達の文型や語形から離れる必要があったからである．古詩と近代詩から採った次の文例を見てみよう．

Le donne, i cavalier, l'arme, gli amori / le cortesie, l'audaci imprese io canto.「淑女や騎士や戦や恋や，騎士道や武勲のことをこれより歌おう」(ルドヴィコ・アリオスト『狂えるオルランド』第1章1-2行)

Spesso *il male di vivere* ho incontrato.「しばしば生きる辛さをわたしは味わった」(エウジェニオ・モンターレ「しばしば生きる辛さを」)

ここでは語順 SVO が変えられて直接補語が文の先頭に置かれ，主語と動詞の前に，あるいは主語が明示されていないときは動詞の前に置かれている．

付け加えておかなければならないが，語順 SVO がイタリア語の自然な語順であるとは，「有標でない」(つまり通常の) 文においてのみ言えることである．「有標の」文 (主語以外の要素が前面に出される場合) は，語順 SVO が変えられて，通常は主語が占めている語頭の位置に，強調される要素が置かれる．こうして文の構成要素の順序が変化するだけでなく，いくつかの特徴がみられる．たとえば強調される要素に強勢を置く独特のイントネーション ("UN PIATTO, ti ha chiesto Carla, non un bicchiere"「お皿だよ，カルラが君に頼んだのは，コップじゃなくて」) であったり，強調された要素を代名詞化する特別な構文 ("La guerra, *la* condannano tutti"「戦争，それをだれもが非難する」) などである．

2　主語代名詞の明示と位置

主語代名詞に関して，イタリア語はラテン語とは異なった独自の発展を遂げた．古語では主語は明示され，平叙文では動詞の前に，疑問文では動詞の後に，置かれる傾向が強かった (場合によっては義務的だった)．

Messer, *io* ho ancora alcun peccato che *io* non v'ho detto.「あの，まだ申し上げてない罪がございます」(ボッカッチョ)

Sapete *voi* qual è la più bella storia che sia nella Bibbia?「聖書の中でいちばん美しい物語が何かご存知か」(サッケッティ)

現代語ではこの慣習が廃れて，平叙文でも，疑問文でも，と，あらゆる文で代名詞主語を省略する傾向にある．

Oggi resto a casa.「今日はわたしは家にいる」
Domani andate al cinema?「明日君たちは映画に行く？」

3 非強勢形代名詞の前接

近代イタリア語にはない古イタリア語の特徴として，非強勢形人称代名詞の前接がある．
mi, ti, gli, lo, le, la, si, se, ci, ce, vi, ve, li, le, si, se といった代名詞は非強勢形（弱形）で強勢がない．例を挙げよう．

mi d*i*ce 　「わたしに言う」
ti v*e*do 　「君を見る」
gli reg*a*lo 　「彼に贈り物をする」
se la pr*e*nde「腹を立てる」

ここから分かるように，代名詞 mi, ti, gli，連続する代名詞 se la は強勢をもたず，次の動詞に寄りかかって発音される（語列全体を発音する際に一番大きな力が集中する動詞の強勢母音を太文字で示した）．第 4 章 8 節で述べたように，続く動詞に接するこれらの代名詞を**後接語 proclitico** といい，その現象を**後接 proclisi** と呼ぶ．

このように通常，現代イタリア語では，非強勢形代名詞はそれに続く動詞に寄りかかる．しかし以下の 4 つの特別な場合は，それに先立つ動詞に寄りかかるように発音され，表記上，動詞と結合する．この場合の代名詞を**前接語 enclitico**，その現象を**前接 enclisi** と呼ぶ．非強勢代名詞の前接が起こるのは次の場合である．

1) 命令法：Gianni, aiuta*mi*!「ジャンニ，わたしを助けて！」

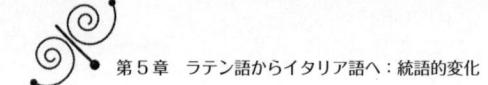

2）ジェルンディオ：Vedendo*la*, mi sono emozionato.「彼女を見て，わたしは胸がどきどきした」

3）独立分詞：Parlato*le*, se ne andò.「彼女に話しかけると，その場を立ち去った」

4）不定法：Incontrar*ti* è stato un piacere.「君に会えたのは嬉しかった」

4 トブラー＝ムッサフィアの法則

　前節で述べた用法はもちろん現代イタリア語に関するものである．古イタリア語では，非強勢代名詞が前接，後接する法則はまったく異なっていた．前接現象を発見し記述した2人の研究者（アドルフ・トブラー Adolf Tobler とアドルフォ・ムッサフィア Adolfo Mussafia，前者は古フランス語，後者は古イタリア語を扱った）の名前にちなんで，**トブラー＝ムッサフィア Tobler-Mussafia の法則**と呼ばれている．

　古イタリア語（およそ起源から15世紀初頭まで）では，以下の場合に前接が必要だった．

a）休止の後，文の冒頭

　　Domandollo allora l'amiraglio che cosa a quello l'avesse condotto.「隊長は，どうしてそんなことになったのかと彼に尋ねた」（G. ボッカッチョ）

b）接続詞 e の後

　　il re si volse al duca di Durazzo *e dissegli*.
　　「王はドゥラッツォ公爵に向かって，そして彼に言った」（G. ヴィッラーニ）

c）接続詞 ma の後

　　né di ciò mi maraviglio niente, *ma maravigliomi* forte.「そのことにわたしは驚きません．しかし，わたしが驚いておりますのは」（G. ボッカッチョ）

d）従属節に続く主節の冒頭

　　Giungendo all'uscio per uscir fuori, e cominciando a pensare su la ricchezza che gli parea avere perduta, e volendosi mettere la mano a grattare il capo, come spesso

interviene a quelli che hanno malenconia, *trovossi* la cappellina in capo con la quale la notte avea dormito.
「外へ出ようと戸口まで来て，自分が失ったと思った富を考え，そして憂鬱な人がよくするように頭をかこうと手をやったとき，夜にかぶって寝ていた小さな帽子が頭にあるのを見つけた」(F. サッケッティ)

タイプ (a) の前接は，タイプ (b), (c) と違って，例外は見つかっていない．タイプ (d) のケースでは，古イタリア語のテキストの有効例のおよそ半分で前接が起きている．

上記の場合では前接が完全あるいは部分的に義務的だったのに対し，他の場合ではまったく自由である．書き手や話し手の好みや気分に応じてどんな文脈でも前接は可能だった．15世紀以後，義務的な前接が廃れてからも，自由な前接は，散文・韻文の文語に残っていた．

ma il cavallo più s'irritava e più impetuosamente *lanciavasi*. 「しかし馬はますます怒り狂い，激しく突進した」(U. フォスコロ)
Io chiedo i baci tuoi, se l'ombra *avvolgemi*. 「もし影に包まれたならお前のキスを乞おう」(G. カルドゥッチ)

現在では，前接が起きるのは命令法・ジェルンディオ・分詞・不定法の他に，古語用法の名残として，dicesi「～と言われる」，dicasi「～が言える」，volevasi ("Come *volevasi* dimostrare"「証明終り〔Q.E.D〕」) といった固定化した決まり文句や，広告表現 ("*Vendesi* appartamento centralissimo"「中心街のマンション売ります」, "Diplomato in ragioneria *occuperebbesi*"「会計士資格者求職中」), 電信文 ("*Invitola* presentarsi questo ufficio"「当局に出頭請う」) に残っている．

5 CHE の機能：補語節

俗ラテン語では，不定代名詞 QUĬD「ある人．ある物」（＞ che）が，古典ラテン語で使われていた範囲を大きく超えて，原因の接続詞 QUIA や原因－主張の接続詞 QUOD, 比較の接続詞 QUAM など，いくつもの語の代用をするようになった．

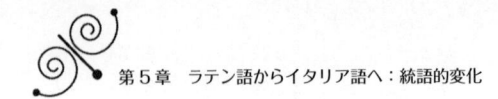

第5章 ラテン語からイタリア語へ：統語的変化

ここでは特に補語節を導く che について考えよう．補語節とは，主節に対して主語あるいは直接補語の機能を果たす節である．

イタリア語において補語節は，明示的形式では「接続詞 che ＋直説法または接続法」によって，暗示的形式では「di ＋不定法」によって表現される．

Qualche volta capita *che venga a trovarci*.「わたしたちに会いに来ることがときどきある」
Tralascio il fatto *che non sei venuto*.「君が来なかったことは気にしない」
Mi capita *di far questo*.「わたしはこれをすることがある」

補語節の範疇に含まれるのは，直接補語節と主語節である．

So *che Marco sta bene*.「マルコは元気だとわたしは思う」
Penso *di stare bene*.「わたしは自分が元気だと思う」
È opportuno *che Marco stia bene*.「マルコが元気だというのは幸いだ」
Mi sembra *di stare bene*.「わたしは元気なようだ」

ラテン語では補語節を表現する3つの形式があった．

a) quod ＋直説法

　　Praetereo *quod* non *venisti*. (＝"Tralascio il fatto che non sei venuto")
　　「君が来なかったことは無視する」

b) ut ＋接続法

　　Accidit *ut* id *faciam*. (＝"Mi capita di far questo")
　　「わたしがこれをすることになる」

c) 対格形主語と不定法の動詞述部．特に直接補語節と主語節には，この構文が使われた

　　Scio *Marcum* bene *agere*. (＝"So che Marco sta bene")
　　「マルコが元気なことをわたしは知っている」
　　Oportet *Marcum* bene *agere* (＝"È opportuno che Maro stia bene")
　　「マルコが元気だというのは幸いだ」

quod 節，ut 節，そして対格と不定法による節は，明確に区別されていな

かった．いくつかの動詞（たとえば miror 'mi meraviglio'「（私は）驚く」）は，quod を用いた構文，対格と不定法による構文のどちらも可能だった．

Mi meraviglio che tu dica questo.
「君がこんなことを言うのにわたしは驚く」 = Miror quod tu id dicis.
Miror te id dicere.

日常言語では，quod を使った構文がよく使われた．この過程はかなり早い時期に起こり，プラウトゥスにすでに見ることができる．

Equidem scio iam, filius *quod* amet meus istanc meretricem. (= "Evidentemente so già *che* mio figlio ama questa meretrice")
「わが息子がこの娼婦を愛していることをわたしはよく知っている」
（古典ラテン語であれば Scio iam filium meum amare istam meretricem. となるところである）

実際に，語 quod（この構文では接続詞として使われている）は関係代名詞中性の語形であり，まさに関係代名詞として che を意味していた．

イタリア語の補語節の構文では，quod の代用語（古南部方言に見られる co）が，疑問形容詞・中性不定代名詞 QUĬD の代用語 che に置き換えられた．ラテン語からイタリア語への推移の際に，che という語の用法の範囲は拡大し，一種の「万能語」となった．

文法より実践 4　『デカメロン』に見る統語的現象

古イタリア語の統語的特徴はどんなものだろうか．キキビーオの話からいくつかの部分を読み返して見つけてみよう．

〔1〕Currado Gianfigliazzì, sì come ciascuna di voi e udito e veduto puote avere, sempre della nostra città è stato notabile cittadino, liberale e magnifico, e vita cavalleresca tenendo continuamente in cani e in uccelli s'è dilettato, le sue opere maggiori al presente lasciando stare. 〔2〕Il quale con un suo falcone avendo un dì presso a Peretola una gru ammazzata, trovandola grassa e giovane, quella

第5章 ラテン語からイタリア語へ：統語的変化

mandò a un suo buon cuoco, il quale era chiamato Chichibio e era viniziano; e sì gli mandò dicendo che a cena l'arrostisse e governassela bene. Chichibio, il quale come nuovo bergolo era così pareva, acconcia la gru, la mise a fuoco e con sollecitudine a cuocer la cominciò. 〔3〕La quale essendo già presso che cotta e grandissimo odor venendone, avvenne che una feminetta della contrada, la quale Brunetta era chiamata e di cui Chichibio era forte innamorato, entrò nella cucina, e sentendo l'odor della gru e veggendola pregò caramente Chichibio che ne le desse una coscia.

〔4〕Chichibio le rispose cantando e disse: "Voi non l'avrì da mi donna Brunetta. Voi non l'avrì da mi".

〔5〕Di che donna Brunetta essendo turbata, gli disse: "In fé di Dio, se tu non la mi dai, tu non avrai mai da me cosa che ti piaccia", e in brieve le parole furon molte; alla fine Chichibio, per non crucciar la sua donna, spiccata l'una delle cosce alla gru, gliele diede.

〔6〕Essendo poi davanti a Currado e a alcun suo forestiere messa la gru senza coscia, e Currado, maravigliandosene, fece chiamare Chichibio e domandollo che fosse divenuta l'altra coscia della gru. Al quale il vinizian bugiardo subitamente rispose: "Signor mio, le gru non hanno se non una coscia e una gamba".

〔7〕Currado allora turbato disse: "Come diavol non hanno che una coscia e una gamba? Non vid'io mai più gru che questa?".

〔8〕Chichibio seguitò: "Egli è, messer, com'io vi dico; e quando vi piaccia, io il vi farò veder ne' vivi".

〔9〕Currado per amore de' forestieri che seco avea non volle dietro alle parole andare, ma disse: "Poi che tu di' di farmelo veder ne' vivi, cosa che io mai più non vidi né udi' dir che fosse, e io il voglio veder domattna e sarò contento; ma io ti giuro in sul corpo di Cristo che, se altramenti sarà, che io ti farò conciare in maniera, che tu con tuo danno ti ricorderai, sempre che tu ci viverai, del nome mio".

〔1〕～〔5〕の訳は「文法より実践1」の〔1〕～〔5〕を参照.
〔6〕～〔9〕の訳は「文法より実践2」の〔6〕～〔9〕を参照.

a) ラテン語のモデルを真似た SOV 語順の使用（本章1節）："Il quale (S) con un suo falcone avendo un dì presso a Peretola una gru ammazzata, trovandola grassa e giovane, quella (O) mandò (V) a un suo buon cuoco"〔2〕のほか，通常の語順が変化している箇所が多く見られる．例として〔1〕に出てくる箇所

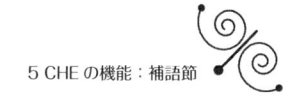

を挙げる.
　・"sì come ciascuna di voi e udito e veduto puote avere" では特別な語順になっている."puote avere udito e veduto"（従属動詞＋補助動詞不定法＋過去分詞）ではなく, "udito e veduto puote avere"（過去分詞＋従属動詞＋補助動詞不定法）である.
　・"sempre della nostra città è stato notabile cittadino" では, 限定補語である della nostra città が, 被修飾語（cittadino）の後ではなく前に位置する.
　・"e vita cavalleresca tenendo continuamente [...] le sue opere maggiori al presente lasciando stare" では, 2つのジェルンディオ（tenedo と lasciando stare）が, それぞれの直接補語（vita cavalleresca と le sue opere maggiori）の前ではなく後に位置している.

b) 主語代名詞が頻繁に明示される（本章2節）."In fé di Dio, se <u>tu</u> non la mi dai, <u>tu</u> non avrai mai da me cosa che ti piaccia"〔5〕, "Poi che tu di' di farmelo veder ne' vivi, cosa che <u>io</u> mai più non vidi né udi' dir che fosse, e <u>io</u> il voglio veder domatina e sarò contento; ma <u>io</u> ti giuro in sul corpo di Cristo che, se altramenti sarà, che <u>io</u> ti farò conciare in maniera, che <u>tu</u> con tuo danno ti ricorderai, sempre che <u>tu</u> ci viverai, del nome mio"〔9〕など.

c) 非強勢形代名詞の前接が, トブラー＝ムッサフィアの規則に従い, あるべき箇所で起きている（本章2節）. e governassela〔2〕, e domandollo〔7〕.

d) 最後に非強勢形代名詞について, 古イタリア語と近代イタリア語では, 複数の非強勢形代名詞の組み合わせが異なる場合があることを付け加えておく. たとえば,
　・〔5〕に "se tu non *la mi dai*"（*la* ＝直接補語, *mi* ＝間接補語）「もしそれを私によこさなければ」とあるが, 現代イタリア語では, "se tu non *me la* dai"（*me* ＝間接補語, *la* ＝直接補語）「もし私にそれをよこさなければ」となるはずである.
　・〔8〕に "io *il vi* farò"（*il* ＝直接補語, *vi* ＝間接補語）「それをあなたに」とあるが, 現代イタリア語では " io *ve lo* farò"（*ve* ＝間接補語, *lo* ＝直接補語）「あなたにそれを」となるはずである.

第*6*章

中世のイタリアのことば
：全体像

第6章 中世のイタリアのことば：全体像

*

ここまでラテン語とイタリア語の一般的な特徴を分析してきた．最後の章では，重要な教養伝統を生んだ俗語をいくつか簡単に取り上げて，主な言語現象を——文学作品の例を使って——示すことにしよう．

1 古ミラノ方言

ミラノ方言はいわゆるケルト＝イタリックと呼ばれる諸方言に属する．古ヨーロッパの多数ある印欧民族の1つケルト民族に属するゴール人が住んでいた地域で，ローマ人支配下に移る以前に話されていた諸北部方言である．北部方言は，ヴェネト方言を別にすればほとんどすべてケルト＝イタリック方言である．実際，ケルト人はポー平野東部を部分的に征服したがヴェネトはケルトの支配下に入らなかった．

基層（その後ラテン語支配に埋もれた本来の言語状況．第1章2節）の違いにも関わらず，すべての北部方言には共通する特徴があり，トスカーナからシチリアまでの中部−南部方言とは，明確に区別される．もっとも重要な典型的特徴は子音に関係する．

1) 母音間の位置にある二重子音が単一音化する．つまり強い子音から弱い子音への変化である．たとえばラテン語 CATTA(M) から gata「雌猫」，ラテン語 MAMMA(M) から mama「ママ」（それに対してトスカーナ方言，イタリア語では gatta と mamma であり，ラテン語の二重子音が保たれている）．

2) 母音間の無声子音が一般的に有声化する．その後で，摩擦音化，つま

り歯擦音から摩擦（狭窄）音へ変わることもあり，さらには消失することもあった．たとえば本来「父方の叔母」を意味したラテン語 ÀMITA から（フランス語 tante「叔母」に残っている）は，母音間の無声子音が有声音化してミラノ方言 àmeda となったが，ヴェネト方言では àmia となった．ここでは有声子音が最初摩擦音化して弱まり，その後で消失した．

3) 硬口蓋破擦音が歯破擦音へ移行する．つまり [tʃ] と [dʒ] から [ts] と [dz] へ変化する（[tʃ] を保つ傾向があるロンバルディア西部方言は除く）．この現象は，破擦音の「前方移動」と記述できる．実際，硬口蓋破擦音の硬口蓋の要素が，より前方の発音要素へ，つまり硬口蓋ではなく歯茎へと移り変わった．その後でこの歯破擦音は閉鎖的要素を失って，単に有声または無声の歯擦音になることもある．たとえばラテン語 CĪMĬCE(M)（CĪMEX の対格）「シラミ」の語頭の硬口蓋破擦音は，イタリア語 cimice に保存されているが，ボローニャ方言 zemza（[tʃ] から [ts] への移行）では歯破擦音によって表わされ，ヴェネト方言 sìmeze（[ts] から [s] へのさらなる変化）では歯擦音で表わされている．

　この最初の2つの現象を詳しく検討し，どのような順序で生じたのか考えてみよう．もし北部方言において，母音間の弱い子音が有声化したのなら（つまり FRATĚLLU(M)「兄弟」から fradelo や fradel が生じたのだから），どうして gata は *gada にならなかったのだろうか．明らかに，それは，母音間子音の有声音化の時期（現象2）には，強い子音がまだ弱くなっていなかった（つまりまだ現象1が起きていなかった）からである．そうでなかったら gata の母音間子音 [t] も [d] へ変化しただろう．FRATĚLLU(M) つまり俗語 fratello がそうなったように．こうした推論をもとに，2つの現象の相対年代の糸口をつかむことができる．絶対年代，つまりそれらが起こった歴史時期を決定するのは簡単ではない．しかし，2つのどちらが先に起きたのかは指摘できる．有声化が単音化よりも前に生じた（事実，そうでなければ，ラテン語では二重音で表わされていた単一子音もまた有声化していただろう）のである．

　単音化について，現在話されているイタリア語との関係で指摘できること

がある．第3章5-9で音声統語的重子音化を扱った．母音間の子音がつねに弱い子音として発音される北部方言には，この現象が存在しない．しかし北部のイタリア語の話し手は，筆記に完全に反映されている mamma や gatta の発音を習うのは難しくないが，口頭にしか現れない現象である音声統語的重子音化とは無関係のままだろう．したがって，注意してイタリア語を話しても，a casa「家に」を [aˈkasa] ではなく [aˈkaza] と発音するだろう．母音間の歯擦音がつねに有声音化する傾向があるからだ．表記の助けがないことと並んで，現代イタリアの北部の話し手の感覚では，中部南部（トスカーナも含めた）方言に対して社会言語学的に限定的評価がされていることも考慮しなければならない．北部の話し手は，地方語だと思える発音をまねて自分の身につけようとは思ってもみないのである．

ケルト＝イタリックの方言には，程度の差はあるが，以下の現象が見られる（連番を続ける）．

4）語末母音の消失と，非強勢母音の弱体化．ただし a は別で，位置に関係なく残った．しかしリグーリア方言では語末の母音が残る．
5）伝統的に「混合した」「混乱した」と呼ばれる母音の存在．つまり前方母音（イタリア語の硬口蓋母音 [e] や [i] のような母音）が舌を丸めて突き出すように発音される（[o] や [u] の時のように）．これは，フランス語の lune / lyn /「月」，coeur / kœR /「心」にある母音である．方言の例としては，ロンバルディア方言 / ˈlyna /「月」と / ˈfœra /「外」が挙げられる．前者の「混合母音」はラテン語 Ū の継承である．後者は，トスカーナの二重母音とはまったく違った状況で頻繁に起きた，ラテン語 Ŏ の二重母音化の結果である．
6）トスカーナ方言（後方同化が起きた．第3章4節．例：FACTUM > fatto「事実」）とは異なる -CT- の語音．正確に言えば，ピエモンテとリグーリアでは，連音 -CT- はフランス語同様 -it- となった．

LACTEM「牛乳」> làit
（フランス語 lait は現在では [lɛ] と発音されているが，11世紀までは書かれたと

おりに［ˈlait］と発音されていた）

　ロンバルディア方言の大半では，-CT- はスペイン語同様［tʃ］となった．

　LACTEM＞/latʃ/（スペイン語 leche /ˈletʃe/）

ボンヴェジン・ダ・ラ・リーヴァ

　ここで，古ミラノ方言の例文を使って，北部方言，特にケルト＝イタリック方言の特徴を説明しよう．取り上げるのは，トスカーナ方言とまったく異なる言語で詩作した重要な中世詩人ボンヴェジン・ダ・ラ・リーヴァ Bonvesin da la Riva（つまり，ミラノのポルタ・ティチネーゼの「川岸」'Ripa'に住んでいた「よき隣人」ブオンヴィチーノ Buonvicino である．彼は成年期にミラノに住んでいた）の作品である．13世紀半ばに生まれ，1315年に亡くなったボンヴェジンはラテン語文法の教師であり，ラテン語で多くの著作を残したが，特に生まれ故郷の俗語を使って，合計1万行に及ぶミラノ方言の20篇ほどの小詩（『神曲』をやや下回る分量に相当する）を書いた．ラテン語で *De quiquaginta curialitatibus ad mensam*『50の食事作法』と題された詩の第3連を読んでみよう．教師であり当時の社会の洗練された観察者であったボンヴェジンの特徴がよく出ている．

Cortesia segonda: se tu sporzi aqua a l*e* man,
adornament*e* la sporze, guarda no sii villan.
Assai ghe'n sporz*e*, no tropo, quand è lo temp*o* dra stae;
d'inverno, per lo fregio, im pic*e*na quantitae.

La terza cortesia si è: no sii trop presto
de corr*e* senza parolla per assetar al desco;
s'alcun t'invidha a noze, anz*e* ke tu sii assetao,
per ti no prend*e* quel asio dond tu fiz*i* descaçao

第6章　中世のイタリアのことば：全体像

(*Poeti del Duecento*, a cura di G. Contini, Milano-Napoli, Ricciardi, 1960, vol. I, p. 703．イタリック部分は変更した)

現代イタリア語訳：La seconda regola: se porgi aqcua alle mani, porgila con garbo, non essere villano. Porgila in giusta misura: non eccessivamente, quand'è estate; d'inverno, per il freddo, in piccola quantità. La terza regola: non essere troppo lesto a sederti a tavola senza permesso; se qualcuno ti invita a nozze, prima che tu sia seduto, non fare i tuoi comodi così da farti cacciare.

(作法第2．水を手に注ぐときは，粗野にならないよう上品にしなさい．夏にはあまり多すぎぬよう適量を，冬には寒さのために少量を．作法第3．許しなしに急いで席に着かないようにしなさい．結婚式に招待されたときは，席に着く前に好き勝手な振る舞いをして追い出されないようになさい．)

▶読む上での注意

a）写字生によって転写されてはいるが，韻律上（詩行形式は，それぞれ2つの7音節詩行からなるアレキサンドリア詩行である）発音されない母音をイタリックで示した．したがって a l- man, adornament, sporz, picna (つまり ['pitʃna]) と読まなければならない．

b）表記の点で fregio 'freddo'「寒さ」に注意．これは ['fretʃo] と読む．説明しよう．ラテン語 FRĪGIDU(M) が語中音消失によって *FRĪGDU(M) へ簡略化した．フィレンツェ方言ではここから後方同化によって freddo に至るが，ミラノ方言では -GD- が -CT- と同様に扱われ（つまり軟口蓋音＋歯音で，両子音共に無声音であるもっとも一般的なシークエンス），硬口蓋破擦音 /tʃ/（上述の特徴6を参照）になった．parolla「許し（の言葉）」の ll は，単に表記上のことで，（現実の発音はトスカーナ方言 parola と同じ）である．さらに，descaçao「追い出される」では，歯破擦音を表わすために ç が使われている．この文字はトスカーナを含めて多くの中世俗語で使われた（今でもフランス語に残っている．たとえば，現在では [sa] と発音される ça 'ciò'「それ，そのこと」は，もともとは [tsa] と発音されていた).

それではボンヴェジンの詩行から，もっとも明らかな音声的特徴を見よう．

これまで指摘したなかで，特徴1（単音化）が見られるのが，vilan「粗野な」，assetar「座る」，assetao「座っている」(< *ADSEDITARE 'sedere presso'「そばに座る」古イタリア語 assettarsi 'sedersi' に対応．強勢後の i が

1 古ミラノ方言

語中音消失し，その後グループ -DT- が同化した），noze「結婚式」，descaçao「追い出される」である．単音化と並んで，aqua「水」（ラテン語 AQUA）と tropo「過剰に」（ゲルマン語 throp から）で二重音化が生じなかったことが指摘できる．

特徴 2（有声音化とその後の進化）は，segonda「第 2 の」(SECŪNDA(M))，stae「夏」，quantitae「量」(AESTATE(M), QUANTITATE(M) での接尾辞 -ATEM の -T- が，摩擦音化した後で消失した），invidha「招待する」(INVĪTAT．表記 dh は，歯音有声音が摩擦音化した過程の証明である）に見られる．

特徴 3（破擦音の前方移動）は，sporzi「注ぐ」と sporze「注ぐ」に見られる．これは，トスカーナ方言 porgere「注ぐ」(EXPORRIGERE から）に対応する動詞 spòrzer の活用である．

特徴 4（語末母音の欠落）は，quand「の時」，trop「過剰に」，dond「それによって」に見られ，adornament*e*「美しく」，sporz*e*「注ぐ」，prend*e*「とる」，anz*e*「前に」でも（韻律上，語末母音の欠落を想定して）再構築できる．man「手」，vilan「粗野な」，assetar「座る」の流音と鼻音の後での語中音消失は，トスカーナ方言でもありえただろう（しかし，詩行末に位置する man と vilan ではそれは起こらなかっただろう）．

特徴 6 については，fregio「寒さ」の説明の中で触れた．

古ミラノ方言の特徴のひとつと思われるのが，いわゆるロタシズム，つまり -L- から -r- への変化である．これは，dra 'della'「～の」(前置詞 di と定冠詞 la の縮約形）に見られる

DEĬLLA ＞ della 単音化によって ＞ dela
さらにロタシズムによって ＞ dera
（文中で強勢前の位置になった e が語中音消失したことで）＞ dra

形態論的特徴として，2 つの点が指摘できる．肯定命令文を否定することで作られる否定命令文（トスカーナ方言の sii - non essere ではなく，sii - no sii）で，フランス語での変化と平行している（parle! 'parla!',「話せ！」- ne parle pas! 'non parlare!'「話すな！」）．そして，ラテン語の動詞 FIERI 'diventare'「～になる」+ 過去分詞による受動態：fizi（接続法現在）descaçao「追い出される」

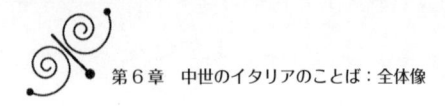

である.

2 古ヴェネツィア方言

すでに述べたように，ヴェネツィア方言を含むヴェネト方言は，他の北部諸方言ケルト＝イタリック方言と異なる独自のグループとなっている．その特徴として，次の3つが指摘できる．

1）流音と鼻音の後（frutarol 'fruttivendolo'「果物屋」，pan 'pane'「パン」）以外での語末母音の保存と，非強勢母音のある程度の残存．しかし，ドロミティ渓谷やフリウリ，たとえばベッルーノやトレヴィーゾで話されるロマンス語であるラディン語の影響を受けた場所では，語末母音が欠落する．
2）ロンバルディア方言の［'fœra］「外」のような「混成」母音がない．
3）トスカーナ方言のような開音節における二重母音 ie と uo の存在．これらの二重母音は最古のヴェネツィア方言には見られず，14世紀半ばになって初めて広がった．トスカーナの語形とは，一部だけ一致する．イタリア文語ではラテン語用法であるケースや，長い E や O であるケースでも，ヴェネト方言では二重母音が起こりうる．

ラテン語 MŎDU(M) からの muodo「方法」
diebia 'debba'「すべき」＜ DĒBEAT，あるいはキリスト教ラテン語 MICHAËL からの Michiel「ミケーレ」

内陸地方（トスカーナとは異なるメカニズムによって二重母音現象が生じた）のヴェネト方言特有の原始的二重母音が拡張したか，トスカーナの模倣が本来の状況を超えて進行したということが想定できる．

ダンテの時代のヴェネツィア方言には，その後消失してしまったいくつかの特徴があった．他の方言同様ヴェネツィア方言も高貴な俗語の理想としてふさわしくないことを証明するためにダンテが『俗語詩論』*De vulgari eloquentia* で引用した冒涜的罵倒語に，2つの特徴を見ることができる．

Per le plaghe de Dio tu no verras. (= 'Per le piaghe di Dio, tu non ci verrai')
「キリストの傷にかけて，お前は来ないだろう」

　この文（方言によるパロディー詩の 11 音節詩行）の最初の特徴は連音 -PL- の保存である．しかしこれはラテン語用法（トスカーナ方言やイタリア語の plebe「平民」< PLEBE(M), plurimo「複数の」< PLURIMU(M) など）が原因ではなく，イタリア東北部全域において子音＋ L の連音が古くから残っていたことによる．もうひとつの特徴は，未来形 verràs「来るだろう」における語末の -S の保存である．今日のヴェネツィア方言に，代名詞を後置した疑問形としてだけ残っている．vastu? 'vai?'「（君は）行くのか？」や gastu? 'hai, ce l'hai?'「（君は）持っているか？」のように．

『ヴェネトのトリスタン』

　ヴェネツィア方言は，14 世紀以降のその様相だけではなくその起源からの構造的特徴もあって，他の北部方言よりトスカーナ方言に近い部分が多い．14 世紀初頭の古フランス文学の傑作の散文訳（この場合はヴェネツィア方言訳）のひとつ，『ヴェネトのトリスタン』 *Il Tristano veneto* の一節を読んで，特徴を挙げてみよう．

　Or dise l'auctor che tanto demorà lo re Apollo ala corte delo re Claudex che lo fio delo re Claudex, lo qual era troppo prodomo dela soa persona et era stado fato novel chavalier, se inamorà tanto con la donna de re Appolo che infra sì ello diseva ch'elo voleva megio murir, se morte li convigniva, qua ello non fesse la voluntadhe del so desiderio; et de ciò elo se 'maginà et sì se messe in cuor de tignir tal muodo ch'elo possa far la soa volontade con la donna secretamente, conciosiaché altramentre non lo podeva far, inperciò che s'ello avesse vogiudho parlar ala donna, ello dubitava qu'ella non li fese onta et vilania.

　(*Il Libro di messer Tristano*, a cura di A. Donadello, Venezia, Marsilio, 1994, p. 58. いくつか表記を書き換えた）

　　現代イタリア語訳：Ora dice l'autore che il re Apollo si trattenne tanto alla corte del re Claudex che il figlio del re Claudex, che era molto coraggioso 〔*prodomo*＜ 古フランス語 prodome 'uomo prode'〕 nella sua persona 〔今であれば 'aveva coraggio fisico' と言うところ〕 ed era stato fatto cavaliere novello, si innamorò a tal punto della donna del re Apollo che tra sé diceva che avrebbe preferito morire 〔*voleva megio* 文字通りには 'voleva meglio'〕 se la morte gli era destinata, piuttosto che non soddisfare il suo desiderio; e per questo immaginò e si mise in cuore di fare in modo di soddisfare il suo desiderio con la donna in segreto, dal momento che in altro modo non avrebbe potuto farlo, giacché, se avesse voluto parlare alla donna, dubitava che lei gli avrebbe rivolto parole ingiuriose.

　(著者はこう述べている．アポロ王がクロード王の下に長く滞在していたとき，見習い騎士だった勇猛果敢なクロード王の息子がアポロ王の后に強く心惹かれて，望みをかなえられないことよりは，もし死ぬのが運命であれば，死んだほうがよいと考えていた．そのため，想像を膨らませ，自分の女性への思いをひそかに満足させようとした．もし女性に話しかけたら，彼女が彼に侮辱的な言葉を投げつけるのではないかと思っていたからだった．)

　古くから現代までイタリア北部諸方言すべてに共通する現象が見られるため，この文章が北部で書かれたことが分かる．(a) 母音間の二重子音の単音化 (ala 'alla'「〜に」, delo 'dello'「〜の」, fato 'fatto'「になる」, inamorà 'innamorò'「恋した」, elo「彼は」, vilania「侮辱」, 古イタリア語 fesse 'facesse'（＜FECISSET の中央音節の語中音消失）に対応する fese「する」. (b) 母音間の無声子音の有声音化とその語の進化（stado「である」と podeva「できた」に有声化が見られる．その後，摩擦音化した現象が，voluntadlhe「思い」と vogiudho「したい」に見られるが，ここでもボンヴェジンと同様に表記 dh で表わされている）. (c) 破擦音が前方移動し，その後，閉鎖要素が消失した現象が dise と diseva に見られる（DĪCIT「言う」の進化を追ってみよう．まず dice ができ，トスカーナ方言ではこの段階でとどまった．その後，硬口蓋破擦音が前方移動して歯音となって ['ditʃe] から ['ditse] になる．そして歯破擦音が当初の閉鎖要素を失い ['dise] に至る．最後に，母音間でさらに進化が見られた．破擦音が他の無声子音同様に有声化して，['dize] を生んだからである）.

　ヴェネト方言独自の特徴としてまず気がつくのは，語末母音の保存（dise「言う」, tanto「とても」, corte「宮廷」など）であるが，流音と鼻音の後では

保存されない（novel「新しい」，chavalier「騎士」，murir「死ぬ」など）．しかし，注意しなければならないのは，文中であればトスカーナ方言でも流音と鼻音の後の母音切断が起こることがある．（したがって，tignir tal muodo「そのような方法をとる」とか，far la soa volontate「彼女に対する思いをかなえる」は，例として有効ではない．これらは，フィレンツェでも tener tal modo とか far la sua volontà と訳されただろう）．cuor と muodo には二重母音が見られるが，前者の二重母音はトスカーナ方言でも見られる．

　他の現象はヴェネト地域に深く根付いたものだが，他の北部方言でも共有されている．個別に見ていこう．

a）**連音 -LJ- の扱い**．トスカーナ方言では硬口蓋側音［ʎ］を生む結果にとどまったが，北部方言はさらに，子音を半子音［j］へと簡略化した（古ロンバルディア方言 foia 'foglia'「葉」，古ジェノヴァ方言 bataia 'battaglia'「戦闘」など）．場合によっては──その例はヴェネト諸方言に共通して見られる──，この半子音［j］が硬口蓋破擦音に移った．この結果を示しているのが megio 'meglio'「よりよく」（ラテン語 MĔLIUS）であり，vogio「欲する」に基づいて語根を修正した vogiudho 'voluto' である．この vogio はイタリア語 voglio と同じく，古典ラテン語 VOLO からではなく，第2変化動詞に倣って変化した俗ラテン語 *VOLEO から派生している（*VOLEO から，母音接続における母音が閉口音化して *VOLJO になり，連音 -LJ- の例の扱いを受けた）．一方，fio 'figlio'「息子」（<FĪLIUM）では，強勢母音 i が直後の硬口蓋音を吸収し，進化を妨げた．

b）**語幹の硬口蓋への拡張**．convegniva「ふさわしい」と tegnir「とる」における硬口蓋鼻音［ɲ］は，語源的なものではない（それぞれの基礎は，民衆ラテン語 CONVENĪBAT──古典ラテン語 CONVENIEBAT ではなく──と，第2変化から第4変化へと語形変異した TENĒRE である）．どちらの場合も現在形の語幹が拡張した．つまりラテン語基語 TENEO (*TENJO を通じ) と CONVENIO から規則的にできた tegno と convegno（古トスカーナ語にもある語形）から出発している．

c）**副詞接尾辞 -mentre の r の語中音追加**．この語源的ではない震え音

の存在（この文章内では，secretamentre「ひそかに」と altramentre「それ以外では」）は，ラテン語のいくつかの副詞 -ENTER（例：LIBENTER 'volentieri'「よろこんで」）に引きつけられたためかもしれない．

d）遠過去3人称の活用形 -a．（dimorà「滞在した」, inamorà「恋をした」, 'maginà「想像した」）．これは北部地域に広く流布した活用語尾だった．トスカーナ方言 amò「愛した」は基礎 *AMAUT（第4章 13-3）から派生したが，北部イタリアの多くの地方で話されていた俗ラテン語では，古い AMAVIT が *AMÀT に簡略化していた．

e）個々の特徴的な語．注意すべき点は再帰人称代名詞 sì である．この語形はラテン語の SĒ の継承ではなく，1人称の主語としても北部で広まっていた語形 mi（< MĪ：すでに MĬHĪ と並んでいた古典ラテン語）に倣って，類推によって作られた．qua（megio murir [...] qua）には，ラテン語 QUAM の孤立した証拠が残っていて，ここでは比較節を導くために使われている．

3 古ローマ方言

16世紀までは，ローマで話されていた方言はすっかり南部方言体系に収まっていた．この時期にローマ方言は根本的な変化を被り，他の方言よりも先駆けてトスカーナ方言に近づいた．この変化にはいくつもの原因があった．すでに前世紀からトスカーナ人移民が存在したこと，メディチ家出身の法王，レオーネ10世とクレメンテ7世の教皇在位期にフィレンツェ人たちがローマへやってきたこと，とりわけ，カール5世のドイツ人傭兵が略奪を行った有名な1527年のローマ強奪によって，以前からの住人が減ったことである．

中世ローマ方言固有の言語現象はすべて，程度の差はあれ，他の南部諸方言にも存在していると言うことができる．いくつかは，フィレンツェとそのトスカーナ方言のある一部を除く，すべてのイタリア語に共通するため，方言分類にとってあまり意味がないくらいである．このグループに属するのは，次の3つの現象である．

1) 母音上昇の不在（第 3 章 3-3）．lengua「言語」，fameglia「家族」，ponge 'punge'「刺す」．母音上昇現象は，トスカーナの大部分だけでなく，南部地方の方言でも起こらなかった．南部方言には中高母音である閉口音 [e] と [o]（本章 5 節）がない．
2) とくに強勢前の非強勢母音 e の保存．entorno「周囲」，medecina「医学」．この現象はもちろん文中でも起こった（たとえば de stare「いる」）．最後の例は現代の方言にも残っている（romano de Roma「ローマのローマ人」）．
3) 強勢後と強勢間の ar の保存．zuccaro「砂糖」，cavallaria「騎士道」．すでに見たように（第 3 章 3-8），本来 zucchero や cavalleria と言っていた地域はきわめて狭く，ほぼフィレンツェ方言だけだった．

ここで中南部方言の分類にとって非常に重要な現象，**母音変異（メタフォニー）** metafonesi について説明する（トスカーナ方言にはないため，イタリア語の歴史文法の記述の際には取り上げなかった）．母音変異は，俗ラテン語閉口音 e（古典ラテン語 Ē または Ĭ から派生した）と，俗ラテン語閉口音 o（古典ラテン語 Ō または Ŭ から派生した）がそれぞれ i, u へ移行することである．この現象が起こるには，ラテン語基語の語末音節に Ī または Ū があることが条件となる．こうして，形容詞 NIGER「黒い」の語形 NĬGRU(M)，NĬGRI, NĬGRA(M), NĬGRAS から，男性では，niru（その後，非強勢の語末母音が曖昧母音 /ə/ に変化した．/'nirə/）と niri（その後，/'nirə/ へ）ができた．一方，女性形では語末音節に Ī も Ū もなかったので，e が保たれた．そこで，nera (/'nerə/) と nere (/'nerə/) になった．

ラテン語 NIGER「黒い」
男性単数対格 NĬGRU(M)　　＞　niru /'nirə/
男性複数主格 NĬGRĪ　　　　＞　niri /'nirə/
女性単数対格 NĬGRA(M)　　＞　nera /'nerə/
女性複数対格 NĬGRAS　　　＞　nere /'nerə/

見て分かるように，近代南部方言にとって母音変異は重要な形態論上の機能をもつようになった．本来の語末母音が欠落したので，男性形と女性形を

区別する可能性は強勢母音だけになったからである（一方，単数形と複数形の区別は消失した）．

　北部方言にも母音変異はある（そこでは Ī によって引き起こされうる）．しかし典型的なのはローマとアンコーナを結ぶ理論的境界線以南の中南部方言である（そして最南部の方言にはない．そこでは本章5節でみるように，中高母音である閉口音 [e] と [o] のない5つの音色による母音体系がある）．この中南部でも，ラツィオ，ウンブリア，南マルケからサレントとカラブリア中南部までは「母音変異による二重母音化」が生じ，母音変異と同じ条件，つまり語末音節に Ī または Ŭ があった場合に，開口音 e と o（ラテン語強勢母音 Ĕ と Ŏ から派生した）が影響を受けた．したがって，GRŎSSU(M)「厚い」，GRŎSSI, GRŎSSA(M), GRŎSSAS から，それぞれ ruossu（そこから，語末母音が変化して /ˈrwəssə/ /ˈrwossə/），ruossi（同様に /ˈrwəssə/ /ˈrwossə/）に対して，rossa, rosse (/ˈrɔssə/) となった．

ラテン語 GROSSUS「厚い」

男性単数対格 GRŎSSU(M)	>ruossu	>/ˈrwɔssə/, /ˈrwossə/
男性複数主格 GRŎSSI	>ruossi	>/ˈrwɔssə/, /ˈrwossə/
女性単数対格 GRŎSSA(M)	>rossa	/ˈrɔssə/
女性複数対格 GRŎSSAS	>rosse	/ˈrɔssə/

　トスカーナの二重母音化と違って，母音変異による二重母音化は，音節に左右されない．muodo（ラテン語 MŎDU(M)）「方法」のような開音節でも，先に挙げた ruossu のような閉音節でも影響を与える．

　中世ローマ方言に母音変異はなかったが，母音変異による二重母音化はあった．1347年に古代共和制の栄光を再建しようとした護民官の名前は，歴史上コーラ・ディ・リエンツォ Cola di Rienzo つまり "Nicola di Lorenzo"「ロレンツォの子ニコラ」として伝わっている．この父親の名 (Rienzo) はラテン語地名ラウレントゥム LAURĔNTŪM から派生し，閉音節であっても Ĕ が語末の -ŪM によって規則どおりに母音変異による二重母音化が生じたことを伝えている．

　古代ローマ方言の子音現象として3点を挙げよう．最初の2点は中南部で

広く例証される．3点目は，最古のローマ方言の特徴である．

1）流音または歯鼻音に破擦音が続くグループ (l, r, n+s) に，歯音無声音 [t] が語中添加される．PENSO「考える」から，penzo つまり ['pɛntso], PERSŌNA(M)「人」から perzona つまり [per'tsona], PŬLSU(M)「手首」から polzo, つまり ['poltso] ができた．これは現在でも中南部（トスカーナの大部分を含む）で有効であり，教養のある人の話すイタリア語にも見つかる．

2）連音 -ND-, -MB-, -LD- が後方同化する．ŬNDA(M) から onna「波」, PLŬMBU(M) から piommo「鉛」, CAL(I)DU(M) から——強勢後母音の語中音消失により——callo「暑い」が生まれた．これはとても古い傾向で，オスク・ウンブリア語の基層が原因だと説明され（第1章2節），市内のローマ方言で今でも有効である．少なくとも -ND- に関しては，annà 'andare'「行く」, mànnace 'màndaci'「わたしたちに送れ」のような例がある．しかし，基層の仮説には疑問が投げかけられている．シチリア方言（今日ではカラブリア南部とメッシーナ方言の一部にはない）とナポリの町の方言，その他の場所では，それほどこの現象が古いものには見えないからである．

3）ローマ方言の最古の文書では，子音の前にある側音 [l] が母音化した．MŬLTU(M) から móito「たくさんの」ができた．子音の前にある l が r へ変わるロタシズム現象の傾向も同様に古く，今でも方言 mórto として残っている．

『年代記』

ここでも中世文学のもっとも有名なテキストから古ローマ方言の文章を選ぶことにする．無名の年代記作者（おそらく，バルトロメオ・ディ・ヤコヴォ・ダ・ヴァルモントーネ Bartolomeo di Iàcovo da Valmontone と推定される）が14世紀前半の，主にローマの出来事を説明している『年代記』 *La Cronica* である．コーラ・ディ・リエンツォ Cola di Rienzo の紹介を見よう．

Cola di Rienzi fu de vasso lenaio. Lo patre fu tavernaro, abbe nome Rienzi. La

第 6 章 中世のイタリアのことば：全体像

matre abbe nome Matalena, la quale visse de lavare panni e acqua portare. [...] Era bello omo e in soa vocca sempre riso appareva in qualche muodo fantastico. Questo fu notaro. Accadde che un sio frate fu occiso e non fu fatta vennetta de sia morte. Non lo potéo aiutare. Penzao longamano vennicare lo sangue de sio frate. Penzao longamano derizzare la citate de Roma male guidata.

(Anonimo Romano, *Cronica*, ed. ciritica a dura di G. Porta, Milano Adelphi, 1979. pp. 143-144)

現代イタリア語訳：Cola di Rienzo fu di basso lignaggio〔古フランス語 lignage をローマ方言の発音に修正したもの．「家柄」〕. Il padre fu tavernaio, ebbe nome Rienzo. La madre ebbe nome Maddalena e visse lavando i panni e portando l'acqua. [...] Era un bell'uomo e nella sua bocca appariva sempre il riso in qualche atteggiamento stravagante. Fu notaio〔近代イタリア語では主語が前の文と同一の場合，ここで，Questo のように明示することは許されない〕. Accadde che un suo fratello fu ucciso e non fu fatta vendetta della sua morte. Non poté aiutarlo. Pensò a lungo di vendicare il sangue di suo fratello. Pensò a lungo di raddrizzare la città di Roma, mal governata.

（コーラ・ディ・リエンツォは，低い身分の出であった．父親は居酒屋の主で名前をリエンツィといった．母の名はマタレーナといい，服を洗濯したり水を運んだりして生活していた．〔……〕彼は美男で，得もいわれぬ態度で口元にはいつも微笑が絶えなかった．彼は公証人だった．ある日，その兄弟が殺され，その復讐がなされなかった．また助けることもできなかった．長い間，その兄弟の復讐を考えた．悪政が行われていたローマの町を正すことをずっと考えた．）

すでに指摘した現象について，以下の点が認められる．

a）強勢前の e の保存（文中の単純形前置詞 de と, derizzare「まっすぐにする」）．
b）Rienzi「リエンツィ」（人名）と muodo「方法」の母音変異による二重母音化（一方，omo「人」では，ラテン語基語 HŎMO に語末の Ŭ がないので強勢母音はそのままに残っている）．
c）penzao「考えた」（PENSAVIT から，-ò となったトスカーナ方言と違い，-ao が残っている．第 3 章 3-1）における，グループ -NS- への歯音の語中音追加．
d）vennetta「復讐」と vennicare「復讐する」にみられる連音 -ND- の後方同化．

次に新しい特徴を挙げよう（続けて連番をふる）．

e）vasso「低い」と vocca「口」には，南部地域全体の特徴である現象が見られる．つまり，母音間の位置にある有声唇音［b］が摩擦音化［v］する現象が，トスカーナ方言のように語内だけでなく（HABĒRE > avere「持つ」），文中つまり語頭の位置（BASSU(M) > vasso「低い」）や R の後（BARBA(M) > varva「髭」）でも起きている．一方，音声統語的重子音化が起こりうる条件の下では，つねに bb である（AD VŌCE(M) > abboce「声に出して」となる．9世紀前半とされるイタリア俗語の最古の例であるローマのコンモディッラのカタコンベの碑文にある）．

f）トスカーナ方言と比べ，母音間の無声子音が有声音化した例は少ない（patre「父親」, matre「母親」, citate「町」．同時代のトスカーナ方言であれば cittade「町」だっただろう．一方，Matalena（<MAGDALENA(M)）「マタレーナ」（人名）では，無声音化が起きている．

g）トスカーナ以外で通常起きるように，連音 -RJ- が単純な震え音［r］へ簡略化し（第3章4-7），tavernaro「居酒屋の主人」と notaro「公証人」になっている（notaro のような単数形 -aro は，それぞれの複数形に倣った修正としてトスカーナでもありうることが指摘される）．

h）所有形容詞 soa「彼の」（トスカーナ方言特有の母音接続における閉口音化がなく，ラテン語 SŬAM が規則的に進化したもの）と並んで，mio「わたしの」（<MĔUM）に類推した語形 sio「彼の」と sia「彼の」がある．

i）個々の特徴的な語形．abbe「持った」は古典ラテン語 HABUIT の継承で，［w］によって両唇音［b］の二重化が引き起こされた（トスカーナ方言 ebbe の強勢母音は，古典ラテン語 STETIT のかわりに俗ラテン語 *STĔTUĬT が HABUIT に与えた干渉のためである．potéo「可能だった」は，古フィレンツェ方言にも見られる語形である．第4変化動詞 finìo「終わった」<FĪNĪV(I)T（発音は［fi'niwit]）と同様である．母音の前で古典ラテン語の［w］は子音化するが（VITAM［'witam］> vita「生命」［'vita］），FĪNĪV(I)T の語末音節の母音 I が語中音消失したために，子音化が起きなかった．

第6章 中世のイタリアのことば：全体像

✐ 古ナポリ方言

　イタリアの方言文学の中でヴェネツィア方言と並んでおそらくもっとも活発で豊かな表現であるナポリ方言には，14 世紀から今日まであらゆる種類のテキストがある．ローマの場合と対照的に，ナポリ方言の様相は強い連続性を示している．いくつかの特徴（本土南部一般に見られるもの）はすでに指摘しているので，列挙するにとどめる．

1）母音変異と，母音変異による二重母音化．
2）語末の非強勢母音の曖昧母音への進化（すでに何世紀も続いている現象で，その兆しは 13 世紀から 14 世紀にかけてのナポリ方言のテキスト『ポッツォーリの温泉』Bagni di Pozzuoli に指摘される）．
3）「鼻音・流音＋破擦音」グループへの歯音の語中音追加．
4）唇音が，母音間で，さらには文中や r の後でも有声音化すること．
　その他の特徴を以下挙げるが，最初の 4 つの特徴は 16 世紀以前のローマ方言の特徴でもあったことを強調しておきたい．
5）ラテン語半子音 [j] の保存（IAM＞ià「すでに」）．硬口蓋母音前の G も同じ結果を生んだ（GĔNTE(M)＞iente「人々」）．トスカーナ方言ではラテン語の半子音 [j] が保存されたのはわずかなラテン語用法（iato＜HIATU(M)「割れ目」や Iacopo＜IACOBU(M)「ヤコポ」（人名））や，今から 2 世紀前にイタリア語となった 2 つの南部方言用法 iettatore と iettatura, 犠牲者に向かい「不運をもたらす人」と「その行為」を示す語にある．名前 IOHANNES「ヨハネス」から派生したイタリア語の姓は，派生した本来の場所によって異なる子音が生じる．トスカーナのタイプ Gianni「ジャンニ」（人名）（Giannini「ジャンニーニ」（人名）など）とならんで，南部では半子音 [j] を保存した Ianni「イャンニ」（人名），そして硬口蓋破擦音が前方移動した北部の Zani「ザーニ」（人名）がある．
6）連音 -PJ- は，強い硬口蓋破擦音 [ttʃ] という結果になった（古典ラテン語 SCIO に入れ替わった俗ラテン語 SAPIO「（わたしは）知っている」'so'＞

saccio). 地名 Lecce「レッチェ」< LUPIAE（ローマから伸びる有名な執政官街道であるアッピア APPIA 街道も，古ローマ方言では Accia「アッチァ」と発音されていた）も，この進化によって説明される．結果として [ttʃ] が生じた例がイタリア語に2つある．最古のフィレンツェ方言 pippione に入れ替わった piccione「ハト」（< PIPIŌNE 擬声語語源）と，意味論的劣化（「知っている人」から「自分の知識をひけらかす人」となった）を伴った saccente「知ったかぶり」< SAPIĔNTE である．

7) 連音 -CJ- の結果は，強い無声歯破擦音 [tts] になった（FACIO「わたしは〜する」> fazzo）．この場合多くは，破擦音の前方移動という北部の傾向と符合する．Marinuzzi「マリヌッツィ」（Marino「マリーノ」に縮小接尾辞 -uzzo <ラテン語 -ŪCEUS）や Lanza「ランツァ」（ラテン語の LANCEA「やり」を継承した一般名詞から）Rizzo「リッツォ」，Rizzi「リッツィ」（ラテン語 ERĪCIUS「ハリネズミ」から．このラテン語は最初動物を指していたが，その後に拡張によって，縮れた髪の人を意味した）といった姓は，北部や南部から由来したもので，トスカーナのものではない．トスカーナでこれに対応する姓は Marinucci「マリヌッチ」，Lancia「ランチャ」，Ricci「リッチ」であり，連音 -CJ- が歯破擦音 [ts] ではなく硬口蓋破擦音 [tʃ] となる語形である．

8) 連音 -SJ- が無声歯擦音 [s] になる結果（BASIU(M)「キス」> vaso, その後 /ˈvasə/; CAMĪSIA(M) > cammisa「シャツ」）．

9) 連音 -PL- が軟口蓋閉鎖音（正確には中硬口蓋音）+ 半子音 [j] になる結果（PLŪS「より」> chiù, PLANGIT「泣いた」> chiagne）．ここでもこうした結果となった固有名を覚えておくのは役に立つ．アヴェッリーノの地名 Chianche「キャンケ」（<ラテン語 PLANCAE）や，人名では Chiummo「キゥンモ」（イタリア語 Piombo「ピオンボ」に対応），Chianura「キアヌーラ」（イタリア語 Pianura「ピアヌーラ」）といった姓がある．

10) 母音間の m の二重音化．CAMĪSA(M) > cammisa「シャツ」，TRĔMAT > tremma「震える」．かなり広範囲な現象であるが，古・近代ナポリ方言に一貫する特徴である．

11) 指示代名詞に「これ／あれ／それ」の三分法体系が存在する．

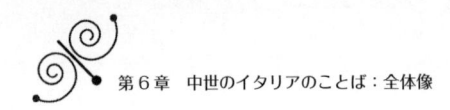

第6章 中世のイタリアのことば：全体像

「これ」quistu, chistu ＜ (ĔC)CŬ(M) ĬSTŬ(M)
「あれ」quillu, chillu ＜ (ĔC)CŬ(M) ĬLLŬ(M)
「それ」quissu, chissu ＜ (ĔC)CŬ(M) ĬPSŬ(M)

話し手に近い事物を指し示す quistu, chistu「これ」は，トスカーナ方言・イタリア語 questo「これ」と同様に，俗ラテン語基語 (ĔC)CŬ(M) ĬSTŬ(M) から派生した．話し手と聞き手から遠い事物を指し示す quillu, chillu「あれ」も，トスカーナ方言・イタリア語 quello「あれ」と同様に俗ラテン語基語 (ĔC)CŬ(M) ĬLLŬ(M) から派生している．しかし，聞き手に近い事物を指す quissu, chissu「それ」は俗ラテン語基語 (ĔC)CŬ(M) ĬPSŬ(M) から派生し，対応するトスカーナ方言 codesto「それ」が (ĔC)CŬ(M) TĬ(BĬ) ĬSTŬ(M) から派生しているのとは異なっている．第4章10節参照．

『ナポリ書簡』

古ナポリ方言の例として，ジョヴァンニ・ボッカッチョ（彼はナポリで青春を送った）が書いた文章の一節を選んだ．いわゆる『ナポリ書簡』*Epistola napoletana*（1339年）は，マキンティ Machinti という名の女性が出産したことを書き手が友人に伝えるふりをする冗談の手紙である．以下，喜んだ人々が産婦のもとに押しかける様子が描写されている．

E s'apìssove beduto quanta bielle di Nido e di Capovana perzì e delle chiazze bénneno a bisitare la feta, pe' cierto t'àpperi maravigliato bien a tene quant'a mene. Chiù de ciento creo ca fussono, colle zeppe encanellate e colle macagnane chiene di perne e d'auro mediemo. Ca nde sia laudato chillo Dio ca lle creao, accò stavano bielle! Uno paraviso pruoprio parse chillo juorno la chiazza nuostra. Quant'a Machinti, buona sta e alletasi molto dellu figlio; nonperquanto anco jace allo lietto, come feta cad è.

（F. Sabatini, *Italia linguistica delle origini*, Lecce, Argo, 1996, vol. II, pp. 438–439；以下のイタリア語訳も Sabatini による）

4 古ナポリ方言

　現代イタリア語訳：E se avessi visto quante belle perfino di Nido e di Capuana e delle (altre) piazze vennero a visitare la puerpera, per certo avrebbe meravigliato ben te quanto me. Più di cento credo che fossero, con le cuffie incannellate e con le macagnane piene di perle e anche d'oro. Che ne sia lodato il Dio che le creò, com' erano belle! Un vero paradiso parve quel giorno la nostra piazza! Quanto a Machinti, sta bene e si rallegra molto del figlio; tuttavia giace ancora a lette, essendo puerpera.

　（ニドとカプアーナなどの広場の美女たち大勢が産婦に会いに来た様子を見たら，君も私と同じくらい驚いただろう．100人以上はいたと思う．麦藁帽を被り，真珠と黄金でいっぱいの頭飾りをつけていた．彼女らを創造した神が称えられんことを，なんと美しかったことか！　その日，われわれの広場はまさに天国のようだった．マキンティは元気で，息子のことを喜んでいる．だが，産婦ということで，まだベッドで横になっている．）

　当時のナポリの話しことばを再現するボッカッチョの能力と注意力は優れたものだが，それでも言語上のずれに気がつく．おそらく彼は，意図的に完全な模倣を作るよりも，自分本来のものではない話しことばを使った文学遊戯を目指したのだろう．現実のナポリ方言は女性複数として bielle「美女」（女性複数）（つまり母音変異による二重母音化を許さない語形）と言ったはずはないし，また今でも言わないだろう．bien「よく」（ラテン語 BĔNE），nuostra「わたしたちの」（ラテン語 NŎSTRA(M)），buona「よい」（ラテン語 BŎNA(M)）も同様である．mediemo 'medesimo'「それ自身」もかなりあやしい（おそらく後期ラテン語 *METĬPSĪMŬ(M) から派生した古フランス語 medesme から来たのかもしれない．第4章10節．強勢母音は二重母音化しなかったはずであるから）．一方，juorno「日」も不規則な語形であるが（ラテン語 DIŬRNU(M) からは，[ˈjurnə] となると予測される），実際にカンパーニアに広く流布した語形で，借用語として説明がつく．

　全体としてみると，ボッカッチョはかなり丹念に古ナポリ方言を再現したと言える．詳しく見ることにしよう．すでに指摘した特徴としては，perzì「さらには」における歯音の語中音追加（つまり persì 'persino'），PL- の扱い（chiazze「広場」＜ラテン語 PLATEAS, chiù「より」＜PLŪS, chiene「いっぱいの」＜PLENAS），母音変異（chillo「その」），母音変異による二重母音（cierto

199

第6章 中世のイタリアのことば：全体像

「確かな」< CĔRTU(M), ciento「100」< CĔNTU(M), pruoprio「それ自身の」< PRŎPRIU(M), lietto「ベッド」< LĔCTU(M))，半子音［j］の保存（jace「横たわる」< IACET，DJ- からも半子音［j］になるのが通常．juorno「日」）．それから音素の現状を正確に表現している表記，つまり書記素 b と v の混同が指摘される（特に beduto「見た」，bénneno「来た」など唇歯音を表わすのにも b が使われている）．すでに見たように，ラテン語の B と V の語音が南部方言では混同されていることから，こうした表記習慣が生まれている（母音間，r の後といった弱い位置ではつねに v であり，強い位置にあるとき，つまり強度のあるときはつねに bb である）．したがって，トスカーナ方言のように /b/ と /v/ の別々の音素ではなく，単独の音素が文脈によって異なって発音されている．

これまで扱ったことのない2つの現象について触れよう

1）動詞の形態論．主語代名詞を前接語として取り込む2人称複数形は特徴的である．apìssove 'aveste'「（君たちは）持った」（現代のナポリ方言でも，cantàstevi 'cantaste'「（君たちは）歌った」，vattìstevi 'batteste'「（君たちは）叩いた」と言う）．この現象の説明としては，語末の非強勢母音があいまい化して混同する危険が生じた2人称の単数形と複数形をはっきりと区別するためだとされる．cantasti< CANTA(VI)STI「（君は）歌った」と canteste< CANTA(VI)STIS「（君たちは）歌った」は同一の語形［kan'tastə］となってしまい，区別がつかなくなったであろう．

2）2次的唇軟口蓋音に関して．chillo<(ĔC)CŬ(M) ĬLLŬ(M) のような派生の結果は，多くのイタリア方言の特徴である（これはフィレンツェ方言にはない．2次的唇軟口蓋音はかならず保存されたからである．第3章4-4）．連音［kw］は，古典ラテン語からのものではなく，その後の音韻変化によって形成されたもので，1次的唇軟口蓋音と同様に侵食されて，唇の補助を失った．言い換えると，トスカーナ方言では come「どのように」(QUŌMŎ(DO) ET から1次的唇軟口蓋音が簡略化した語形) と quello「それ」（2次的唇軟口蓋音が保存された語形）が区別されるが，ナポリ方言では両者ともに簡略化が起き，como「どのように」（単純な QUŌMŎ(DO) から派生した古形．

近代ナポリ方言 comme はイタリア語 come の影響を受けている）と chillo になる.

5 古シチリア方言

シチリア方言は，古代シチリア詩人の優位のおかげで，イタリア方言として唯一，全国的な詩語に足跡を残すという幸運に恵まれた．第 3 章 3-2 と第 4 章 13-7 で述べたように，loco「場所」, novo「新しい」, more「死ぬ」, sòle「よく～する」'suole' のような二重母音化のない語形や，条件法の語尾 -ia（avria 'avrebbe', saria 'sarebbe'）は，詩に長く残ったシチリア方言用法である．

シチリア方言とその他の地域の方言との基本的な違いは，母音体系にある（第 3 章 1 節）．トスカーナ方言が大半のロマンス諸語と同様，アクセントのある 7 つの音色をもつ体系を設定しているのに対して，イタリア最南部（シチリア，カラブリア中南部，レッチェ県にほぼ相当するサレント半島）では母音 Ē, Ĭ, Ī がいずれも同じ i となり，母音 Ō, Ŭ, Ū がいずれも u になった．Ĕ と Ŏ はそれぞれ開口音 e と o になり，A は，ラテン語圏全域と同じように，古典ラテン語における量に関係なく a であり続けた．したがってトスカーナ方言と比較すると，閉口音 e と o がなく，二重母音 ie と uo が存在しない．非強勢母音体系では，母音は a, i（Ē, Ĭ, Ī のほか, Ĕ の帰結), u（Ō, Ŭ, Ū のほか Ŏ の帰結）の 3 つになる．しかし中世西欧文化に遍在していたラテン語が，シチリア固有の音素に影響を与える可能性があった．たとえば，AMŌRE(M)「恋愛」から，固有の amuri と並んで，ラテン語風の amore が成立することがあったが，これは [aˈmɔrɛ] と発音された．シチリア方言には閉口音の e と o がなかったからである．こうしたラテン語用法が 13 世紀シチリア詩人の詩行にあったことから，core [ˈkɔrɛ]「心」と amore [aˈmɔrɛ] のような 2 つの語で脚韻を作る可能性が出てきたのである．この種の脚韻がトスカーナ方言詩に移されたときに，「耳では」成立しないが「目では」成立する脚韻が生まれた．トスカーナ方言では同じ表記 -ore が，core では開口音 o [ɔ], amore では閉口音 o [o] という別々の発音に対応していたからである．

シチリア方言には，他の南部方言と共通する特徴がたくさんあるが，目立つ違いもある．一番重要なのはすでに指摘した母音体系の違いである．さらにその当然の結果として，母音変異も存在しない（中高母音である閉口音［e］と［o］が存在しないからである）．二重母音化はまれである（しかし今日のシチリア中東部方言には見られる．パレルモ地方では，開音節でも閉音節でも無条件に語末母音が二重母音化する）．曖昧母音がない．不定法における音節の語尾消失が起きない（ラテン語 VIDĒRE「見る」から，トスカーナ方言（少なくとも古代）を除くほとんどすべての中南部方言でタイプ véde が生じたのに，シチリア方言では vidìri となった）．

　他の南部方言と少なくとも部分的に共有する特徴は，特に子音体系（これに関しては本章3節と4節を参照）である．

『シチリア地方の哀歌』

　古シチリア方言の例として，アレキサンドリア詩行（本章1節で分析したボンヴェジン・ダ・ラ・リーヴァのテキストと同じ詩行形式）で禁欲・道徳的内容をもつ詩の2連をとりあげよう．この詩は，『シチリア地方の哀歌』*Il Lamento di parte siciliana* として知られ，1350年から1360年にかけての作とされている．

O Furtuna fallenti, prikì non si' tuta una?
Affacchiti luchenti, et poi ti mustri bruna;
non riporti a la genti sicundo lor pirsuna,
ma mittili in frangenti pir tua falza curuna.

A ti mindi ritornu, oy nostru Criaturi!
Quandu mi isguardu intornu, tramutu li culuri,
kì notti mi par iornu, tanti fai fatti duri!
Fidi et spiranza morinu pir li toi gesti scuri.

(Da R. Casapullo, *Il Medioevo*, Bologna, Il Mulino, 1999, pp. 378-379.

5 古シチリア方言

イタリア語訳も Casapulllo による)

現代イタリア語訳:Fortuna ingannatrice, perché non sei costante? Appari luminosa e poi ti mostri oscura; non rendi alle persone secondo i meriti di ciascuno, ma le metti in pericolo attraverso il tuo dominio ingannevole. Mi rivolgo a te, o nostro Creatore! Quando mi guardo intorno mi sconvolgo in viso, perché la notte mi sembra giorno, tanti atti dolorosi tu compi! La fede e la speranza muoiono per le tue azioni incomprensibili.

(人を欺く運命よ,どうしてお前は気まぐれなのか.輝くように現れて,その後は翳っていく.それぞれの人の手柄に応じて報いるのではなく,信用できない支配によって人を危険に投げ込む.わが創造主よ,私はお前に言っているのだ.あたりを見渡せばわたしの顔は動揺する.夜が昼に見えるくらい,なんとさまざまな苦しい行いをお前はすることか.信仰も期待も,お前の理解しがたい行いのために死んでしまう.)

表記的に見ると,硬口蓋破擦音 [tʃ] (affacchiti「現れる」, luchenti「輝く」) を表わす ch が特徴的である.これは中世に北部でも見られたが,南部地方特有(シチリア,カラブリア,プーリア)の表記慣習である.アルプス以北のフランス語(たとえば CANTARE「歌う」から chanter となり当初は [tʃan'tɛr] と発音されたが,その後 [ʃã'te] と発音された)やスペイン語(すでに他の点で指摘した leche 'latte'「牛乳」本章1節)にもある.

ここではシチリア方言の母音体系がかなり正しく表現されているが,わずかな揺れがみられる(これは当時のシチリアで書かれたすべてのテキストにおいて普通だった).トスカーナ方言における中高母音の閉口音 [e] と [o] に対応する母音 i と u については,強勢母音では pirkì「なぜ」, mustri「示す」, sicundo「〜に応じて」, pirsuna「人」, mittili「彼らを置く」などが,無強勢母音では furtuna「運」, pirkì「なぜ」, luchenti「輝く」, genti「人々」, mittili「彼らを置く」, pir「〜のために」(ラテン語 PĔR から Ĕ が音声統語的に閉口音化した)などが挙げられる.その一方, sicundo「〜に応じて」(sicundu ではなく)がある.子音体系については,語形 genti (ienti ではなく) は,南部特有の結果である半子音 [j] (本章4節) へと変化する以前の硬口蓋破擦音 [dʒ] という具体的結果を表わしているかもしれない. sicundo「〜に応じて」

と mindi 'me ne' （ndi＜ĬNDE はトスカーナ方言の ne と平行した語形である）について，すでに述べたように（本章3節），古シチリア方言では連音 -ND- が同化せずに保存されることに注意したい．「流音・鼻音＋破擦音」の連音では，例によって歯音が語中音追加される（falza「嘘の」＜FALSA(M) ではその現象が表記上に記録されているが，明らかにラテン語 PERSŌNA に影響された pirsuna「人」にはそれがない）．

6 トスカーナ外のコイネー（共通語）

コイネーとは，特定の地域で使用される個々の地方語と平行して，あるいはそれらと入れ替わって，書かれたり話されたりする超地域的言語のことである．この用語はギリシャ語 koinè diálektos つまり「共通の話し言葉」に由来する．アレクサンドロス大王の帝国以後（紀元前4世紀），ギリシャとその影響下にある地域に確立したギリシャ語を指して使われていた．

イタリア語史におけるコイネーの概念には問題が多い．この概念を適用できるのは，15世紀に，特に領主（シニョリーア）が居住する北部都市の宮廷と文書局で書かれた言葉だけである．さらに注意すべきなのは，コイネーは特定言語と一致するのではなく，さまざまな地域で類似して現れる一連の傾向に一致するのであって，それら地域の境界ははっきりしない．こうした条件下で（しばしば文語としても）使われていた俗語は，本質的に以下の3つの要素を含んでいる．

1) **根底にある地域語**．しかし，ある地域に限定された特徴や，極端に目立った特徴は排除されたり弱められた．
2) **大幅なラテン語用法**．公職に従事する書き手がラテン語に精通していたこと，また，西欧社会の知識人が意志伝達手段として使ったラテン語とその性質に明らかな名声があったことによる．
3) **文学のトスカーナ方言**．ダンテ，ペトラルカ，ボッカッチョの優れた成果によってすでに14世紀に確立していた．

15世紀北部のコイネー

15世紀北部のコイネーの一例は，1430年にマントヴァで，都市の領主ジャン・フランチェスコ・ゴンザーガが行った興味深い事業に見ることができる．ジャン・フランチェスコは，マントヴァの経済状況に関して，今で言うところの世論調査を実施して町の名士の意見を求めた．そうした短い報告書から，とくに念入りに練られた文章で書かれた公証人アレッサンドロ・ラメデッリの文書の冒頭を見よう．

Illustre et Excellentissimo Principe e Signor Mio et cetera, intendendo che la Signoria Vostra quala è vaga e desiderosa del bene e utilitade d'i vostri citadini e contadini ad honore e magnificencia de la vostra citade et merito, fece congregare uno certo dì già passato alcuni d'i vostri citadini in la vostra corte e lì per lo vostro conselgio fue preposto per parte de la Signoria Vostra che cadauno da per sì e insema dovesenno pensare sopra tal utilitade et cetera et puoy refferire: adunqua io, minimo vermicello, affectando tal vostra voluntate venire a 'secucione, sono mosso anzi constructo per utilitade e honore de la re publica a discriver sopra tal materia quello che pare al mio parvo intelecto bisognevole, particularmente ad effecto mandare quella vostra bramosa voluntà.

(*Mantova 1430. Pareri a Gian Francesco Gonzaga per il governo*, a cura di M.A. Grignani et al., Mandova Arcari, 1990, p. 94)

> 高名で優れた君主，我が主君閣下，あなたの町の名誉と豪奢ぶりと功績にかけて，市民と農民たちの財産と利益を知りたがっておられる閣下は，先日，何人かの市民を宮廷に集めて，閣下の忠告として，それぞれが財産について自分の分と全体の分を考え，報告するようにと提案されたと聞きました．そこで，ちっぽけな虫けらではありますが，その閣下の御意志を受けまして，そうした財産について，わたしの乏しい才能が許す限りで閣下の強いご希望を実現すべく，公の効用と名誉のために述べることに致したい，いやむしろそうせざるを得ませんでした．

テキストの言語は，当時の文語イタリア語にかなり近い（つまり上記の3番

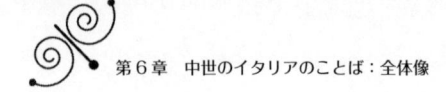

目の要素を強く表わしている）．だが，そこから逸脱するいくつかの点がある．書き手がロンバルディア出身であることを示す，わずかながら興味深い手がかりがある．語形 quala「どれほど」は，語末母音が不適切に再現されている（ケルト＝イタリック方言では語末の非強勢母音は欠落する傾向にあった．本章1節）．conselgio「助言」（この lgi は硬口蓋側音を指す表記である）は，母音上昇が起こらなかったことを示している（第3章3-3）．代名詞 sì（本章1節参照）．insema 'insieme'「いっしょに」は，ロンバルディアの話しことばに特徴的な語形である．さらに citade「町」と citadini「市民」に単一子音 t が存在していることと，とりわけ dovesenno 'dovessero'「すべきである」で二重子音と単子音が誤って配置されていることに注意したい．書き手がこの点に関して自信がなかったことが示されている．語形 puoy ＜ PŎST「できる」も，トスカーナ方言にはない二重母音を表わしている（二重母音化の時期には S はまだ発音されていなかったため，開音節ではなかったからである）．このテキストに現れるラテン語用法は特に変わったものではなく，当時のトスカーナ方言の文章にも登場する程度のものである．いずれにしても気がつく点を挙げるなら，voluntade「意図」，voluntà「意志」，particularmente「特に」（ラテン語 VOLUNTATE(M), PARTICULARIS に忠実な語形）における強勢前の u と，特に語彙的ラテン語用法 parvo 'piccolo'「ちっぽけな」（ラテン語 PARVUS）である．一方，affectando「受け入れる」，constrecto「迫られる」，intellecto「知」（トスカーナ地方とイタリア中南部では［intelˈletto］，北部では二重子音を単一音化して［intelˈlɛto］とそれぞれ自動的に発音された）などの語形で，ラテン語式の表記 ct が使われているのはまったく通常のことであった．

文　献

第1章

1）イタリア語以前にラテン語があった．その詳細な歴史は，Paolo Poccetti, Diego Poli e Carlo Santini, *Una storia della lingua latina. Formazione, usi, comunicazione*, Roma, Carocci, 1999 で知ることができる．

2）ラテン語を勉強したことがない学生は，本書で説明したラテン語の母音・子音体系，格体系，屈折語尾と活用変化を丁寧に読んだ上で，学校教材用の文法書でこれらの事項をさらに深く知ることができるだろう．特に Alfonso Traina e Giorgio Bernardi Perini, *Propedeutica al latino universitario*, Bologna, Pàtron, 1998[6].

3）俗ラテン語について最初に参照すべきは，Veikko Väänänen, *Introduzione al latino volgare* (Bologna, Pàtron, 1982[3]) である．さらに俗ラテン語に関して以下のテキストを挙げる．Lorenzo Renzi, con la collaborazione di Giampaolo Salvi, *Nuova introduzione alla filologia romanza*, Bologna, Il Mulino, 2006[2]; Carlo Tagliavini, *Le origini delle lingue neolatine*, Bologna, Pàtron, 1972[11]; Alberto Zamboni, *Alle origini dell'italiano*, Roma, Carocci, 2000.

第2章

イタリア語の音声学と音韻論に関する（専門的または部分的に扱う）大学生向けの文献として，以下の書物が役に立つだろう．Luciano Canepari, *Introduzione alla fonetica*, Torino, Einaudi, 1979; Idem, *MaPI. Manuale di pronuncia italiana*, Bologna, Zanichelli, 2005[2]; Amedeo De Dominicis, *Fonologia. Modelli e tecniche di rappresentazione*, Roma, Carocci, 2003; Federico Albano Leoni e Pietro Maturi, *Manuale di fonetica*, nuova ed., Roma, Carocci, 2007[7]. Bruno Migliorini, Carlo Tagliavini e Piero Fiorelli, *DOP. Nuova Edizione. Dizionario d'Ortografia e di Pronuncia*, Torino, Eri Studio, Edizioni Rai, 1999 と Luciano Canepari, *DiPI. Dizionario di pronuncia italiana*, Bologna, Zanichelli, 1999 は，（地名や人名を含めた）語の発音と綴りに関する疑問を解消する助けとなる．

第3, 4, 5章

1）現在，イタリア語に関するもっとも包括的な文法史は，Gerhard Rohlfs, *Grammatica storica della lingua italiana e dei suoi dialetti*, Torino, Einaudi, 1966-1969 で，イタリア語とイタリアの主要方言の音声・形態・統語の構造の形成を通史的に取り上げた3巻本である．Rohlfs と並ぶ Pavao Tekavčić, *Grammatica storica dell'italiano* (3 voll., Bologna, Il Mulino, 1980[2]) には興味深い多数の示唆が見られる．この功績ある2つの著作を，記録の豊富さと正確さの点でおそらく上回ると思われるのが，Arrigo Castellani, *Grammtica*

storica della lingua italiana の第1巻 *Introduzione* (Bologna, Il Mulino, 2000) である．
　手軽に読める本として Martin Maiden, *Storia linguistica dell'italiano*, Bologna, Il Mulino, 1998 がある．
　教育目的で執筆された Luca Serianni, *Lezioni di grammatica storica italiana,* nuova ed., Roma, Bulzoni, 2006 と Paolo D'Achille, *Breve grammatica storica dell'italiano*, Roma, Carocci, 2001 は，イタリア語の構造の多くを分かりやすく簡潔に説明している．
　文法史の注釈を含むイタリア語やイタリア言語学の歴史的参考書も有益である．Eduardo Blasco Ferrer, *Breve corso di linguistica italiana*, Cagliari, CUEC Editrice, 1996; Francesco Bruni, *L'italiano. Elementi di storia della lingua e della cultura*, Torino, UTET, 1984; Claudio Marazzini, *La lingua italiana. Profilo storico*, Bologna, Il Mulino, 2002³; Alfredo Stussi, *Breve avviamento alla di filologia italiana*, nuova ed., Bologna, Il Mulino, 2010.

2）本書では，イタリア詩の言語の特徴についていくつか触れた．今日では，詩の言語に関して詳細な文法解説が作られている．この分野では唯一の著作 Luca Serianni, *Introduzione alla lingua poetica italiana*, Roma, Carocci, 2001 である．13世紀から19世紀までのほぼ7世紀の間に，イタリア詩が散文とは異なる言語になっていった音声・形態・統語的特徴が再構成され，まとめられている．

3）いわゆる優れた「一般」（学校や家庭の本棚にある）国語辞書には単語の語源が説明され，派生した基語が載っている．たとえば *Il Devoto-Oli 2010*, Firenze, Le Monnier, 2009; *Dizionario Italiano Garzanti*, Milano, Garzanti Linguistica, 2007; *Il Sabatini-Coletti. Dizionario della lingua italiana* 2008, Milano, Rizzoli/Larousse, 2007; *Lo Zingarelli 2010*, Bologna, Zanichelli, 2009 では，様々な語彙の語源が載っている．しかし語の起源についてさらに深い情報を把握し，イタリア語の語彙の歴史と変遷を知るためには，歴史・語源学辞書を参照しなければならない．たとえば Salvatore Battaglia, *Grande dizionario della lingua italiana*, Torino, UTET, 1961-2002, 21 voll. や，Manlio Cortelazzo e Paolo Zolli, *Dizionario etimologico della lingua italiana*, Bologna, Zanichelli, 1979-1988, 5 voll.; 新版 *Il nuovo etimologico*, a cura di Manlio Cortelazzo e Michele A. Cortelazzo, Bologna, Zanichelli, 1999 である．ロマンス諸語の語彙が派生したラテン語・俗ラテン語基語をすべて収録したWilhelm Meyer-Lübke, *Romanisches etymologisches Wörterbuch*, Heidelberg, Winter, 1935 と，分量の豊富な Max Pfister 編 *Lessico etimologico italiano*, Wiesbaden, Reichert, 1979 ss. は，イタリア語の歴史の研究者にとって貴重な書物である．この辞書には多数の研究者が参加しており2007年現在で項目 C に達したところであるが（88° fascicolo, vol. X, Campania-cannalis），完成すればこれまでで一番豊かで権威あるイタリア語の語源辞典となるだろう．

　Marcello Aprile, *Dalle parole ai dizionari*, Bologna, Il Mulino, 2005; Tullio De Mauro, *La fabbrica delle parole*, UTET Libreria, 2005 と Valeria Della Valle, *Dizionari italiani: storia, tipi, struttura*, Roma, Carocci, 2005 は，イタリア語の語彙の性質，構造，形成に関する重

要な情報を提供する．
4) イタリア語の歴史文法を学ぶことは，現代イタリア語の文法の勉強に再び（あるいは初めて）取り組む良い機会かもしれない．その場合に貴重な助けとなるのが，総合的著作 Pietro Trifone e Massimo Palermo, *Grammatica italiana di base*, Bologna, Zanichelli, 2007^2 で，外国人も含めて大学生にとって最適である．また Luca Serianni, *Grammatica italiana*, Torino, UTET, 1988. (1997 年以降 "Garzantine", Milano, Garzanti の廉価版もある) は，20 世紀の優れた文法書としてもっとも有名で，広く流布している．さらに Lorenzo Renzi, Giampaolo Salvi e Anna Cardinaletti 編．*Grande grammatica italiana di consultazione*, 3. voll., Bologna, Il Mulino 2001^2 は，40 人近い専門家による長年の研究の成果で，現代イタリア語が幅広く記述されている．Giuseppe Patota, *Grammatica di riferimento dell'italiano contemporaneo*, Milano, Garzanti, 2006 は，大学の学術研究，学校教育，外国語としてのイタリア語教育の三つの異なる領域の研究者のさまざまな経験からの統合的な成果を試みた著作である．

第 6 章

教養伝統の俗語研究を深めるためには，その分野を専門的または部分的に扱っているさまざまな研究書や一般書が役に立つ．たとえば Günter Holtus, Michael Metzeltin e Christian Schmitt 編, *Lexikon der romanistischen Linguistik*, II, 2. *Die einzelnen romanischen Sprachen und Sprachgebiete vom Mittelalter bis zur Renaissance*, Tübingen, Niemeyer, 1995 のいくつかの箇所（イタリア語に関する部分）では，ピエモンテ・ロンバルディア・エミリア＝ロマーニャ，リグーリア，ヴェネト，マルケ・ウンブリア，ラツィオ，アブルッツィ，カンパーニア・カラブリア北中部，ルカーニア，プーリアとサレント，カラブリア南部とシチリアの古俗語について，各分野の優秀な専門家が執筆している．Luca Serianni e Pietro Trifone 編 *Storia della lingua italiana*. III, *Le altre lingue*, Torino, Einaudi, 1994 に収録された各論文も同じ題材を扱っている．Rosa Casapullo, *Il Medioevo*, Bologna, Il Mulino, 1999 は，古イタリア語の変異を幅広く記述している研究書で，言語的注釈の付いた原文のアンソロジーも備えている．すでに挙げた Francesco Bruni, *L'italiano* と，同じ研究者が編集した 2 冊の共著，*L'italiano nelle regioni. Lingua nazionale e identità regionali* と *L'italiano nelle regioni. Testi e documenti*, Torino, UTET, 1992 e 1994 を利用するのもよいだろう．イタリア史における国家言語と諸方言の関係の様子が解説されている．

日本語文献案内

イタリア語が派生したラテン語の文法と歴史について，そしてイタリア語を含めたロマンス諸語について，本書の理解を助けるのに役立つと思われる関連図書をあげておく．

1. ラテン語文法と歴史

・松平千秋・国原吉之助『新ラテン文法』(東洋出版, 1994年)
　　日本では大学の課程で初めてラテン語を学ぶのが通例であるので，単にラテン文法の骨格だけを示して機械的に習得させるのでは学習者の要望をじゅうぶんに満たせない．そのため本書では語形や文法事項について詳しい説明が加えられている．巻末に付録として「音韻変化」「ローマの暦」「変化表」「主要動詞の基本形一覧表」が添付されていて便利である．独学用としてもじゅうぶんに活用できる．

・有田潤『初級ラテン語入門』(白水社, 1964年)
　　本書の特徴は全体の3分の1ほどがまとまりのある「読み物」に当てられていて，この「読み物」を中心に構成されている点である．各々の「読み物」には単語・註・訳が添えられていて徹底的に理解できるように工夫されている．

・ジャクリーヌ・ダンジェル『ラテン語の歴史』(遠山一郎・高田大介訳, 文庫クセジュ, 2001年)
　　ラテン語の起源・繁栄から衰退への経緯，さらにロマンス諸語の形成にいたる歴史をコンパクトに叙述した好著．特に第1章の「ラテン語からロマンス諸語へ」は参考文献として役立つ．

・風間喜代三『ラテン語・その形と心』(三省堂, 2005年)
　　本書の特徴は読み物としての「ラテン文法」という点にある．豊富な用例をもって文法事項を説明しながら，「文法に退屈した読者の気分転換」のために古代ローマ人の生活習慣や文化についてのコラムが挿入されている．巻末に「ラテン語の慣用表現」のリストが訳文とともに添付されていてたいへん便利である．

・小林標『ラテン語の世界：ローマが残した無限の遺産』(中公新書, 2006年)
　　古典ラテン語，俗ラテン語から中世ラテン語にいたるまでその推移の歴史を分かりやすく概説した「ラテン語研究」の入門書である．

日本語文献案内

- ジョゼフ・ヘルマン『俗ラテン語』(新村猛・国原吉之助訳,文庫クセジュ,1971 年)
  日本では唯一の「俗ラテン語」に関する入門書である.「俗ラテン語」の諸特徴と歴史的推移についておおよその知識を得ようとする者にとって好適な著作である.特に俗ラテン語からロマンス諸語への過渡期の段階についても興味ある解説がみられる.

2. イタリア語を含めたロマンス諸語

- レベッカ・ポズナー『ロマンス語入門』(風間喜代三・長神悟訳,大修館書店,1982 年)
  「常に現代語の生きた姿を念頭に置きつつ,言語を学ぶ知性のある大人の読者にとって有益な手がかりとなるであろう,理論的ないし実際的な予備知識とも呼ぶべきものを提供しようと努力した」という著者の言葉通り,近代ロマンス諸語すべてを比較した分かりやすい見取り図を提供してくれる.

- アンリエット・ヴァルテール『西欧言語の歴史』(平野和彦訳,藤原書店,2006 年)
  ヨーロッパには,ラテン語から派生したロマンス諸語だけでなく,ギリシャ語派,ケルト語派,ゲルマン語派などさまざまな言語がある.本書は西欧言語全体を対象として,相互の影響と歴史的変化を記述している.数多くのコラムが設けられ,イタリア語の項目ではパスタのさまざまな名称をとりあげるなど,読者の興味を引く工夫が随所にみられる.

- 郡史郎『はじめてのイタリア語』(講談社現代新書,1998 年)
- 白崎容子『イタリア語を学ぶ』(PHP 新書,1998 年)
- 岩倉具忠,近藤直樹,カロリーナ・カパッソ『はじめてのイタリア語―楽しく歴史も学べる―』(丸善,2006 年)
  現代イタリア語に関する入門書は多数あるので,一般的な「文法」書ではなく,イタリア語文法を概観すると同時に文化・社会・歴史について手軽に通読できる 3 冊をあげた.

索　引

イタリア語の動詞活用形は基本的に不定詞の項にまとめ，方言は単独の語形として扱った．
なお，接尾辞は以下にまとめた． -aio 83; -areccio 62; -arello 62; -(t)oio 83; -ereccio 62; -erello 62; -erìa 62; -ese 76; -esimo 94; -ile 60; -ine 61; -ismo 94; -mentre（ヴェネツィア方言）189; -oso 76

語形索引

●A

a（前置詞）114
a' / ai（前置詞と冠詞）102
abbadessa 97
abbandonare; abbandonaro 153
abbe（ローマ方言）195
abile 73
abito 73
accendere; accesi 156, 157
Accia（ローマ方言）197
accusare 76
aco（南部方言）74
acqua 71, 72
acquarello / acquerello 63
acuto 75
addormire; addormiro 153
adornamente（ミラノ方言）185
affàcchiti（シチリア方言）203
affectando 206
aghirone 94
aglio 24
agnello 32, 41
ago 118
agosto 60
aia 83
aiola / aiuola 27, 50
al 100, 127
ala 37
ala（北部方言：前置詞と冠詞）188
albero 118
alcuno 144
allora 101
altramentre（ヴェネツィア方言）190
altro 144

amàra（シチリア方言・南部方言）162
amare 146; amano 149; amai 151-154; amaro 153; amarono 150, 152; amarìa 163
àmeda（ミラノ方言）181
àmia（ヴェネツィア方言）181
amico 75, 111
amigo（リグーリア方言）74
amore 201
ampio 86
amuri（シチリア方言）201
ancora 101
andare 100; va 92, 103; va' / vai 102; andò 103
Andrea 56
angoscia 18
anguilla 72
angustia 18
annà（ローマ方言）193
anze（ミラノ方言）185
ape 75
apìssove（ナポリ方言）200
appena 104
aprile 75
aprire; apersi 156, 157
aqua（ミラノ方言）185
arancio 97
ardere; arsi 156
arena 96
Arezzo 79
ariete 43
armonia 28
ascella 68
assetar（ミラノ方言）184; assetao（ミラノ方言）184
assistere; assistei / assistetti 153
attenzione 62

索引

atto 67
aureo 17
avanzare 81
avello 96
avere 159; avea 55, 91; ebbe 154, 195; abbia 78; avrebbe 165; avrìa 162, 201; ha 102; hanno 164; ho 102
avvenire 67
avvento 101, 102
avvisare 67, 76
azione 32

● B

bacio 72, 86
badessa 97
balla 24
bambù 93
barone 22
Bartolomeo 56
bataia（ジェノヴァ方言）189
battesimo / battesmo 15, 94
becco 23
beduto（ナポリ方言）200
bello / bel / begli / bei 5, 26, 100 129, 130
bene 47, 48
bénneno（ナポリ方言）200
benzinaro 83
bere; bevo 26, 57; beveva 57
bértiga（ログドーロ方言）39
Biagio 86
biasimare / biasmare 94
biberòn 93
bidè 93
bieta 77
bisogno 76
blu 102
Boezio 28
bontà / bontade 93, 98, 99
borgataro 83
boscareccio / boschereccio 62
botaia 189
braccio / bracci / braccia 109, 110
breve / brieve 48, 49, 67
bruciare 86
buca 23
buddismo 94
budello / budelli / budella 59, 75, 109, 110
bue / buoi 55
bufalo 67
buono 23, 27, 37, 45, 66, 98, 100
bustarella 63

● C

ca（南部方言）143
cacchio 88
cacciare 80
cadere 147
caffè 93
cagione 86
calamaio 83, 84
calamaro 83, 84
calcagno / calcagni / calcagna 109, 110
caldo 12, 97
calibro 42
callo（ローマ方言）193
cambiare; cambiai 27
camicia 86
cammisa（ナポリ方言）197
canapè 93
cancello 42
cane / cani 121
cantàra（南部方言・シチリア方言）162
cantare; cantarò / canterò 63; cantarei / canterei 63
cantàstevi（ナポリ方言）200
capecchio 88
capegli / capei / capelli 129
capello 75
capestro / cavestro 77
cappio 86
capra 75, 77
capre 121
carbone 72
caro 67
carogna 13, 14
casa 24, 30, 75
casareccio / casereccio 63
caso 76
castella 110
Catignano 77

索引

cauccìù 93
cavagli / cavai / cavalli 129
cavallaria / cavalleria 191
cavéi（ヴェネツィア方言）74
cavèi（ロンバルディア方言）74
cavèli（リグーリア方言）74
cedere; cedei / cedetti 153; cedi 153; cedo 24
cena 30
cera 37
cerchio 86
certo 144
cervello / cervelli / cervella 57, 98, 110
cesoia / cesoie 76
cessare; cessò 165
chavalier（ヴェネツィア方言）189
che 24, 31, 72, 90, 102, 142, 143, 173-175
checché 104
chesta（南部方言）72
chi（ミラノ方言：副詞）72
chi 90, 102
chiagne（ナポリ方言）197
chiamare 91
Chianche（ナポリ方言）197
Chianura（ナポリ方言）197
chiave 86
chiazze（ナポリ方言）199
chiedere 47, 72; chiedo 44
chiene（ナポリ方言）199
chiesa 15, 76
chilli（南部方言）72
chillo / chillu（ナポリ方言）198-201
china 31
chiodo 27
chirurgia 62
chissà 104
chissu（ナポリ方言）198
chistu（ナポリ方言）198
chiù（ナポリ方言）197, 199
Chiummo（ナポリ方言）197
ci / ce 134, 135, 171
cialda 31
ciao 24
cicogna 56
ciento（ナポリ方言）200
cierto（ナポリ方言）199
ciglio 52, 70

cimice 60, 181
cingere 54; cingo 54
ciò 31, 139
citade（北部方言）206
citadini（北部方言）206
citate（ローマ方言）195
città / cittade 93, 99
cliccare 147
co（南部方言）143, 175
co' / coi 102
cocaina 28
coda 44, 64
codesto 138, 141, 140
colonna 12
coloro 119
coltella 110
colui 26, 27
come 72, 90, 104
cominciare 80; cominciarono 165
comme 201
commettere; commisi 76
como（ナポリ方言）200
comperare 62
conciare 81, 91
confondere; confusi, confuso 76
conselgio（北部方言）206
consiglio 52, 54
constructo 206
contiene 43
convegniva（ヴェネツィア方言）189
convegno 189
còre / cuore 50, 51, 70, 189, 201
còri（シチリア方言）50
corno / corni / corna 109, 110
corpo 37, 45
corpora 110
Corrado 66
corte 188
cosa 44
coscia 68, 91
così 75, 92
cotesto 140
cotta 23, 66
credere; credei / credetti 153; crederìa 162
cresima 15
cristianesimo 94

索　引

croce 40
cruci（シチリア方言）40
cucina 59, 66
cui 142, 143
cuocere 66
cuoco 66
cuoio / cuoi / cuoia 83, 110
cuore → còre を参照
curioso 76
Currado 66

● D

da 102, 104
danaio / danaro / denaro 84, 85
danno 67, 91
dappoco 104
dare 23, 64; dà 103; da' / dai 102; diè 99; diede 67, 154; detti 154, 156; diedero 154; diedi 156; do 102
Davidde 92
davvero 104
de（ローマ方言）191, 194
de-（接頭辞）57
de' / dei 102
dea 55
decembre / dicembre 56
decimo 47
defendo / difendo 56
del 100
delicato / dilicato 57
delo（ヴェネツィア方言）188
demandare / dimandare / domandare 64
demani / dimani / domani 64
denotare 59
deprimere 59
derizzare（ローマ方言）194
descaçao（ミラノ方言）184-185
desco 18, 37
designare 59
desso 139
detto 67, 154
devere / dovere 64
di 58, 174
dicasi 173
dicesi 173
dico 75
diebia（ヴェネツィア方言）186
diece / dieci 47
dimorà（ヴェネツィア方言）190
dio 55
dire; dissi 155, 156; disse 155, 164; dissero 155
disco 18
dise, diseva（ヴェネツィア方言）188
dispiacere; dispiace 43
dividere; divisi, diviso 76
dolere 45, 46; duole, duoli, dolete, doleva 45, 46; dolgo 45
domeneca / domenica 60, 75
dond（ミラノ方言）185
donna 97
dono 109
dormire; dormono 164
dottor 100
dove 104
dovere; 73, 165; doveva, dovevo 165; dovrìa 162
dovesenno 206
dra（ミラノ方言）185
drago / dragone 120
duca / duga 77
due 55

● E

e（接続詞）102, 172
è → essere
e' / ei（代名詞）131, 132
ebbe, ebbero, ebbi → avere
eccome 104
egli 31, 131-133, 164
eglino 131, 133
el（冠詞）127, 128
ella 131, 133
elle 132, 164
elleno 131, 133
elli 131, 132
elo（ヴェネツィア方言）188
émpito 61
entorno（ローマ方言）191
equale 72
essa 131, 133, 139
esse 131, 132, 139

essere 48, 159; è 104; era / ièra 48; erano / ièrano 48; fu 103; sarìa 162, 201; sarà 101; sarò 92; sono 150
essi 131, 132, 139
esso 67, 131–133, 139
Ettòrre 92
eucarestia 15

● F

fabbro 72
facile 60
faggio 118
fagiano 86
fagiolo / fagiuolo 49
falza（シチリア方言）204
fameglia（ローマ方言）191
famiglia 31, 51
famoso 76
fantasia 62
fattarello / fatterello 62
fare 165; fa 92, 102; fa' / fai 102; faccio 79; fece 155; fé 99; farei 27
fata 23
fato（ヴェネツィア方言）188
fattarello / fatterello 62
fatto 182
fava 73
favola 73
fazzo（ナポリ方言）197
fé / fede 57, 99
febbraio 57
febbre 72
fedele 57, 61
femmina 60
fermare 57; fermaro 153
fèro / fiero 45, 50, 51
fèru（シチリア方言）50
fese（ヴェネツィア方言）188
festa 37, 57
festareccio / festereccio 62
festivo 57
fiasco / fiascone 120
fibbia 86
fico 78
fiducia 42
figlia 82

figlio 32, 87, 109
figliolo / figliuolo 43, 49
figo 77, 78
filantropia 62
filo / fili / fila 100, 110
finestra 56
finire 146; finirò 160, 161; finii 154, 154; finì 93, 152; finiro 153; finirei 162
finocchio 56
fio（ヴェネツィア方言）189
fioraio 83
fiore 17, 37
Firenze 119
fissare 67
fitto 67
fiume 119
flora 17
foce 44
fòco / fuoco 50, 51, 66, 75
fòcu（シチリア方言）50
foglia 82, 87, 118
foia（ロンバルディア方言）189
fondamento / fondamenti / fondamenta 110
fondere; fusi, fuso 76
fora（シチリア方言）162
formare; formò 92
fornai 84
forza 79
fossa 37
fra 102
fradelo / fradel（北部方言）181
francese 76
frantoio 83
frassino 118
frate 99
fratello 181
frattanto 104
freddo 97
fregio（ミラノ方言）184, 185
frutarol（ヴェネツィア方言）186
fruttarìa / frutteria 62
frutto 115
fucina 64
fumé 93
fungo 53, 54
furtuna（シチリア方言）203

●G

gabbia 78
gara 24
gastu（ヴェネツィア方言）187
gata（ミラノ方言）180, 181
gatta 180, 182
gelo 23, 70
Genoa / Genova 94
genti（シチリア方言）203
gestione 147
gestire 147
ghepardo 31
ghiaia 17, 83, 86
ghianda 118
ghiandola 41
ghiro 24, 31
già 92
giacca 31
giacere 70
giada 23
giammai 104
Gianni 196
ginocchio / ginocchi / ginocchia 109, 110
giocare 70
gioco / giuoco 50
giornalismo 94
giostra 31
Giovanni 70, 94
giugno 82
giunco 53
giungere; giunsi 156
giurare; giuro 91
giusto 31
glande 118
gli / le（代名詞）134, 135, 171, 172
gli（冠詞）96, 122, 128, 129
gloria 17
gnomo 24
gocciare 81
gola 23
gòra 44
gracile 60
gramigna 52
gran / grande 98, 99
granaio 83, 84

gregario 59
gridare 165
guado 71
guai 27
guaina 71
guardare 70, 71; guardaro 153
guarire 147
guerra 27, 70, 71
guida 27, 70, 71

●H

ha, hanno, ho → avere

●I

ià（ナポリ方言）196
Ianni（ナポリ方言）196
iena 23
iente（ナポリ方言）196
ieri 26
iettatore 196
iettatura 196
il / i 122, 125-129, 164
in 58, 91, 113
inamorà（ヴェネツィア方言）188, 190
infondere; infusi, infuso 76
ingegner 100
inglese 76
inquiete 27
insema（ロンバルディア方言）206
intellecto 206
invidha（ミラノ方言）185
io 55, 130, 131
Ischia 88
isola 76

●J

jace（ナポリ方言）200
juorno（ナポリ方言）199, 200

●L

la / le（冠詞）96, 122, 130,
la / le（代名詞）131, 132, 134, 135, 171, 172

là 95, 96, 104
laco（シチリア方言）74
ladro / ladrone 120
lago 75
laguna 42
làit（ピエモンテ方言・リグーリア方言）182
Lanza 197
lasagna 96
lasciare 68
lascivo 31
lassù 104
lastrico 97
lato 24
lattuga 75
lavatoio 83
lavello 96
le → la / le, li / le を参照
Lecce 197
legare 57; lego 57; legherei 57
legge 37
leggere 61, 146; legge 70; leggerà 93; leggerò 160; leggi 148; leggo 147
legno 31, 37, 52
lei 47, 48, 95, 96, 131, 133
lengua（ローマ方言）191
lenticchia 98
lento 67
lenzuolo / lenzuoli / lenzuola 43, 110
leone 28
lettera 61
letto 22, 23
levare 46; levo / lièvo, leva / lièva 46
li / le（代名詞）134, 135, 171
lì（冠詞）129
li（冠詞）→ il / i
lì（副詞）95, 96, 103,
libricciuolo 49
lieto 44, 45
lietto（ナポリ方言）200
lievito 47, 60
ligneo 52
lingua 53, 54, 72
livornese 76
lo / gli（冠詞）96, 122, 125–129, 164,
lo / la（代名詞）134, 171, 172
loco（シチリア方言）50, 201

lodare 160; lodo 44; loderò 160; loderei 162
loro（所有形容詞）138
loro（代名詞）119, 131, 133, 135
luchenti（シチリア方言）203
lui 48, 95, 96, 131, 133
lumaca 77
luogo 45
luogora 110
lupi 120
lupo 77, 109, 115, 119, 120

●M

ma（接続詞）102, 172
macché 104
macchia 98
macellarìa / macelleria 62
macerare 70
madre 23, 75
maggio 70
'maginà（ヴェネツィア方言）190
magro 75
mai 27
mama（北部方言）180
mamma 180, 182
man（ミラノ方言）185
mandare 165
mangiare / manicare 6, 136
manicaretto 6, 136
mànnace（ローマ方言）193
mano 64
manoale / manovale 94
Mantoa / Mantova 94
manzo 81
margarita / margherita 62
Marinuzzi 197
marito 75
martella 110
marxismo 94
mascella 68
mastice 60
Matalena（ローマ方言）195
matre（シチリア方言・ローマ方言）74, 195
me（代名詞）58, 102, 130, 131, 134
me' / meglio 99
medecina（ローマ方言）191

索　引

medesimo 141, 142
medio 82
medolla / midolla 56
megio（ヴェネツィア方言）189
megliore / migliore 56
meilare 147
melanese / milanese 56, 76
Melano / Milano 56
membro / membri / membra 110
memoria 59
meraviglia 118
mercato 75
mese 76
mesto 44
mesura / misura 56, 76
mettere; misi 76, 156
mezzo 81, 82
mi 58, 134, 171-173
mi（ヴェネツィア方言）190
mia 55, 137
Michiel（ヴェネツィア方言）186
mie 137
miei 27, 55, 137
mille 37
milza 24
mindi（シチリア方言）204
Minosse 92
mio 55, 137
mittili（シチリア方言）203
mo' 100, 102
modo 99
moggio 81
moglie / mogliera 82, 120
moine 28
móito（ローマ方言）193
mola 34, 35
molino 60
molla 34, 35
monachesimo 94
mond（フリウリ語）9
mondo 9
monno（ローマ方言）9, 68
mordere 147
more（シチリア方言）201
morire; muoio 83
mormorio 28

mòro（シチリア方言）83
mórto（ローマ方言）193
mosca 37, 39
mostrare 41; mostrerò 165
mostro 37
motel 93
mozzarella 63
muggire 41
mulino 60
mulo 67
munne（ナポリ方言）9
muodo（ヴェネツィア方言・ローマ方言）186, 189, 194
muovere; mossi 156, 157
murir（ヴェネツィア方言）189
muro / muri / mura 37, 110
muska（ログドーロ方言）39
mustri（シチリア方言）203
naso 75, 85

● N

ndi（シチリア方言）204
né 103
ne 136
ne' / nei 102
negare 46; nega / nièga, neghiamo, negate 46
negozio 57
nepote / nipote 56
neve 17, 40, 67
niru / niri / nera / nere（南部方言）191
niveo 17
nivi（シチリア方言）40
no 92
nodo 23
noi 69, 131
noioso 76
nöit（ピエモンテ方言）10
none 92
nostro 137
notaio 83, 84
notaro（ローマ方言）195
notte 10
nove 47, 48
novel（ヴェネツィア方言）189
novo（シチリア方言）201

nòvo / nuovo 50, 51, 66
nòvu（シチリア方言）50
noze（ミラノ方言）185
nozze 81
numero / numeri 108
nutrire 75

● O

obbedire 60
oca / oga 77
occhio 98
occido → uccido を参照
occuperebbesi 173
ode, odi, odiamo, odire, odite, odono → udire
offendere; offesi 156, 157
oggi 81
ogni 144, 145
ognuno 144
oliva / olivo 60
omo（ローマ方言）194
oncino → uncino
onghia → unghia
onna（ローマ方言）193
opera / opere 47, 67
ora 101
ordine 61
orecchia / orecchio 12, 60
oriuolo 49
oro 17, 44
ortìca 77
osare 76
osso / ossi / ossa 110
ozono 23

● P

Paderno 77
paese 28
paggio 81
paglia 31, 87
Pagliuca 31
Pagolo 94
pala / pale 23, 31, 34, 35
palagio / palazzo 80
Palau 27

palazzinaro 83
palla 24, 31, 34, 35
palombaro 83
pan（ヴェネツィア方言）186
pane 67
paninaro 83
parabola 15
parlare 100; parlerò, parlò 93
parte / parti 121, 122
particularmente 206
partire; partiro 153
parvo 206
Paterno 77
patre（ローマ方言）195
patto 22, 67
paura 28
pe' / pei 102
pecora 47, 118
pedata 45, 46
peggio 57
peggiore 57, 70
pelle 25
pelo 25, 57
peloso 57
pena 23, 44
penna 105
pennarello 63
pensare; penso 57; penserìa 162
penzao（ローマ方言）194
penzo（ローマ方言）193
per 91
perdere 61; perdo 37, 45; perdé 93
perlomeno 128
perlopiù 128
permettere; permisi 76
però 139
persuadere; persuasi, persuaso 76
pertica 39
perzì（ナポリ方言）199
perzona（ローマ方言）193
pesare 41, 57
pescheria 62
petardo 59
petto 22, 45
piacere; piacque 154, 164; piaccia 91; piaciuto 31
piangere; piansi 156

索 引

piano 86
piatto 27
piazza 79
piccione 197
piede / piè 27, 37, 45, 46, 99
piglio 31
pila 22
pineta 61
pino 118
piommo（ローマ方言）68, 193
pir（シチリア方言）203
pirkì（シチリア方言）203
pirsuna（シチリア方言）203, 204
pittura 101, 102
più 92
piuma 27
pneumatico 27
poco / po' 44, 77, 99, 100, 102
podeva（ヴェネツィア方言）188
pogo 77
pollo / polli 25, 37
polzo（ローマ方言）193
ponge（ローマ方言）191
ponte 26
porcello 41
porco 37, 39, 45
pórco（ログドーロ方言）39
porgere 185
porta 25
portare; portò 103
porto 26
potéo（ローマ方言）195
potere 45, 46, 66; puoi 45, 46; può 45, 46, 66, 99; puote 46; potete, poteva 45, 46
pranzo 81
Prato 77
pratora 110
pregio 80
pregione / prigione 56
prendere; prende 185
presto 44
prezzo 80
principale 62
privato 41
professor 100
protestantesimo 94

provo / pruovo 49
pruoprio（ナポリ方言）200
pulire 59
pungere 54; pungete, pungeva, pungevamo, pungo, punto 54
puoy 206
puro 37
pusigno 52
putto 22

● Q

qua 71, 102
qua（ローマ方言）190
quaderno 75
quala 206
qualche 104, 144
qualcosa 144
qualcuno 144
quale / quali 27, 70–72, 90, 142
quand（ミラノ方言）185
quando 71, 72, 90
quantitae（ミラノ方言）185
quattro 71, 72
que' / quei 102
quel 100
quella / quelle 164
quelli / quegli / quei 129–130
quello 71, 72, 96, 105, 122, 138, 140, 141, 164
questo / questa / questi / queste 70–72, 94–96, 138, 140, 141, 164
qui 71, 72, 102
quillu（ナポリ方言）198
quissu（ナポリ方言）198
quistu（ナポリ方言）198
quota 24, 70

● R

rabbia 78, 115
radio 82
ragghiare / ragliare 87
raggio 81, 82
ragguardevole 62
ragione 80
ragù 93

索引

razzo 81, 82
re 102, 120
reale 28
recare / regare 77
regalo 58
reggere 79
reggia 79
rena 96
retto 22
ricoverare 75
ridere 147; risi 156
Rienzi（ローマ方言） 194
rimanere; rimasi 156
rinnovare; rinnova 43
rispondere 147; rispose 164; risposi 156, 157
riva 75
Rizzi 197
Rizzo 197
roba 73
roda（ヴェネツィア方言） 74
röda（ロンバルディア方言） 74
rondine 61
rondò 93
rosa / rose 24, 108, 115, 119–121
rotaia 45, 46
rovinare; rovinò 92
rozzo 81
ruossu / ruossi / rossa / rosse（南部方言） 192
ruota 46, 67

● S

saccente 197
saccio（ナポリ方言） 197
sacro 75
saetta 70
salire; salì 92
salute 119
salvadanaio 84
santo 99
sapere 147; sa 92, 102, 103, 139; sappio 91; sappia 78; sappiendo 91; so 91, 102
sapore 75
sarà, sarìa, sarò → essere
sarto, sartore 120

sartoria 120
sasso 67
scarafaggio 70
scarpa 23
scemo 24
scena 31, 92
sceverare 75
schiatta 88
schiattare 88
schiavo 88
scialle 24, 31
scimmia 81
sciolto 31
sciupo 31
scorza 81
scrivere 147; scrivo 147; scrissi 67, 155, 156; scrisse 155; scritto 67, 92
scuro 96
se（接続詞） 101, 102, 171
sé（代名詞） 104, 133, 134
secco 39
secretamentre（ヴェネツィア方言） 190
segnore / signore / signor 56, 100
segonda 185
segreto 61
seguente 91
segugio 86
semegliare / simigliare / somigliare 64
sentire 147; sentono 149; sentiva / sentia 55, 73; sentivano / sentiano 73, 150
seppellire 41
seppia 78
seppure 104
sera 23
serocchia / sirocchia 56
serva 112
servigio / servizio 80
servitù / servitude 93
sette 37
setto 22
sì 92, 103
si（代名詞） 58, 134, 135, 171–173
sì（北部方言：代名詞） 190
sicundo（シチリア方言） 203
sicuro 75
sigaretta 63

索引

sikku（ログドーロ方言）39
sìmeze（ヴェネツィア方言）181
sine 92
sio / sia（ローマ方言：所有形容詞）195
slitta 91
so / sa（サルデーニャ方言：冠詞）139
so → sapere
soa（ローマ方言：所有形容詞）195
soldo 197
sòle（シチリア方言）201
solere; soleva 91
sonare / suonare 46, 47; suono, suoni, suona 46; sonate / suonate 47; sonava / suonava 46
sonno 67
sono → essere
sopra 104
soprattutto 104
spasimo / spasmo 94
spatola 42
specchio 12, 42, 86
spesa 91
spica（南部方言）74, 75
spiga 75
spingere; spingo 53
spogliarello 63
spòrzer（ミラノ方言）185; sporzi, sporze 185
sputo 75
squarciare 80
stado（ヴェネツィア方言）188
stae（ミラノ方言）185
stagione 80
stamani 95
stamattina 95
stanotte 95
stare; sta 103; sta' / stai 102; stette, stetti 154, 156; stanno 164; stettero 154
stasera 95
stavolta 95
stazione 80
stesso 141, 164
Stèva（リグーリア方言）76
Stèvan（ロマーニャ方言）76
Stèven（ロンバルディア方言）76
Stèvu（ピエモンテ方言）76
Stievano（パドヴァ方言）76
sto / sta / sti / ste 94, 95
stracciare 80
strada 75, 91, 92
su 103
subito 73
sughero 61
suo / sua / sue / suoi 27, 28, 55, 67, 137
suocero 45, 47
suor / suora 101
sveglia 23

● T

tacere; tacque, tacquero, tacqui 155
tale 144
tana 23
tanto 188
tavernaro（ローマ方言）195
te 130, 131, 134
tegghia / teglia 87
tegnir（ヴェネツィア方言）189
tegno 189
teina 28
tela 40, 57
telaio 57
temere 146-150, 153; temea 55; temerò 160, 161; temei / temetti 153, 154; temerei 162
tempo 109
tenere 45, 46; tieni, tiene, tenete 45, 46; tenea / teneva 45, 46, 55,
tentativo 62
terso 37
teso 37
tesoro 76
ti 58, 134, 171, 172
tiepido 47, 75
tiglio 52
tigna 82
tila（シチリア方言）40
timore 56, 64
tinca 53
tingere; tingo 53
torma 12
tosare 76
trarre; trassi 156
tre 69, 103
tremare; tremo / triemo 48, 49

索引

tremma（ナポリ方言）197
tressette 104
tronco 53
trop / tropo（ミラノ方言）185
trovare; trovo / truovo 48, 49; trovò 92
tu 130, 131
tuo / tua / tuoi / tue 28, 55, 137
tutto 144, 145

● U

ubbidire 60
ubriaco / ebriaco 64
uccidere; uccido / occido 59; uccisi 76; ucciso 76
udire / odire 59; odo , odi, ode, udiamo, udite, odono 59; udia 55; udito 66
uf 102
uguale / eguale 64
ul 127
uliva / ulivo 60
un / uno / una 122, 125
uncino 59
unghia 53, 87
unico 60
uomo / uomini 26, 47, 60, 120
usignolo 76, 96
uso 76

● V

va, va' / vai → andare
vaiolo / vaiuolo 49
valle 37
vano 23
vantare 98
varva（ローマ方言）195
vaso 76
vaso（ナポリ方言）197
vasso（ローマ方言）195
vastu（ヴェネツィア方言）187
vattìstevi（ナポリ方言）200
ve' / vedi 99
vecchiarello / vecchierello 62
vecchio 88
vedere 101; vedo, veggio 91; vedeva / vedea 55, 73; vedevano / vedeano 73; vide 155;

veggendo 91
vedoa / vedova 94
vegghiare / vegliare 87
Vegnesia, Veniesia, Venezia, Vinegia 66
veleno 57
vendemmia 41, 81
vendere; vendei / vendetti 153
vendesi 173
venire 45, 46; vieni 45, 46; viene 35, 45, 46; venite 45, 46; veniva / venia 45, 46, 55; venne 35; vennero 164
vennetta（ローマ方言）194
vennicare（ローマ方言）194
vèr / verso 99
verde 97
vergogna 98
verràs（ヴェネツィア方言）187
vescovo 15, 75
vestigio / vestigi / vestigia 109, 110
vezzo 18, 79, 80
vi / ve 134, 135, 171
vidìri（シチリア方言）202
vigna 82
vilan（ミラノ方言）184, 185
vilania（ヴェネツィア方言）188
villareccio / villereccio 62
vincere; vinco, vincete, vinceva, vincevamo 53, 54
viniziano 66
vino 23
virtù / virtude 92, 93, 99, 103
visitare 76
viso 76, 85
vivere 61; vivo 37; viveva / vivevo 165
vizio 18, 80
vocca（ローマ方言）195
voce 40
vogiudho（ヴェネツィア方言）188, 189
voi 69, 131
volere; vuole 46; volle 155; volli 155, 156
volevasi 173
volontà / voluntà / voluntade 45, 46, 206
voluntadlhe（ヴェネツィア方言）188
vostro 137
vuci（シチリア方言）40

索引

●Z
Zani 196
zemza（ボローニャ方言）181
zè-zè 28
zie 28
zuccaro（ローマ方言）191
zucchero 191

人名・事項索引

●ア行
アウグスティヌス Agostino 4, 12, 35
アウグストゥス Augusto 4
アプレイウス Apuleio 4
アリオスト Ludovico Ariosto 170
アレキサンドリア詩行 alessandrino 184, 202
アンドロニクス Livio Andronico 9
アンブロシウス Ambrogio 4
イアピージ人 Iapigi 6
イタラ訳（聖書）Itala 124
1次的無声唇軟口蓋音 labiovelare sorda primaria 71
インド・ヨーロッパ語族 famiglia linguistica indoeuropea 2, 6, 8
ヴィッラーニ Giovanni Villani 172
ウィトゥルウィウス Viturvio 13
ヴェネツィア方言 veneziano 74, 186, 187, 196
ヴェネト人 Veneti 6
『ヴェネトのトリスタン』Tristano veneto 187
ヴェーネネン Veikko Väänänen 35
ウェルギリウス Vergilio 4
迂言的動詞形 perifrasi 158, 159
ウルガータ訳（聖書）Vulgata 124, 169
ウンブリア語 umbro 6, 9, 76, 193
ウンブリ人 Umbri 6
エゲリア Egeria 12
SVO語順 sequenza SVO 168–170
SOV語順 sequenza SOV 168, 169
エトルスキ人 Etruschi 6
エトルスク語 etrusco 6
エリモ語 elimo 6
遠過去 passato remoto 5, 76, 93, 150, 151, 153, 154, 156, 157, 190
エンニウス Ennio 4
オウィディウス Ovidio 4
オスキ人 Oschi 6
オスク語 osco 6, 9, 193
オッシートノ ossitono 93
『オデュッセイア』Odissea 9
オロシウス Orosio 4
音楽的アクセント accento musicale 41, 42
音声 fono 22, 73, 152
音声記号 alfabeto fonetico 23
音声統語的重子音化（統語的重子音化）raddo-ppiamento fonosintattico 69, 101, 102, 104, 105, 182, 195
音素 fonema 22–26, 30, 31, 62, 64, 70, 79, 94, 200, 201

●カ行
開音節 sillaba aperta 37, 41, 44, 45, 47, 83, 186, 192, 202, 206
格 caso 110, 111, 113–115, 118–121
学識語 parola dotta 16–18
格変化 declinazione 110
下降二重母音 dittongo discendente 27
カエサル Cesare 4
ガッルーラ方言 gallurese 39
カトゥルス Catullo 4
カトー Catone 4
ガリリアーノの新エピグラフ nuova epigrafe del Garigliano 3
カルドゥッチ Giosue Carducci 153, 163, 173
カルニ人 Carni 6
冠詞凝固 concrezione dell'articolo 97
冠詞分離 discrezione dell'articolo 96
カンピダーノ方言 campidanese 38
キケロ Cicerone 4, 10, 123, 158, 169
基語 base 13, 14
擬似冠詞 articoloide 124, 125, 139
基層言語 sostrato 6, 9
強形（遠過去）passato remoto forte 134, 154
共根語 parola corradicale 45
狭窄音 consonante costrittiva 28
共時言語学 linguistique syncronique iv, v
強勢アクセント accento intensivo 42

索引

強勢後（の位置）postonica 60, 61, 97, 98, 144, 184, 191, 193
強勢母音 vocale tonica 25, 26
強勢前（の位置）protonica 56, 57, 59–64, 73, 84, 154, 155, 160, 162, 185, 194, 206
教養語 cultismo 14, 15, 17, 47, 52, 56, 94
近過去 passato prossimo 5, 150, 158
クインティリアーヌス Quintiliano 123
屈折語尾 declinazioni 111, 112, 114, 118, 119, 130, 168
クレメンテ7世 Clemente VII 190
ケルト＝イタリック（諸方言）dialetti gallo-italici 180, 182, 183, 186, 206
ケルト語 celtico 6, 10
ケルト人 Celti 6, 180
ゲルマン語 germanico 2, 71, 73, 74, 88, 147, 185
ゲルマン語派 gruppo germanico 2
「権威」prestigio 8, 9, 15
コイネー（共通語）coine 204, 205
口音素 fonema orale 25, 26
口蓋化 palatalizzazione 55, 69, 70, 85, 121, 122, 130, 131, 148
後期ラテン語 latino tardo 4, 43, 48, 69, 72, 83, 114, 120, 123, 138, 145, 152, 169, 199
硬口蓋音 consonante palatale 29, 31, 49–52, 69, 70, 79, 85, 121, 122, 130, 131, 148, 189, 197
硬口蓋母音 vocale palatale 26, 34, 36, 69, 129, 182, 196
後古典ラテン語 latino postclassico 4
後接 proclisi 171, 172
後接語 proclitico 134, 171
後舌母音 vocale posteriore 26
後方同化（子音の）assimilazione regressiva 67, 101
呼格 vocativo 111, 113, 119
国際音声学会（IPA）International Phonetic Association 23
語形変異 metaplasmo 115, 118, 189
語結合 univerbazione 95, 104
語根強勢形 forma rizotonica 53, 57
語根無強勢形 forma rizoatona 53, 57
語中音消失 sincope 88, 91, 97, 98, 152, 153, 161, 184, 185, 188, 193, 195
語中音追加 epentesi 91, 93, 94, 189, 194, 196, 199, 204
古典ラテン語 latino classico 4–6, 11, 14–16, 35, 43, 48–50, 71, 72, 87, 88, 120, 123, 136–138, 142–145, 150, 152, 155–159, 161, 168, 169, 173, 175, 189–191, 195, 196, 200, 201
語頭音消失 aferesi 91, 94–96, 126, 128, 130, 133, 135, 141
語頭音追加 prostesi 91
語尾音消失（トロンカメント）apocope 98, 99, 101
語尾音追加 epitesi 91, 92, 93
コーラ・ディ・リエンツォ Cola di Rienzo 192–194
古ラテン語 latino arcaico 4, 124
古ラテン語訳（聖書）Vetus Latina 124
ゴンザーガ Gian Francesco Gonzaga 205
コンモディッラ Commodilla 195

●サ行

再建・比較的方法 metodo ricostuttivo e comparativo 13
再構成現象 ricomposizione 43
最後から2番目の法則 legge della penultima 43, 61, 98
サッケッティ Franco Sacchetti 171, 173
サッサリ方言 sassarese 39
『サテュリコン』Satyricon 12
サリカ法典 Lex Salica 125, 139
3字音字 trigramma 30, 31
三重母音 trittongo 27
シカーノ語 sicano 6
シグマ完了形（遠過去）perfetto sigmatico 156
シクロ語 siculo 6
歯茎音 alveolare 29
歯擦音 consonante sibilante 30–32, 68, 79, 80, 85, 142, 156, 181, 182, 197
『シチリア地方の哀歌』Lamento di parte siciliana 202
シチリア・トスカーナ詩人 poeti siculo-toscani 50
シチリア派 scuola siciliana 50
弱形（遠過去）passato remoto debole 100, 134, 136, 154, 171
主格 nominativo 47, 55, 84, 111, 113–115, 119–121, 128, 130, 132, 137, 142, 191, 192
瞬間音 consonante momentanea 28
条件法 modo condizionale 63, 146, 158, 159, 161–

索引

163, 201
上昇二重母音 dittongo ascendente 27
小プリニウス Plinio il Giovane 4
『書簡詩』Epistole 9
書記素 grafema 23, 30, 156, 200
史料 fonte 11, 13
『神曲』Divina Commedia 49, 127, 183
唇歯音 labiodentale 29, 72, 73, 76, 78, 94, 200
唇軟口蓋音 labiovelare 70-72, 140, 142, 143, 156, 200
スエトニウス Svetonio 4
スピーヌム（動詞状名詞）spino 157
スラヴ語派 gruppo slavo 3
清新体詩人 stilnovista 50
『聖地巡礼の日記』Itinerarium Egeriae 12
セネカ Seneca 4
前古典ラテン語 latino preclassico 4
先史サルデーニャ語 paleosardo 6
前接 enclisi 134, 171-173, 200
前接語 enclitico 134, 171, 200
前舌母音 vocale anteriore 26
側音 consonante laterale 30, 32, 82, 87, 100, 129, 132, 189, 193, 206
『俗語詩論』De vulgari eloquentia 186
俗語表現 volgarismo 11, 121
俗ラテン語 latino volgare 14-16, 18, 35-37, 40, 43, 44, 47-49, 56, 59, 71, 72, 74, 78, 83, 88, 95, 97, 120, 136, 138, 142-144, 152, 154-157, 160, 161, 173, 189-191, 195, 196, 198
ソシュール Ferdinand de Saussure iv
属格 genitivo 111, 113-115, 119, 133, 138

●タ行

第1強勢 accento principale 61, 62, 98, 144
対格 accusativo 36, 47, 68, 109, 111, 113, 114, 118-121, 125, 126, 130, 132, 134, 137-140, 142, 143, 145, 174, 175, 181, 191, 192
第2強勢 accento secondario 61, 62, 98, 144
ダウニ人 Dauni 6
ダキア地方 Dacia 5
タキトゥス Tacito 4
奪格 ablativo 111, 113, 119, 130, 134
ダマスス1世 Damaso 4
単母音化（母音の）monottongamento 43
単子音 consonante scempia 31, 34, 100, 105, 206
単純化 aplologia 99, 113, 114
ダンテ Dante Alighieri 92, 127, 133, 163, 186, 204
中性（ラテン語名詞の）neutro 47, 108-110, 114, 115, 118, 119, 136, 139, 143, 175
直説法 modo indicativo 35, 48, 133, 147, 149, 150, 157-160, 162, 174
通域態 diatopica 4
通時言語学 linguistique diacronique iv, v, x
通時態 diacronica 3
通層態 diastratica 10
通媒態 diamesica 11
通様態 diafasica 10
定冠詞 articolo determinativo 96, 97, 100, 122-130, 139, 185
『デカメロン』Decameron 49
テレンティウス Terenzio 4
同語源異語 allotropo 19, 94
統辞的強勢前 protonia sintattica 58, 128
トゥールのグレゴリウス Gregorio di Tours 158
トスカーナの二重母音 dittongamento toscano 37, 44, 182, 192
トブラー＝ムッサフィアの法則 legge Tobler-Mussafia 172
トポーニモ（地名）toponimo 77
トロンコ tronco 92, 93

●ナ行

直し過ぎ iupercorrettismo 87
『ナポリ書簡』Epistola napoletana 198
軟口蓋音 velare 29, 31, 53, 69, 70-72, 74, 75, 79, 87, 94, 140, 142, 143, 156, 184, 200
軟口蓋母音 vocale velare 26, 34, 36, 64
2字字音 digramma 30, 31
2次的無声唇軟口蓋音 labiovelare sorda secondaria 72
二重子音 consonante doppia 31, 34, 67, 78, 100, 104, 105, 180, 181, 188, 206
二重母音 dittongo 17, 27, 37, 43, 44, 45, 47-51, 54, 55, 59, 83, 137, 152, 182, 186, 189, 192, 194, 196, 199, 201, 202, 206

●ハ行

破擦音 consonante affricativa 28, 30-32, 69, 70,

索 引

79-81, 85, 181, 184, 185, 188, 189, 193, 196, 197, 203, 204
バルト語派 gruppo baltico 3
バルトロメオ・ディ・ヤコヴォ・ダ・ヴァルモントーネ Bartolomeo di Iàcovo da Valmontone 193
破裂音 consonante esplosiva 28
半子音 semiconsonante 24, 26, 27, 35, 52, 70, 78, 79, 81-83, 85, 129, 132, 145, 150, 152, 189, 196, 197, 200, 204
半母音 semivocale 26, 27
ピアーノ piano 93
ヒエロニムス Girolamo 4, 124
鼻音素 fonema nasale 25
ピサ方言 pisano 49, 63
ピチェーニ人 Piceni 6
ファリスキ人 Falischi 6
フェデリコ2世 Federico II 50, 162
フォスコロ Ugo Foscolo 173
不定冠詞 articolo indeterminativo 97, 122, 123, 125
プラウトゥス Plauto 4, 11, 114, 123, 138, 158, 175
ブリタンニア Britannia 5, 8
震え音 consonante vibrante 30, 83, 100, 189, 195
プルデンティウス Prudenzio 4
『プロブスの補遺』Appendix Probi 88, 97
分析的動詞形 forma verbale analitica 159
閉音節 sillaba chiusa 37, 41, 44, 45, 192, 202
開口音 vocale aperta 25, 26, 35, 37, 40, 44, 45, 54, 192, 201
閉口音 vocale chiusa 25, 26, 35, 36, 51-57, 59-61, 78, 134, 135, 137, 140, 145, 189, 191, 192, 195, 201-204
開口音記号（アッチェント・グラーヴェ）accento grave 26
閉口音記号（アッチェント・アクート）accento acuto 26
閉鎖音 consonante occlusiva 28-30, 64, 69, 72-75, 77, 99, 140, 197
ペトラルカ Francesco Petrarca 50, 133, 163, 204
ペトロニウス Petronio 4, 12
ヘレニズム語派 gruppo ellenico 3
変異二重母音 dittongo mobile 45, 46
変種 varietà 3-5, 14, 15, 99, 125, 132, 140
母音上昇 anafonesi 51-54, 191, 206
母音省略（エリジョン）elisione 135, 139, 141, 144
母音の三角形 triangolo vocalico 25
母音変異（メタフォニー）metafonesi 191, 192, 194, 196, 199, 202
母音接続 iato 27, 43, 51, 54-56, 78, 137, 140, 145, 189, 195
ボッカッチョ Giovanni Boccaccio 133, 169, 170, 172, 198, 199, 204
ホラーティウス Orazio 4, 9
ボンヴェジン・ダ・ラ・リーヴァ Bonvesin da la Riva 183, 202
ポンペイ Pompei 68

●マ行

マキャヴェッリ Nicolò Machiavelli 128
摩擦音 consonante fricativa 28, 29, 64, 72-75, 78, 135, 180, 181, 185, 188, 195
摩擦音化 spirantizzazione 64, 72-75, 135, 180, 181, 185, 188, 195
マルティアーリス Marziale 4
マンゾーニ Alessandro Manzoni 50
未来形 futuro 63, 159-161, 187
ミラノ方言 milanese 72, 180, 181, 183-185
民衆語 parola popolare 16-18
無強勢母音 vocale atona 26
無声音素 fonema sordo 24
メッサーピ人 Messapi 6
モンターレ Eugenio Montale 170

●ヤ行

ユウェナーリス Giovenale 4
有声音化 sonorizzazione 74-78, 85, 99, 181, 182, 185, 188, 195, 196
有声音素 fonema sonoro 24
有標の文 frase marcata 170
与格 dativo 48, 111, 113, 114, 124, 133, 140, 143

●ラ行

ラテン語用法 latinismo 18, 55, 73, 77, 186, 187, 196, 201, 204, 206
ラトヴィア語 lettone 3
ラメデッリ Amedeo Ramedelli 205
リウィウス Tito Livio 4

索引

リグーリア語 ligure 6
リグーリア人 Liguri 6
リトアニア語 lituano 3
領主（シニョリーア）signoria 204, 205
両唇音 labiale 28, 64, 72-75, 78, 195
両唇音化 labializzarsi 64
ルキリウス Lucilio 4
ルクレティウス Lucrezio 4
ルッカ方言 lucchese 49, 63
レーティ語 retico 6

レーティ人 Reti 6
レオーネ10世 Leone X 190
レオパルディ Giacomo Leopardi 163
連続筆記 scriptio continua 3
ログドーロ方言 logudorese 38, 39
ロタシズム rotacismo 185, 193
ロマンス語，ロマンス諸語，新ラテン語 lingua romanza, lingue romanze, neolatino 2, 5, 6, 13, 15, 16, 36, 38, 43, 92, 109, 114, 122, 139, 145, 161, 186, 201

あ と が き

　本書は Giuseppe Patota, *Lineamenti di grammatica storica dell'italiano*, Bologna, il Mulino, 2004 の翻訳である．イタリア語の歴史を学ぼうとする者には多くの入門書があるが，「イタリア語の歴史」の基礎的な知識である「歴史文法」の入門書は数少ない．そうしたなかで本書の原著者は，イタリア語がラテン語から分化し，変化していくさまをきわめて明快で平易な叙述を通して，文法的記述と歴史的観点の両面から懇切丁寧に説明してくれる．また本書の特徴は従来のこの種の入門書が読者のラテン語の知識を前提としているのに対し，原著者の「まえがき」にも明記されているように，「ラテン語を学んでいない学生も想定して……基礎からすべてを提供している」ことである．その意味で正真正銘の入門書といえよう．

　「日本語版 序」でも繰り返し言及したように，本書はイタリア語の歴史に関心のある読者のみならず，イタリア語と同様にラテン語から分化したロマンス諸語に興味を抱く読者にとっても裨益するところが少なくないと思われる．ひいては多くの実例をもって興味ある現象を分析していく本書の手法は，一般に言語の歴史を学ぼうとする人にも多くのヒントを与えるに相違ない．

　原著者のジュゼッペ・パトータは，現在シエナ大学「現代文学・言語科学部」の「イタリア語史」主任教授である．主要著書としては次のものがある．クルスカ・アカデミー刊行の *L' "Ortis" e la prosa del secondo settecento*, Firenze, 1987（18 世紀後半のオルティスと散文），*Sintassi e storia della lingua italiana: tipologia delle frase interrogative*, Roma, Bulzoni, 1990（シンタックスとイタリア語史：疑問のタイポロジー），*Leon Battista Alberti, "Grammatichetta" e altri scritti sul vogare*, Roma, Salerno editrice, 1996（レオン・バッティスタ・アルベルティの『小文法』および俗語についての著作），*Lingua e linguistica in Leon Battista Alberti*, Roma, Bulzoni, 1999（レオン・バッティスタ・アルベルティにおける言語と言語学）．

あとがき

　翻訳に際して本文の理解を助けるために日本の読者向けに原文にはない説明・語例などを一部加筆したところのあることをお断りしておく．

　なお，本書の出版にあたっては京都大学学術出版会編集長 鈴木哲也氏および翻訳草稿について貴重な助言を惜しまれなかった事務局長 小野利家氏，根気よく面倒な編集にお付き合いくださった編集室 佐伯かおる氏に厚くお礼申し上げる．また出版助成をいただいたイタリア外務省に深い感謝の意を表する．

　　2007年2月

　　　　　　　　　　　　　　　　　　　　　　　　岩倉具忠　橋本勝雄

Giuseppe Patota (ジュゼッペ・パトータ)

シエナ大学教授．専門は，イタリア語史．
主な著書・論文：*Sintassi e storia della lingua italiana: tipologia delle frasi interrogative* (Bulzoni, 1990), *Lingua e linguistica in Leon Battista Alberti* (Bulzoni, 1999), *Grammatica di riferimento della lingua italiana per stranieri* (Le Monnier, 2003), *Grammatica di riferimento dell'italiano contemporaneo* (Garzanti Linguistica, 2006) などのイタリア語史・文法の専門書のほか，Valeria Della Valle との共著 *Il salvaitaliano* (Sperling & Kupfer, 2000) など，イタリア語に関する一般書を多数執筆．

岩倉　具忠（いわくら・ともただ）

京都大学名誉教授・京都外国語大学名誉教授．故人．
1933 年，東京生まれ．1963 年京都大学大学院文学研究科博士課程を修了．1975 年京都大学文学部助教授．1988 年博士号（文学）を取得し，教授となる．1997 京都大学を退官後，2008 年まで京都外国語大学教授を勤める．専門は，イタリア語史，ダンテ研究，比較文化史．
主な著書：『ダンテ俗語詩論』(訳注，東海大学出版会，1984 年)，『イタリア文学史』(共著，東京大学出版会，1984 年)，『ダンテ研究』(創文社，1988 年)，『マキァヴェッリ全集』(第 4 巻，共訳，筑摩書房，1999 年)．

橋本　勝雄（はしもと・かつお）

京都外国語大学教授．
1967 年，栃木生まれ．京都大学大学院文学研究科博士後期課程単位取得退学．専門は，イタリア現代小説研究．
主な翻訳書：イタロ・カルヴィーノ『水に流して：カルヴィーノ文学・社会評論集』(共訳，朝日新聞社，2000 年)，ウンベルト・エーコ『カントとカモノハシ』(共訳，岩波書店，2003 年)，同『プラハの墓地』(東京創元社，2016 年)，ディエゴ・マラーニ『通訳』(東京創元社，2007 年)，シモーナ・コラリーツィ『イタリア 20 世紀史』(名古屋大学出版会，2010 年)．

イタリア語の起源──歴史文法入門
　　　　Ⓒ Tomotada Iwakura & Katsuo Hashimoto 2007

2007 年 4 月 30 日　初版第一刷発行
2017 年 5 月 1 日　初版第三刷発行

著　者　ジュゼッペ・パトータ
監修者　　岩　倉　具　忠
訳　者　　橋　本　勝　雄
発行人　　末　原　達　郎

発行所　**京都大学学術出版会**

京都市左京区吉田近衛町 69 番地
京都大学吉田南構内（〒606-8315）
電　話 (075) 761-6182
FAX (075) 761-6190
U R L　http://www.kyoto-up.or.jp
振　替　01000-8-64677

ISBN 978-4-87698-705-4
Printed in Japan

印刷・製本　㈱クイックス
定価はカバーに表示してあります